现代远程教育系列教材

国际金融

邓立立　主编

清华大学出版社

北　京

内容简介

本书为远程教育专用教材，针对远程教育学生的特点编排，内容由浅入深，文字精练简洁、重点突出，简明地介绍了国际金融学科的主要内容，包括外汇和汇率、国际收支、国际储备、汇率制度和外汇管制、国际金融资本流动、国际货币体系和区域货币合作等方面的问题。

本书适合用于网络学院、成人高等院校以及广播电视大学经济管理类相关专业的教材，也可提供从事金融工作的相关人士参考阅读。

图书在版编目(CIP)数据

国际金融/邓立立 主编. —北京：清华大学出版社，2011.8

(现代远程教育系列教材)

ISBN 978-7-302-26053-0

I. 国… II.邓… III. 国际金融—远程教育—教材 IV. F831

中国版本图书馆 CIP 数据核字(2011)第 125978 号

责任编辑：崔 伟
封面设计：朱 迪
版式设计：孔祥丰
责任校对：成凤进
责任印制：李红英

出版发行：清华大学出版社
网　　址：http://www.tup.com.cn，http://www.wqbook.com
地　　址：北京清华大学学研大厦 A 座　　**邮　　编**：100084
社 总 机：010-62770175　　**邮　　购**：010-62786544
投稿与读者服务：010-62776969，c-service@tup.tsinghua.edu.cn
质 量 反 馈：010-62772015，zhiliang@tup.tsinghua.edu.cn
印 刷 者：北京密云胶印厂
装 订 者：北京市密云县京文制本装订厂
经　　销：全国新华书店
开　　本：185mm×260mm　　**印　张**：13.75　　**字　　数**：310 千字
版　　次：2011 年 8 月第 1 版　　**印　　次**：2012 年 12 月第 2 次印刷
印　　数：4001～6000
定　　价：25.00 元

产品编号：042160-01

总　　序

随着知识经济和信息化时代的到来，终身学习成为社会大趋势，网络教育作为现代远程教育的一种先进模式正在成为人们终身学习的首选形式。

网络教育突破了时间和空间的限制，使高等学校的优秀教育资源冲破校园围墙的限制，让更多的学习者共享，具有开放性、交互性、协作性、自主性等特点。通过构造现代远程教育的“学习环境”，提供学生自主建构知识的空间，帮助人们随时随地学习，实现学生个体与群体的融合，从而满足人们在校园外接受高等教育的愿望。

经历了近十年的光阴，现代远程教育由萌芽到蓬勃发展。迄今为止已经发展到67所远程教育试点院校，学生近百万人。各高校网络教育学院结合财经、管理学科专业适合网络教育的特点，近年来推出了远程教育高等学历课程体系，最大限度地满足学生个性化自主学习的需要和社会对财经、管理人才的需要。为了确保网络教育质量，本着“我们的产品是教育服务”的宗旨，各高校网络教育学院正在努力建立标准化的网络教育管理系统，为学生提供全面周到的服务，建设有中国特色的一流网络大学。

网络教育的不断发展对网络学习教材建设提出新的挑战。如何在尊重传统教育系统性的同时，在教材的内容上更能满足人们继续学习的需要，增强教材的实用性和适用性；在教材的表现形式上更直观、更易理解、更便于自学，是我们正在努力解决的一个重大课题。为此，我们结合网络教学和课件的特点，组织具有更富教学经验的老师编写了这套现代远程教育系列教材，尽力做到知识点明确，突出重点、要点，使之便于学生自学。同时，在教材内容上也更强调实用性和适用性，意在使这套教材既适用于现代远程教育学习者使用，同时也适合财经管理专业在校生和在职人员学习和自学。

教材的改革是教育理念转变的结果，而教育理念的转变是一个长期而艰巨的过程。它不仅需要教师的努力，更需要广大学生和读者的积极参与。我们热切地希望读者对这套教材提出自己的意见和建议，使这套教材不断得以完善。

这套丛书的编写得到了清华大学出版社的大力支持，对此套丛书的选题策划到整体设计都提出了中肯的、有建设性的建议，为其能够及时地出版与广大读者见面付出了大量的、艰辛的努力，在此表示衷心的感谢。

现代远程教育系列教材编委会

杨青

前　言

经过改革开放30余年的努力，飞速发展的中国经济正在全面、深入地融入世界经济体系。在这个过程中，作为国际经济交往的一个重要领域，国际金融活动也逐渐成为我们经济生活的重要组成部分。由此，我们迫切地需要熟知国际金融的系统知识，掌握国际金融操作的基本方法，了解国际金融领域的最新动态和发展趋势。国际金融课程于是成为目前我国经管类院校和相关专业开设的重要核心课程。

依托学校的传统办学优势，自2002年起，东北财经大学网络教育学院便在国际经济与贸易、金融学等专业开设国际金融课程。在教学过程中，我们最初一直沿用普通本科教学所使用的教材。但是传统本科教材学术性强，难度较大，对远程教育学生并不完全合适。经过将近十年的摸索和积累，我们深感有必要针对远程教育学生的特点，编写一本专门的教材。恰逢清华大学出版社与东北财经大学网络教育学院发起编写此次系列教材，我们正可以得偿所愿。

作为针对远程教育的专门教材，本教材具有以下特点：

一是内容简洁，重点突出。为满足学生个性化自主学习的需要，本教材提炼了传统本科国际金融课程的知识点，舍弃了比较抽象的理论和非常识性的内容，并通过设置“学习索引”、“学习目标”、“重点难点”等栏目引导学生将主要精力放在必须掌握的内容上。

二是理论和实际相结合，实用性强。本教材通过“小资料”、“小思考”等栏目将书中的知识点与现实相结合，以便于学生理解课程的基本知识，加深记忆。在文字表述上也侧重于使用通俗易懂的表达方式，力求能够深入浅出地阐述知识点。另外，每章都附设“例题解析”，帮助学生理清解题思路。

三是能够反映国际金融领域的最新发展动态，并紧密结合我国的现实。由于现实的国际金融领域的发展日新月异，我们在编写过程中采用了最新的统计资料，对一些新的发展动向进行了介绍，以帮助学生把握最新动态。同时，鉴于我国的国际影响力迅速提升，教材中也对我国的一些涉外金融政策发展进行了介绍。

从内容上看，国际金融研究的是国际范围内的货币运动和金融活动，具体包括外汇和汇率、国际收支、国际储备、汇率制度和外汇管制、国际金融市场和国际资本流动、国际货币体系和区域货币合作等方面的问题。本书的内容安排如下：

全书共分 10 章，分别介绍了外汇、国际收支的基础知识，外汇交易、外汇风险管理、国际金融市场、国际资本流动等国际金融现象，汇率政策、管制政策、国际储备政策、国际货币制度等国际金融政策。

教材主编为具有多年国际金融教学经验和网络教育经验的专业教师，参编者也具有网络教育的辅导、出题经验。由邓立立负责全书的结构设计和初稿写作，另外几位编者负责各章内置小栏目、课后习题的编写以及体例的调整，具体分工为：吕月负责第 1 和 2 章，张雨薇负责第 3 和 4 章，刘琳负责第 5 和 6 章，董玲燕负责第 7 和 8 章，祖朋负责第 9 和 10 章。最后由邓立立负责全书的总纂。

在编写过程中，我们参阅和借鉴了大量相关著作、教材和报刊杂志，对此，我们均已注明出处或列入参考文献，这里对所有作者一并致谢。

由于编者水平有限，加之时间仓促，书中的疏漏和错误在所难免，敬请批评指正。

编者

2011 年 6 月

目　录

第 1 章

外汇与汇率

学习案引

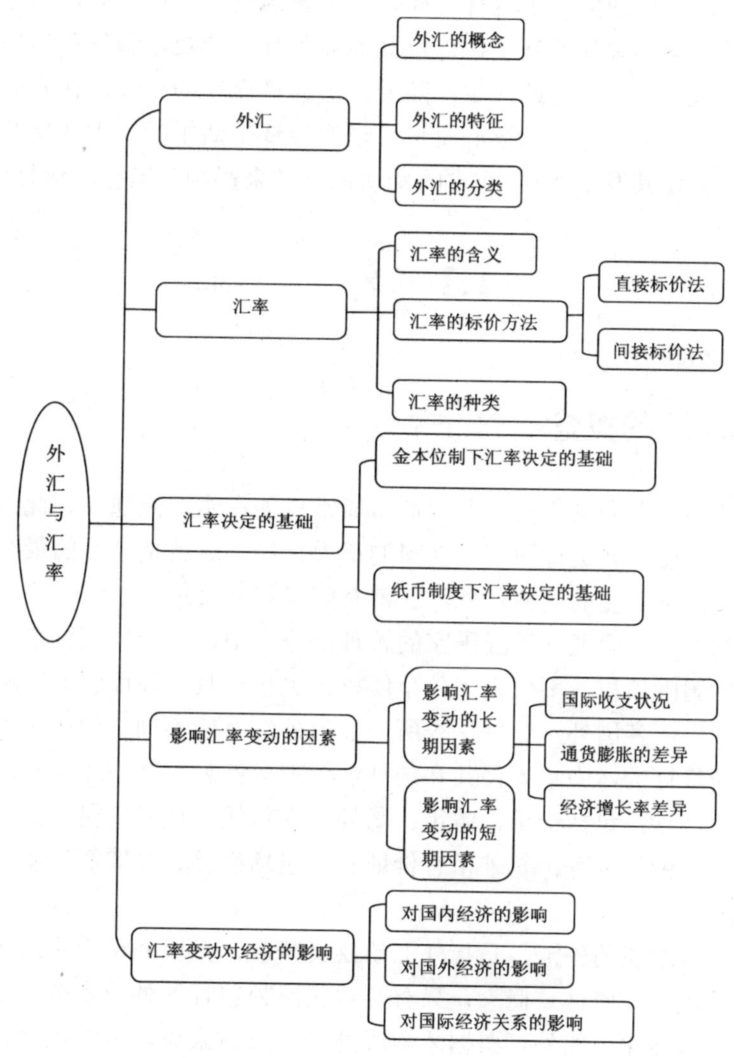

学习目标

学习和掌握有关外汇与汇率的基本知识，了解汇率决定的基础，了解和掌握决定汇率水平与影响汇率变动的因素，重点掌握汇率变动对经济的影响。

重点难点

外汇的狭义概念　　汇率的两种标价方法　　汇率的分类
影响汇率变动的长期与短期因素　　汇率变动对经济的影响

世界上绝大多数国家都有自己的货币，这些货币在本国可以自由流通，但是一旦跨越国界，它们便失去了这种特性。由于各国所用货币不同，国际上又没有统一的世界货币，从事国际经济交往以及其他业务都要涉及本国货币与外国货币之间的兑换，汇率这一概念便由此产生。随着国际经济交往的扩大，在开放经济条件下，汇率已经成为经济运行中的核心变量，现实经济生活中的宏观变量及微观因素都会通过各种途径使其发生变动，而它的变动也反过来影响一国经济运行中的多个方面。

1.1 外　汇

1.1.1 外汇的概念

由于各国货币制度不同，一国货币通常只能在本国流通，因此当清偿国际间的债权债务时，便需要进行国与国之间的货币兑换，这就是外汇的最初含义。

外汇是国际汇兑的简称。外汇通常有广义和狭义之分。

广义的外汇概念通常用于国家的管理法令之中，泛指以不同形式表示的、能够进行偿付的国际债权。不仅限于外币债权，也包括具有外币职能的本币债权。

在实践中，各国外汇管理法令所规定的外汇有所不同。中国于 2008 年 8 月 1 日实施了新修订的《中华人民共和国外汇管理条例》，其中规定外汇的具体范围包括：①外币现钞，包括纸币、铸币；②外币支付凭证或者支付工具，包括票据、银行存款凭证、银行卡等；③外币有价证券，包括债券、股票等；④特别提款权；⑤其他外汇资产。

我们通常所说的外汇，是指外汇的狭义概念，指以外币表示的可用于国际间结算的支付手段。按照这一概念，只有存放在国外银行的外币资金，以及将对银行存款的索取权具体化了的外汇票据才构成外汇。具体来说，外汇主要包括以外币表示的银行汇票、支票、银行存款等。以外币表示的有价证券等不能直接用于国际间的支付，故不属于外汇。而外币现钞只有携带回发行国，并且存入银行账户之后，才能称作外汇。

1.1.2 外汇的特征

一般而言，狭义的外汇具有三个基本特征：

(1) 外币性，指外汇必须是以外币表示的各种金融资产。例如，美元在美国以外的其他国家都是外汇，但在美国则不是。

(2) 可自由兑换性，是指外汇能够自由地兑换成其他国家的货币或以其表示的支付手段以进行多边支付。

(3) 普遍接受性，是指外汇必须在国际上可以得到偿付，在国际经济往来中能被各国普遍地接受和使用。

由外汇的上述特征可见，外汇的本质就是对外国商品和劳务的要求权。目前在国际外汇市场上，大约有30多种交易活跃的货币。交易频繁、交易量较大的外汇有美元、欧元、日元、英镑、港币等。

1.1.3 外汇的分类

根据不同的分类标准，可以将外汇分为不同的种类。以下是两种常见的外汇分类方法。

1. 按照货币兑换的限制程度不同

按照货币兑换的限制程度不同，外汇可以分为自由兑换外汇、有限自由兑换外汇和不可兑换外汇。自由兑换外汇，是指不需要外汇管理当局批准就可以自由兑换成其他国家的货币，或者是可以向第三者办理支付的外国货币及支付手段(如美元、英镑、德国马克、日元等货币)，以及用这些货币表示的汇票、支票、股票、债券等支付凭证和信用凭证。

有限自由兑换外汇，是指未经货币发行国批准，不能自由兑换成其他货币或对第三者进行支付的外汇。根据国际货币基金组织的规定，对国际性经常往来的付款和资金转移有一定限制的货币属于有限制的自由兑换货币。此类货币通常存在一个以上的汇率，外汇交易也通常受到限制。

不可兑换外汇，是指对国际间经常往来的付款或资金转移施加严格限制的货币，即一国货币不能成为清偿国际间债权债务的手段。不可兑换外汇的特点是仅限于国内流通。随着各国不同程度的对外开放，目前这样的货币仅是少数。

2. 按照来源和用途的不同

按照来源和用途的不同，外汇可以分为贸易外汇和非贸易外汇。贸易外汇是指由商品的进口和出口而发生的支出和收入的外汇，包括对外贸易中因收付贸易货款、交易佣金、运输费和保险费等发生的那部分外汇。贸易外汇是一国外汇收支的重要项目，在国际收支平衡中占有重要地位。

非贸易外汇是指由非贸易业务往来而发生收入和支出的外汇，包括侨汇、旅游外汇、业务外汇、私人外汇、驻外机构经费，以及交通、民航、邮电、铁路、银行、保险、港口等部门对外业务收支的外汇。随着经济国际化的发展，非贸易外汇收入在一些国家的外汇收入中也占有较大的比重。

1.2 汇　　率

1.2.1 汇率的含义

不妨设想一下，如果一个英国人想去美国投资，但他手中持有的是英镑，而美国境内流通的是美元，如果他要实现自己的投资，就必须把英镑兑换成美元。当英镑和美元发生兑换时，将涉及兑换比率，这个比率就叫做汇率。汇率又称汇价，是两种不同货币之间的比价，也就是以一种货币表示的另外一种货币的相对价格。

在不同的环境下，汇率有不同的称谓。从外汇交易的角度看，外汇作为一种特殊的商品，可以在外汇市场上买卖，这就是外汇交易，进行交易的外汇必须有价格，因此汇率又被称为“汇价”。由于外汇市场上的供求经常变化，汇率也经常发生波动，因此，汇率又被称为“外汇行市”。在一些国家，本币兑换外币的汇率通常在银行挂牌对外公布，这时，汇率又被称为“外汇牌价”。

1.2.2 汇率的标价方法

汇率的概念本身并不具有方向性。也就是说，它可以是把本国货币折成外国货币，也可以是把外国货币折成本国货币。但是在实践中，折算两国货币时，首先要确定以哪一国货币为标准，由于确定的标准不同，存在着两种不同的标价方法，即直接标价法和间接标价法。

1. 直接标价法

直接标价法又称为应付标价法。即以一定单位(1 个外币单位或 100 等)的外国货币为计算标准，折成若干单位的本国货币来表示，即单位外币的本币价格。中国人民币即采用直接标价法，如根据中国2011年3月10日的外汇牌价，100美元=657.13元人民币，即USD100=RMB657.13。

目前，除英镑、欧元、美元外，世界上绝大多数国家的货币都采用直接标价法，因此市场上大多数的汇率都是直接标价法下的汇率。

2. 间接标价法

间接标价法又称为应收标价法，是以一定单位(1个本币单位或100、10 000等)的本国货币为标准，折算成若干单位的外国货币来表示。比如英国采用的是间接标价法，如2011年2月28日，伦敦外汇市场，1英镑=1.6 075美元，即GBP1=USD1.607 5。

目前在国际外汇市场上，使用间接标价法的货币不多，主要有英镑、美元(对英镑标价除外)、澳元和欧元等。能够采用间接标价法的国家，其货币应该是当前世界上最主要的货币之一。英国在金本位制时期及第一次世界大战前后，在国际经济及金融领域一直占据支配地位，英镑一直是最主要的国际货币，所以英镑除了目前对欧元采用直接标价法之外，对其他国家货币一直采用间接标价法。美元最初采用的是直接标价法，后来随着美元逐渐在国际支付和国际储备中取得统治地位，于1978年开始改用间接标价法，目前美元仅对欧元、英镑汇率采用直接标价法。欧元出现后，也成为世界最主要的货币之一，其报价采用间接标价法。

两种标价方法的区别在于：在直接标价法下，汇率变动体现为单位外币所折换的本币数量的变动，汇率数值越大，表示本币贬值、外币升值；而在间接标价法下，汇率变动体现为单位本币所折换的外币数量的变动，汇率数值越大，表示本币升值、外币贬值。汇率的两种标价方法虽然基准不同，但是从同一国家的货币来看，直接标价法汇率与间接标价法汇率是互为倒数的关系，两者的乘积必为1。目前世界上绝大多数国家都采用直接标价法。

除了上述两种标价方法之外，在实践中还有一种美元标价法。20世纪五六十年代以来，国际金融市场外汇交易量激增，为了便于在国际间进行外汇业务交易，在当今的国际金融市场上，汇率的表示方法已经逐渐标准化了。除了英镑和欧元外，其他货币的报价都是以美元为标准来表示各国货币的价格，这就是美元标价法。在美元标价法下，美元的单位始终不变，也就是以一定单位的美元为标准来计算能兑换多少其他货币。

小资料1-1 2011年2月各种货币兑美元折算率表

货币名称		货币单位	对美元折算率
ASF	记账瑞士法郎	1记账瑞士法郎	0.820 26
AUD	澳大利亚元	1元	0.989 00
BRL	巴西雷亚尔	1雷亚尔	0.596 52
CAD	加拿大元	1元	1.006 04

(续表)

货币名称		货币单位	对美元折算率
CHF	瑞士法郎	1 法郎	1.040 91
CNY	人民币元	1 元	0.151 11
DKK	丹麦克朗	1 克朗	0.182 32
EUR	欧元	1 欧元	1.358 50
GBP	英镑	1 镑	1.596 50
HKD	港币	1 元	0.128 29
IDR	印度尼西亚卢比	1 卢比	0.000 110 4
INR	印度卢比	1 卢比	0.021 94
IRR	伊朗里亚尔	1 里亚尔	0.000 096 7
JOD	约旦第纳尔	1 第纳尔	1.413 43
JPY	日本元	1 元	0.012 082
KRW	韩元	1 元	0.000 892 4
KWD	科威特第纳尔	1 第纳尔	3.574 88
MOP	澳门元	1 元	0.124 77
MXN	墨西哥比索	1 比索	0.083 06
MYR	马来西亚林吉特	1 林吉特	0.327 44
NOK	挪威克朗	1 克朗	0.171 71
NPR	尼泊尔卢比	1 卢比	0.013 80
NZD	新西兰元	1 元	0.758 50
PHP	菲律宾比索	1 比索	0.022 48
PKR	巴基斯坦卢比	1 卢比	0.011 65
RUB	俄罗斯卢布	1 卢布	0.033 46
SDR	特别提款权	1 特别提款权	1.554 60
SEK	瑞典克朗	1 克朗	0.151 41
SGD	新加坡元	1 元	0.779 42
THB	泰国铢	1 铢	0.032 47
TWD	台湾元	1 元	0.034 42
TZS	坦桑尼亚先令	1 先令	0.000 662

资料来源：国家外汇管理局网站

1.2.3　汇率的种类

从不同的角度分析，汇率可以分为各种不同的类别。

1. 基本汇率和套算汇率

这是根据汇率的制定方法来区分的。由于世界上货币种类繁多，一国不可能分别制定出本国货币与所有其他货币的汇率，因此就选定一种或几种在本国对外经济交往中最常用的主要货币，称之为关键货币，制定出本国货币与它之间的汇率，这就是基本汇率。基本汇率是确定一国货币与其他各种货币汇率的基础。

目前，大多数国家都把本国货币与美元的汇率作为基本汇率。中国国家外汇管理局每天公布的基本汇率为5种，分别为人民币对美元、欧元、日元、港元和英镑的汇率。

套算汇率又称为交叉汇率，是根据本国货币对主要货币的基本汇率和主要货币对其他国家货币汇率套算得出的本国货币对其他国家货币的汇率。例如，1美元=0.955 3瑞士法郎，1美元=83.96日元，则1瑞士法郎=83.96÷0.955 3=87.89日元。

2. 买入汇率、卖出汇率、中间汇率和现钞价

这种分类是从银行买卖外汇的角度区分的。买入汇率，即买入价，是银行向客户或从同业买入外汇时所使用的汇率。卖出汇率，即卖出价，是银行向客户或同业卖出外汇时所使用的汇率。买入、卖出都是从银行买卖外汇的角度来看的，二者之间有个差价，这个差价是银行买卖外汇的收益，一般为1‰～5‰。

中间汇率即中间价，是买入价和卖出价的平均数，即(买入价＋卖出价) / 2=中间价。报刊报导汇率时常用中间价。套算汇率也用有关货币的中间价套算得出。

现钞价又称现钞买卖价，是银行买卖外币现钞时所使用的汇率。前述的买入汇率和卖出汇率是指银行买卖现汇的价格。现钞与现汇不同，现钞主要指由境外携入或个人持有的可自由兑换的外国货币，如美元、日元、英镑的钞票和硬币，或以这些外币钞票、硬币存入银行所生成的存款。现汇主要指以支票、汇款、托收等国际结算方式取得并形成的银行存款。

在现实中，现钞买入价一般比现汇买入价低2%～3%。这是因为，现汇是账面上的外汇，银行在购入现汇后，通过划账便可将其转移出境，很快地存入国外银行获取利息或调拨运用；而银行买进外国的现钞后，要经过一段时间，积累到一定数额以后，才能将其运送到外币的发行国使用。在此期间，买进现钞的银行要承受一定的利息损失，并要支付运费和保险费等，银行便将此损失转嫁给卖出现钞的客户承担。现钞卖出价则与现汇卖出价相同。

以中国银行的外汇牌价为例，2011年3月2日，人民币对主要外币的买入汇率、

卖出汇率、现钞买入价如表 1-1 所示。

表 1-1　中国银行外汇牌价

货币名称	现汇买入价	现钞买入价	卖出价	基准价
英镑	1063.98	1031.13	1072.52	1070.19
港币	84.16	83.49	84.48	84.37
美元	655.71	650.45	658.33	657.06
日元	7.9872	7.7406	8.0514	8.0222
欧元	901.16	873.34	908.4	908.19

资料来源：中国银行网站

3. 即期汇率和远期汇率

这种分类是根据外汇买卖交割期的不同而区分的。即期汇率又称为现汇汇率，是指外汇买卖双方成交后，当日或两个营业日之内进行交割(Delivery)时使用的汇率。外汇市场汇率和官方外汇牌价未注明远期字样者，都是即期汇率。

远期汇率是指外汇交易双方签订远期外汇合约，规定在未来的一定时间交割。不管汇率如何变动，协议双方都按预定的汇率、币种、金额进行清算。远期交割的期限一般为 1 个月、3 个月、6 个月或 1 年，比较普遍的是 3 个月期，远期外汇买卖协议中预订的汇率即为远期汇率。远期汇率是在即期汇率的基础上产生的，但其受利率变化、外汇市场供求变化和预期状况的影响较大。

同一种货币即期汇率与远期汇率的水平通常是不一样的，它们之间存在差额，这种差额称为远期差价。远期差价有升水、贴水和平价之分。当某种外汇的远期汇率高于即期汇率时，我们称为远期汇率升水；反之，当远期汇率低于即期汇率时，我们称该外汇的远期汇率贴水；当两者相等时，则称为平价。

4. 单一汇率和复汇率

单一汇率是指一国货币行政当局或外汇管理当局对本国货币只规定一种买卖价格，各种外汇收支都按照这个汇率结算。

复汇率是指一国货币对外国货币的汇率，根据不同性质的外汇收支或外汇交易而规定两种或两种以上的不同汇率，可分为双重汇率和多重汇率。双重汇率是指对某一种外国货币同时存在两种汇率，一般包括贸易汇率和金融汇率。多重汇率则是对某一种外国货币同时存在好几种汇率，多者可达几十种，它是实行外汇管制的产物。

5. 名义汇率和实际汇率

这种分类是从货币价值的角度来区分的。名义汇率是外汇交易中使用的现实汇率，它是由市场的外汇供求决定的。该汇率通常出现在官方公布的数据中，但其没有经过通货膨胀或其他因素的调整，因此不能反映两种货币的实际价值对比。

实际汇率是指对名义汇率进行调整之后得到的汇率。最为常用的实际汇率概念是指经过通货膨胀因素调整以后的汇率，其经济学意义可以用下列公式表示：

$$e_r = e\frac{P^*}{P}$$

式中，e_r为实际汇率；e 为名义汇率；P^*为外国物价指数；P 为国内物价指数。

由上式可以看出，实际汇率等于按外国与本国物价指数之比调整后的名义汇率，旨在解释通货膨胀对名义汇率的影响。

6. 双边汇率和有效汇率

通常所说的汇率是一种货币对另一种货币的比价，也就是双边汇率。有效汇率是国际金融研究和决策中经常用到的一个重要概念。有效汇率又被称为有效汇率指数或汇率指数(Exchange Rate Index)，是指本国货币对一组外币汇率的加权平均数。有效汇率与双边汇率的关系类似于价格指数与各种商品价格的关系。

目前，国际货币基金组织定期公布 17 个发达国家的若干种有效汇率指数，包括以劳动力成本、消费物价、批发物价等为权数的经加权平均得出的不同类型的有效汇率指数。其中，以贸易比重为权数的有效汇率反映的是一国货币汇率在国际贸易中的总体竞争力和总体波动幅度。

以贸易比重为权数的有效汇率的公式如下：

$$A\text{币的有效汇率} = \sum_{i=1}^{n} A\text{国货币对}i\text{国货币的汇率} \times \frac{A\text{国同}i\text{国的贸易值}}{A\text{国的全部对外贸易值}}$$

除上述种类之外，还有其他一些汇率分类的标准。例如，根据不同的汇率制度，汇率可分为固定汇率和浮动汇率；从银行营业时间角度，汇率可分为开盘汇率和收盘汇率；根据外汇资金性质和用途不同，汇率可分为贸易汇率和金融汇率。

1.3 汇率决定的基础

不同的货币，其币值有高低之分，这种区别从何而来？汇率是以一种货币表示的另一种货币的价格，其本质是两国货币各自所代表或所具有的价值的比率，因此各国货币所具有或所代表的价值是汇率决定的基础。但由于在不同货币制度下，各国货币价值的具体表现形式有很大差别，不同货币制度下汇率的决定基础也就存在差异。

1.3.1 金本位制下汇率决定的基础

在第一次世界大战以前，各国普遍实行金本位制度。金本位制的特点是用黄金来规定货币所代表的价值，每种货币都有法定含金量，并以黄金作为本位币。按货币与黄金的联系程度不同，金本位制可分为金币本位制、金块本位制和金汇兑本位制。

典型的金本位制是指金币本位制。在金币本位制下，由于各国都规定了货币的法定含金量，两种不同货币之间的比价便由它们各自的含金量对比来决定。一般将两国货币含金量之比称为铸币平价，因此铸币平价便成为汇率的决定基础。

例如，当时的英国货币 1 英镑铸币的重量为 23.274 47 格令，成色为 22 开金，即含金量为 113.001 6 格令。美国货币 1 美元铸币的重量是 25.8 格令，成色为 90%，即含金量为 23.22 格令。根据含金量对比，两国货币的铸币平价就是 113.001 6÷23.22 =4.866 5，即 1 英镑折合为 4.866 5 美元。

铸币平价只是决定汇率的基础，实际经济中的汇率则因供求关系而围绕铸币平价上下波动，这种波动不是漫无边际的，而是以黄金输送点为界限，波动幅度很小。

在金本位制下，由于黄金可以自由输出入，各国间的债权债务便可通过两种方式进行清算：一种是用外汇，另一种是直接运送黄金。当汇率对一国的支付不利时，该国可以不用外汇，而改用运送黄金的办法办理国际结算。在国际间运送黄金要支付包装费、运费、保险费、检验费及利息等。黄金输入的界限，叫做黄金输入点；黄金输出的界限，叫做黄金输出点。以英美为例，当时在英国和美国之间，每运送 1 英镑黄金的各项费用约为 0.03 美元。如果英镑汇率上涨超过 4.896 5 美元，则美国进口商为了避免损失，就宁愿运送黄金到英国来清偿债务，而不愿在市场上购买英镑外汇，从而促使英镑汇率跌到 4.896 5 美元以下。因此 1 英镑等于 4.896 5 美元称为美国的黄金输出点，或英国的黄金输入点。同样，如果英镑汇率下跌到 4.836 5 美元以下，美国出口商就不愿按此低汇率将英镑换成美元，而宁愿用英镑在英国购进黄金，再运回本国，这样对英镑的供给就会减少，从而促使英镑汇率回升到 4.836 5 美元以上。因此，1 英镑等于 4.836 5 美元称为美国的黄金输入点，或英国的黄金输出点。也就是说，铸币平价 4.866 5±0.03 就构成英镑和美元两种货币的黄金输送点。英镑和美元的汇率就在 4.896 5 美元和 4.836 5 美元这一上下限内浮动。

在金本位制下，铸币平价是决定汇率的基础，汇率波动的界限是黄金输送点。

只要各国不改变本国货币的法定含金量，各国货币之间的汇率就会长期稳定。

第一次世界大战爆发后，交战国家的金币本位制度陷入崩溃。战后，它们分别实行了金块本位制和金汇兑本位制，这两种货币制度已不是严格意义上的金本位制。于是汇率的决定不再是两国货币的实际含金量之比，而是各自所代表的名义含金量之比，称为法定平价。实际汇率因供求关系而围绕法定平价上下波动，汇率失去了稳定的物质基础。

1.3.2 纸币制度下汇率决定的基础

纸币制度是金本位制度崩溃之后产生的货币制度，包括法定含金量时期(布雷顿森林体系)和 1978 年 4 月 1 日以后的无法定含金量时期(牙买加体系)两个阶段。由于该种货币制度不与黄金挂钩，纸币发行量一般由国家根据经济发展的需要来决定，国家要对其实行严格的管理，所以也称作“有管理的通货制度”。当今世界各国的货币制度几乎都是纸币本位制。

小资料 1-2 国际货币体系的变更

国际货币体系在世界经济中的地位举足轻重。随着世界经济的发展，货币体系也不断发生着变化，知古论今，我们一起来了解一下其发生、发展的过程。

世界货币体系可以用不同汇率体系作为标志分为三大类：金本位制、固定汇率制和浮动汇率制。在它们身上深深刻着时代的烙印。

古典的金本位制及其向纸币制的过渡：1880—1913 年间金本位以其最纯粹的形式占据着统治地位。大多数国家的货币都与黄金挂钩，从而建立了在金本位基础上的汇率体系。为什么各国货币都与黄金挂钩呢？由于黄金具有其他货币所不具有的优良特性，质地均匀、不易磨损、数量少而价值高等，所以黄金就成了最理想的世界货币了。在金本位制度下，各国自己铸造金币，人们在国外购买商品时，只用支付与该商品价值相等的黄金货币就可以了。这时，各国货币之间就存在一个固定汇率，汇率由各国货币中的含金量决定。

随着经济的发展，人们越来越发现用黄金作为支付手段，携带实在不方便，各国政府都逐渐过渡为使用信用货币，但仍以金币作为本位货币。结果却造成了大多数国家的黄金储备减少。这样，金本位制进入了一个新的阶段，即金块本位制与金汇兑本位制的阶段。在实践中发现，这两种制度一样很不稳定，1929 年世界经济危机以后，许多国家都开始实行纸币制度。

1929—1933 年经济危机爆发后，金本位制、金块本位制与金汇兑本位制都无法维持下去了，于是便出现了不能兑换黄金的纸币本位制。在此基础上，主要发达国家又把一些在贸易、金融上有密切关系的国家及国外殖民地联合在一起，组成货币集团，建立其内部的汇率体系。主要的货币集团有英镑集团、美元集团和法郎集团，使得世界外汇活动就主要集中在英镑、法郎和美元之间，使外汇交易向有利于这些大国的方向发展。

由于各货币集团之间的排他性以及贸易保护主义的盛行一时，造成国际金融的混乱，使得金本位制逐渐退出国际舞台。布雷顿森林体系及固定汇率制便取而代之。

布雷顿森林体系及固定汇率制：第二次世界大战以后，由于美国远离战争区，大发战争财，经济实力及黄金储备均为世界第一，它便迫切想建立一个统一的货币汇率体系以便于外汇的流通和结算。再则因为20世纪30年代经济与社会的动荡，给世界经济带来的影响较大。经济学家及政治学家决心建立一个新的汇率体系，以避免经济混乱及减少大萧条的影响。

于是，1944年7月，美、英、苏、法等44个国家代表在美国举行“联合国货币金融会议”(又称“布雷顿森林会议”)。会议决定：美元直接与黄金挂钩，其他货币与美元作出既定的比价。这种体系一方面促进了世界经济的发展，另一方面又导致美国经济地位的相对下降，国际收支逆差不断增大。1971年8月，尼克松总统切断了美元与黄金的联系，布雷顿森林体系到此结束。从此，世界进入了当前这个浮动汇率的时代。

当代外汇市场及浮动汇率制：可以这样说，浮动汇率制的产生完全是自然而然的。浮动汇率体系是指一国的货币汇价不规定上下波动的幅度，外汇汇率主要由供给和需求的市场力量决定。浮动汇率体系又可分为两类：自由浮动汇率和管理浮动汇率，其区别在于是否有政府干预交杂其中。在现在，大部分的国家都实行管理浮动体系。虽然在浮动汇率体系下仍存在许多弊端，但不管怎样，外汇市场已经建立了起来，并且还在不断完善之中。

在纸币制度诞生之初，各国政府就规定了本国货币所代表的(而不是具有的)含金量，即代表一定的价值。因此，各国货币之间的汇率也就是它们所代表的含金量之比。但是，纸币所代表的含金量之比，与金本位制下的铸币含金量之比有着本质的差别。后者是一种实实在在的价值之比，而前者只是一种虚设的价值之比。

1973年3月以后，布雷顿森林体系崩溃，货币与黄金脱钩，各国货币间的汇率不再以其含金量之比来确定，而是以其代表的国内价值(一般倾向于以各国货币的国内购买力来衡量)来决定。

纸币制度下，汇率变动已经不再有天然的制约，需要通过人为的方式进行维持和调整。在布雷顿森林体系下，国际货币基金组织各成员国达成协议，必须将汇率维持在金平价±1%限度内(后扩大为±2.25%)，各成员国有义务通过行政或市场手段维持这种固定汇率制度。因此，这段时期的汇率是在规定的限度内调整。布雷顿森林体系崩溃后，汇率调整的范围没有明确限制，各国政府各行其是，大都根据本国国内的经济发展需求调整汇率。一般来说，外汇市场汇率以市场供求调节为主，各国政府干预外汇市场的手段主要是直接进入外汇市场，通过买卖外汇调节外汇供求关系来影响汇率。

小资料 1-3 最有影响的汇率决定理论——购买力平价理论

汇率决定理论研究的是汇率如何决定和变动。汇率决定理论从产生至今已经有百余年的历史，随着经济形势和经济学理论的变迁而不断发展演变。经济学家对汇率的决定因素给予了不同的解释，由此形成了不同的汇率决定理论。其中最有影响的，当属“购买力平价说”。

购买力平价说是汇率决定理论中最有影响的理论之一。理论的基本思想是：一国居民之所以需要外国货币，是因为这种货币在其发行国具有对商品的购买力，一种货币价格的高低自然取决于它对商品购买力的强弱，也就是说汇率与各国的价格水平之间具有直接的联系。购买力平价有两种形式：绝对购买力平价和相对购买力平价。前者解释某一时点上汇率决定的基础，后者解释某一时段上汇率变动的原因。

绝对购买力平价理论认为，两国货币之间的汇率是由两国货币在其本国所具有的购买力决定的，又由于货币的购买力主要体现在价格水平上，因此两国货币之间的汇率取决于两国可贸易商品的价格水平之比。

相对购买力平价又称弱购买力平价，它是在放松绝对购买力平价的有关假定后得到的。该理论认为，两国货币的汇率变动取决于两国物价水平的变动，即汇率变化等于同期本国与外国的通货膨胀率之差。若本国物价上涨幅度超过外国物价上涨幅度，则本国汇率贬值，相反则意味着本国货币升值。

小资料 1-4 汉堡包指数

1986年，美国《经济学家》杂志以在世界各地都有销售的麦当劳快餐店的“巨无霸”汉堡包为例，对其在世界各地的价格进行了广泛调查，以验证绝对购买力平价理论。调查结果令人吃惊：“巨无霸”在不同国家(地区)的价格换算成美元相差巨大(见表1-2)。此后每年《经济学家》杂志都要进行此项调查，而“巨无霸”价格也就成为对购买力平价理论的生动检验。表1-2中第二列给出了18个国家(地区)巨无霸的当地货币价格，第四列给出了不同国家(地区)货币对美元的实际汇率，第五列测度了美元的购买力平价，这是由“巨无霸”的当地货币价格除以美国本土的价格得来的，最后一列给出了购买力平价预测的汇率比实际汇率高出的百分比。

表 1-2　汉堡包标准

国家(地区)	当地本币价格	换算为美元价格	实际美元汇率(2009 年 1 月 30 日)的汇率	按购买力平价计算的美元汇率	美元价值过高或过低(%)
美国	3.54 美元	3.54	—	—	—
阿根廷	11.50 比索	3.30	3.49	3.25	-7
澳大利亚	3.45 澳元	2.19	1.57	0.97	-38
巴西	8.02 雷亚尔	3.45	2.32	2.27	-2
英国	2.29 英镑	3.30	1.44	1.55	-7
加拿大	4.16 加元	3.36	1.24	1.18	-15
中国	12.50 元	1.83	6.84	3.53	-48
欧元区	3.42 欧元	4.38	1.28	1.04	24
中国香港	13.3 港元	1.72	7.75	3.76	-52
挪威	40.0 克朗	5.79	6.91	11.3	63
印度尼西亚	19 800 印尼盾	1.74	11 380	5 593	-51
日本	290 日元	3.23	89.8	81.9	-9
马来西亚	5.50 林吉特	1.52	3.61	1.55	-57
俄罗斯	62.0 卢布	1.73	35.7	17.5	-51
韩国	3 300 圆	2.39	1 380	932	-32
瑞典	38.0 克朗	4.58	8.30	10.7	29
瑞士	6.50 瑞士法郎	5.60	1.16	1.84	58
中国台湾	75.0 新台币	2.23	33.6	21.2	-37

注：①美元对英镑、欧元的汇率采用直接标价法。

②麦当劳巨无霸汉堡包价格为 2009 年年初水平。

如何解释这一显著违背一价定律的现象呢？归纳起来，是由于现实经济中不存在一价定律所假设的前提，也就是说，产品差异、贸易管制、交易费用等不等于零；此外，生产成本在不同国家相差很大。《经济学家》杂志的编辑进行这项调查虽是游戏之作，但是也的确嘲弄了一下喜欢靠假定提出各种理论的经济学家。尽管如此，一价定律仍是有用的，它至少为我们勾画出在完全竞争的市场条件下汇率如何决定。

(资料来源：根据《经济学家》杂志资料整理)

1.4 影响汇率变动的因素

在当今的浮动汇率制度下，外汇市场上的汇率水平每天都会发生波动。那么，汇率变动的方向和幅度是如何确定的呢？如果把外汇看作一种普通商品，汇率就是这种商品的价格，影响两国间汇率变动的直接原因就应该是外汇供求的变动。影响外汇供求的原因有很多，其中长期因素包括国际收支差额、通货膨胀的差异以及经济增长差异；短期因素包括相对利率、政府干预、外汇市场上的投机活动以及心理预期等。由于影响汇率变动的因素是多方面的，各种因素相互联系、相互制约，甚至相互抵消，同一因素在不同时期、不同国家可能会起到不同的作用，因此汇率变动是一个极为错综复杂的问题。总体上说，一国的宏观经济状况和经济实力是决定该国货币汇率变动的基本因素。

1.4.1 影响汇率变动的长期因素

1. 国际收支状况

国际收支状况是一国对外经济活动的综合反映，是影响汇率变动的直接因素，起主导作用。一国国际收支通过直接决定外汇的供求状况而影响着本国货币的汇率。一国国际收支顺差，意味着外汇的供给增加，则外汇汇率下跌，本币对外升值；反之，一国国际收支逆差，说明该国的外汇收入小于外汇支出，对外汇的需求大于外汇的供给，外汇汇率上涨，本币对外贬值。

在国际间资本流动的规模不大时，国际收支的经常账户差额，尤其是贸易收支差额是影响汇率变动的最重要因素。然而，随着国际间资本流动的加速发展，国际收支的资本与金融账户对汇率的影响已经越来越重要，仅仅是贸易额的变动已不能决定汇率变动的基本走势。

2. 通货膨胀率的差异或相对通货膨胀率

一国出现通货膨胀是因为该国发行的货币超过了经济发展所需要的实际货币量，从而造成物价上涨，货币所代表的商品价值量减少。在纸币流通制度下，货币之间的折算基础是各自内含的价值量，这就意味着汇率实质上就是两国货币所代表的价值量之比。如果一国发生通货膨胀，则其货币的对内价值量降低，货币购买力降低，其对外价值即汇率则必然也随之下降。因为汇率涉及两种货币的价值比较，所以必须考察两国的通货膨胀相对比率。一般来说，相对通货膨胀率高的国家货币汇率会下跌，通货膨胀率低的国家货币则升值。如果两国发生了等幅的通货膨胀，两者则会相互抵消，两国货币的名义汇率可以不受影响。

通货膨胀对汇率的影响不是直接地、明显地表现出来的，一般要经过一段时间才能显现出来，一般通过两个渠道。一是通过影响进出口贸易。当一国出现通货膨胀时，该国国内物价水平普遍上升。如果汇率不变，则出口商品价格上升，国际竞争力下降，该国的出口受到抑制。同时，由于外国商品价格显得相对便宜而使该国进口增加，因此该国的经常账户易出现逆差，从而导致本币汇率下跌。二是通过影响实际利率。一国发生通货膨胀，必然使该国实际利率(名义利率减去通货膨胀率)降低，用该国货币所表示的各种金融资产的实际收益下降，导致资本外流，资本和金融账户出现逆差，从而引起本币贬值。

3. 经济增长率差异

一国经济状况的好坏是影响汇率变动的根本原因。国内外经济增长率差异可以通过多个方面作用于汇率。就国际收支经常项目而言，一方面，一国经济增长率较高，意味着该国的收入相对增加，从而进口需求增加；另一方面，高的经济增长意味着劳动生产率的提高，本国产品的竞争能力增强，有利于出口。两方面的净影响要看两方面作用的力量对比。就资本和金融项目而言，一国经济增长率高，国内对资本的需求就比较大，国外投资者也愿意将资本投入到高速增长、前景看好的经济中去，于是资本流入，本币有升值趋势。总的来说，高的经济增长率会对本国币值起支持作用，而且这种影响持续时间较长。

这里提到的经济增长率是相对经济增长率，只有当一国的经济增长率快于别国时，才可能会出现该国汇率升值；相反，当该国增长率慢于其他国家经济增长率时，该国货币有可能贬值。

1.4.2 影响汇率变动的短期因素

1. 利率差异

利率作为金融资产的价格，它不仅是反映一国经济金融状况的基本指标，同时能体现一国筹资成本和投资利润，是影响一国汇率变动的重要因素。各国利率的相对差异会引起资金的流动，进而通过影响一国的资本和金融账户来影响汇率。而利率的升降也会带来国内经济的紧缩和扩张，同样可以影响国际收支。

一般地，一国利率水平提高，会引起资本流入该国以获取高利，流入的外资必须兑换成本币，从而造成在外汇市场上对该国货币需求上升，该国货币的汇率就会上浮，同时利率水平的提高会使该国国内储蓄增加，消费减少，使该国物价水平有所下降，从而使出口增加，进口减少，有利于国际收支逆差的减少。这样，利率水平的上升还可以通过国际收支出现顺差使汇率上浮。

作为常用的货币政策工具之一，利率常被货币当局用来影响汇率。这里需要强调的是，利率因素对汇率的影响是短期的。一国仅靠高利率来维持汇率坚挺，其效果有限。因为这很容易引起本币的高估，而这种高估一旦被投机者所认识，就可能引发更严重的本币贬值风潮。另外，在汇率波动幅度很大的时候，尤其是金融危机期间，仅凭利率工具是无法力挽狂澜的。例如，1992 年下半年的欧洲货币危机期间，英镑汇率狂跌不止，为遏止英镑下跌的势头，英格兰银行竟然在一天之内两次宣布提高利率，将利率由 10%提高到 15%，但英镑的跌势已定，纵然提高利率也无力回天。

2. 各国汇率政策和对市场的干预

为了维持汇率的稳定，或使汇率变动服务于经济政策目的，政府常会对外汇市场进行干预。我们将政府对外汇市场的干预归为短期因素，原因是，政府干预外汇是出于某种目的或经济发展战略需求。通常，一国政府或货币当局干预外汇市场的措施有四种：一是直接在外汇市场上买卖外汇，这种方式对汇率的影响最明显；二是调整国内财政和货币等政策；三是在国际范围内公开发表具有导向性的言论以影响市场心理；四是与国际金融组织和有关国家配合进行直接和间接干预。这些措施虽然无法从根本上改变汇率的长期走势，但对汇率的短期走势将产生一定的影响。

3. 投机活动与市场心理预期

自 1973 年实行浮动汇率制以来，外汇市场的投机活动愈演愈烈，投机者以投机基金、跨国公司为主，他们往往拥有雄厚的实力，可以在外汇市场上推波助澜，使汇率的变动远远偏离其均衡水平。投机活动对汇率变化的影响是双向的。一方面，投机风潮会使外汇汇率跌宕起伏，加剧了市场的不稳定；另一方面，当外汇市场汇率高涨或暴跌时，投机性套利活动会起到平抑行市的稳定作用。

市场心理预期是影响汇率变动的一个重要因素。在国际金融市场上，有大量的短期性资金，这些资金对世界各国的政治、经济、军事等因素都具有高度的敏感性，在预期因素的支配下，转瞬间就会发生大规模的转移。当人们预期某种货币将贬值，市场上马上就会出现抛售这种货币的行为，使这种货币立即贬值。

心理预期是影响汇率变动的一个很复杂的因素，具有很大的脆弱性和易变性，让人很难把握。

影响一国汇率变动的因素很多，除了上述几种因素之外，还有国际性经济、政治或军事突发事件等。在不同时期，各种因素对汇率变动的影响有轻重缓急之分，它们的影响有时相互抵消，有时相互促进。只有将各项因素进行综合、全面的考察，才能得出比较正确的判断。

小资料 1-5 美国历次施压人民币升值回望

2003 年 9 月，时任美国财长的斯诺来华，带来了有关“中国政府放宽人民币波动范围”的要求。他认为，最佳的汇率政策就是让货币自由浮动，让市场自行制定汇率，政府应该尽量减少干预。美日两国联手向中国施压，引导国际上向人民币施压的“舆论大潮”。

2004 年 10 月，中国人民银行行长首次受邀参加 G7 会议。当时，有人将这次会议形容为人民币汇率版的“鸿门宴”，除了美、日等国，国际货币基金组织(IMF)也作出类似的姿态。在这次会议上，一些国家的政要、投行机构等纷纷提出要中国放弃盯住美元的汇率安排。浓烈的火药味从会场蔓延到各个角落。

2005 年 7 月 21 日，中国宣布启动人民币汇改。在获得短暂的好评之后，人民币估值再次受到个别发达国家的指责。

2006 年 12 月 12 日，时任美国财长的保尔森率领代表团访华。保尔森提出，“美国认为中国在消减贸易顺差方面可以做得更多。我们鼓励中国采取更具弹性的人民币汇率机制”。

2009 年 1 月 16 日，候任美国总统奥巴马表示将“通过所有途径”，包括向世界贸易组织投诉的方式，向中国施压，逼使中国调高人民币汇率。由此，中美开始了新一轮的人民币汇率争论。

2010 年 1 月 1 日，美国普林斯顿大学经济学教授、《纽约时报》专栏作家、诺贝尔经济学奖得主保罗·克鲁格曼在《纽约时报》专栏上发表一篇题为《中国新年》的文章。文章指责说，如果中国不改变经济政策，那么保护主义将变得“更为猛烈”！中国必须让人民币大幅升值。2010 年 3 月，保罗·克鲁格曼声称，人民币币值被低估，导致美国在金融危机期间至少损失 140 万个就业岗位。

2010 年 2 月 3 日，美国总统奥巴马公开表示将在人民币汇率问题上对中国采取更为强硬的立场，并且要求中国开放市场为美国扩大出口。

2010 年 3 月 15 日，130 位国会议员联名致信美国财政部长盖特纳和商务部长骆家辉，要求将中国认定为“汇率操纵国”，并要求美国商务部对中国商品实施反补贴制裁。在 3 月 24 日的听证会上，十余名国会议员和 4 位美国经济学者几乎是一边倒地指责“人民币被严重低估”。

2010 年 9 月，93 名国会议员联名致信众院民主党领袖，要求对人民币汇率政策采取强硬立场；众院 15 日和 16 日举行听证会，继续就人民币汇改进展等问题向中国施压……

(资料来源：中国新闻网)

小思考 1-1　外部施压会不会影响人民币升值步伐？

2011 年 2 月，中国人民银行行长周小川在法国出席 G20 财长和央行行长会议期间接受采访时表示，中国的汇率政策是基于国内经济结构调整的需要，任何来自外部的压力都不会影响人民币升值的步伐。周小川表示，在人民币升值的问题上，中国并没有过多留意外部压力的大小与否。他并不认为，中国正在承受着要求人民币升值的“外部压力”。

周小川说："外部压力从来就不是考虑的重要因素，对此我们从未特别关注，我们多是依靠自己的判断，来自主调整人民币估值。"周小川还表示，中国将保持人民币汇率弹性。如果中国在汇率方面有任何行动，也总是为了更好地服务于国内经济结构的调整。他表示，为了发展国内金融市场，中国需要改革汇率体系并提高人民币的弹性。

(资料来源：上海证券报，2011-2-19)

问题：请结合上述报道，分析人民币升值压力的来源以及当前人民币升值是否合理。

小思考 1-2 人民币是否应该继续升值?

中国农历兔年春节之后，人民币的升值进程似乎开始加快。在节前，人民币即期汇率短暂试探6.55的关口，并迅速回弹。节后的市场上，人民币开始再度走强，2月14日，人民币兑美元交易还在6.60的水平上，仅仅10天之后，人民币兑美元就升至6.57一线，其升值的速率已经大大快于年初的水平。这段时间之中，中国人民银行行长周小川在2月19~20日G20巴黎会议上强调，为发展中国金融市场，中国需改革汇率体系并提高人民币汇率的弹性。这段话也被解读为中国允许人民币加快升值的一个风向标。对于人民币升值，很多专家学者看法不一，有专家认为人民币升值有利于抑制当前国内的通货膨胀；有观点认为人民币当前估值还较低，应该升值；但也有观点认为，迫使人民币升值是美、日等国的阴谋，会对中国的经济发展产生严重的影响。

问题：根据本节所学知识作出自己的判断，并阐明理由。

1.5 汇率变动对经济的影响及条件

当前大部分国家采用的是浮动汇率制度。而在浮动汇率制度下，汇率的变动频繁而剧烈。汇率的变动会对一国的经济、政治乃至整个世界的经济产生重要的影响，掌握汇率变动对经济的影响并及时采取措施对于保持一国经济的稳定是相当重要的。

1.5.1 汇率变动对经济的影响

1. 汇率变动对一国国内经济的影响

在开放经济条件下，汇率变动会对一国国内经济产生很大影响。汇率变动会直接引起进口商品和出口商品的价格变化，进而通过一系列的传导机制导致国内整体物价水平的变化。

(1) 汇率变动会对进口商品的价格产生影响

当本币升值时，如果进口商品以外币表示的价格不变，以本币表示的进口商品的价格就会降低。当本币贬值时，如果进口商品以外币表示的价格不变，以本币表示的进口商品的价格就会升高。

(2) 汇率的变动会对出口商品的价格产生影响

当本币贬值时，出口商品的国内价格提高。原因是本币贬值的另一面是外币相应升值，这意味着外币的购买力会增强。在出口商品的本币价格不变时，由于外币升值，出口商品的外币价格就会降低，进而国外消费者会增加进口。这就会引起对本币贬值国商品的需求，若出口商品的供应数量不能同时增加，则出口商品的国内价格会因需求增加、供给不变而上升。相反的，若本币升值，外币贬值，则会引起国外消费者进口需求的减少，导致本币升值国出口商品的需求减少，价格下降。

(3) 汇率的变动会影响一国的总体物价水平

下面以本币贬值来说明。首先，本币贬值会引起进口商品价格的升高，引起成本推动型的通货膨胀。前面分析过，本币贬值会导致进口商品的价格升高，而进口商品中包括着很多的原材料，原材料价格上升自然会导致使用进口原材料生产的产品价格的上升，这是成本推动型的通货膨胀。

其次，本币贬值还会导致需求推动型的通货膨胀。本国货币贬值时，国外消费者会增加对贬值国出口商品的消费，当该国出口商品的供给不能随国外需求增加而相应增加时，导致需求会大于供给，进而导致国内物价上涨。同时，本币贬值时由于本币购买力的下降，本国居民会减少对进口的需求，转而更多地消费国内商品，这又进一步加剧了国内市场的供不应求状况，进而加大国内物价的上涨水平。这是需求推动型的通货膨胀。相反，当本币升值外币贬值时，则会导致本国物价水平的整体下降。

由于经济运行的复杂性，汇率变动对国内物价的影响及程度有时不是十分直接和明显，还要受到商品生产等许多条件而定，但是，汇率变动会引起国内物价水平的变动这却是个不争的事实。

(4) 汇率变动对一国的生产结构、资源配置和就业也会产生影响

还是以本币贬值为例进行说明。首先，本币贬值以后，出口商品的国际竞争力增强，出口扩大，出口产品的生产企业、贸易部门的收入会增加，这将促使其他产品部门转向从事出口产品的生产，由此引起资金和劳动力从其他行业流入出口产品制造和贸易部门。

但是，货币贬值过度也会有副作用。一方面，它使以高成本低效益生产出口产品和进口替代品的企业得到鼓励，因此具有保护落后的作用，不利于企业竞争力的提高，同时也使社会资源的配置得不到优化。另一方面，它使本该进口的商品因国

内价格变得过于昂贵而无法进口，或进来后加重了进口企业的成本，不利于经济结构的调整和劳动生产率的提高。

其次，本币贬值时，进口商品的成本增加，价格上升，会使原来一部分对进口产品的需求转向国内相同商品或替代品，于是国内相关行业就会繁荣起来。

再次，本币贬值时，由于增加了对国内产品的需求，自然会带动生产商对劳动力的需求，这样就很好地解决了一大部分人的失业问题。

应该注意的是，上述影响是以本币贬值前国内有闲置资源为前提的。只有这样，出口增加或进口减少形成的国内商品需求的增加才可以使闲置资源得到利用，从而推动经济增长和就业。在发展中国家，收入增长经常性地遇到资金、技术、设备、原料等方面的约束。若政府实行本币贬值，压低本币汇率，使本国的土地和劳动力对外商来说更加便宜，便可能吸引长期资本流入。这有助于打破各种资源约束，推动收入增长和增加就业。

2. 汇率变动对一国对外经济的影响

(1) 汇率变动对一国对外贸易的影响

首先，一般来说，汇率稳定有利于核算进出口成本和利润，可以促进对外贸易的发展；而汇率频繁变动则会增大外汇风险，不利于国际贸易的发展。

其次，汇率变动会引起本国出口产品在国际市场上的竞争力进而影响进出口。具体来说，如果本币贬值外币升值，而国内物价未发生变动，则出口商品的外币价格会下降，即外币对本国商品、劳务的购买力增强了，或者说本国商品由于汇率变动而产生的价格上的优势增强了其在国际市场上的竞争力，这就会引起外国消费者对本国商品、劳务的需求增加，进而出口会增加。同时，由于本币贬值，以本币来表示的外国商品的价格会上升，这就会抑制本国居民对进口商品的需求，转而去消费本国相对来说较为低廉的形同商品或是替代品。总的来说，本币的贬值会产生促进出口、抑制进口的作用。相反，本币升值由于会降低本国商品的国际竞争力会起到抑制出口、刺激进口的作用。

最后，如果一国实行以促进出口为目的的本币贬值，会使对方国家的对外贸易遭受损失，从而引起对方国家的报复，他们或者实行同样的货币贬值，或者采取保护性贸易措施，引发货币贸易战争，使正常的国际贸易秩序受到破坏。

但是，在考虑汇率变动对于对外贸易的影响时，还需注意几个问题，下面还是以本币贬值来说明。

首先是“弹性”问题。本币贬值对贸易收支的影响有两个方面：一是数量方面的影响，即出口量增加、进口量减少；二是价格方面的影响，即出口的外币价格降低、进口的本币价格上升，即贸易条件恶化。这两方面的影响方向相反，只有当数量方面的影响超过价格方面的影响时，贸易收支才会改善。只有当出口供给弹性足够大，同时进出口需求弹性之和大于 1 时(“马歇尔—勒纳条件”)，贸易收支才能得以改善。

其次是“时滞”问题。贬值对出口的刺激作用和对进口的抑制作用，会因出口合同的约束、生产调整以及需求变动滞后而难以发挥，这就导致贬值后进出口数量不会立即调整，贸易差额将因贸易条件的恶化而恶化。只有经过一段时间后，货币贬值才会使国际收支改善。

三是“通胀”问题。短期来看，本币贬值可能扩大出口，但从长期来看，由于贬值影响到国内物价水平，随着国内物价上涨，出口商品的成本上升，竞争力反而下降。因此，一国实现货币贬值，往往必须同时采取紧缩的货币政策，以保持国内币值和物价的稳定。

(2) 汇率变动对一国资本流动的影响

首先，汇率变动会对该国的资本和金融账户收支产生影响。当本币贬值时，会对该国的资本和金融账户产生不利影响。当本国货币贬值时，本国资本为防止本币贬值带来的损失，会将本币兑换为外币流出国内。而当本币升值时，大量国际上的资本会被吸引进来赚取汇差收益。同时，对于汇率变动的预期，同样会对资本的流入流出产生影响。例如当预期一国货币升值时，资本会流入国内赚取汇差。当预期一国货币贬值时，会引起资本的流出。

其次，汇率变动还会对外商直接投资产生影响。一方面来说，本币贬值有利于吸引外商直接投资。本币贬值可使按本币计算的投资额增加，而且相同的投资额可以购得比以前更多的劳务和生产资料。投资人此时投资比汇率变动前投资更加有利，从而会刺激外商直接投资。另一方面来说，本币贬值又会抑制外商直接投资，因为本币贬值将不利于投资人把投资所得的利润折成外币，因为按变动后的汇率折算的外币将比原来要少。相反的，当本币升值时同样会产生以上两种相反的作用效果。

汇率变动对国际资本流动的影响十分复杂。国际资本流动主要是为了追求利润和资金安全。汇率变动对资本流动的影响在很大程度上取决于人们对汇率进一步变动的心理预期，而且通过上面的分析可以看出它对长期资本流动和短期资本流动的影响有所不同。

(3) 汇率变动对一国外汇储备的影响

外汇储备是一国国际储备的重要组成部分，它对一国汇率的稳定有着重要的作用。汇率的变动会对一国的外汇储备产生重要影响。

首先，汇率变动会影响一国外汇储备的规模。当本币贬值时，由于本国的出口商品价格相对降低会提高本国出口商品的国际竞争力，增加出口；同时，外国进口商品的价格会相对提高，这样就又抑制了进口，总的说来就是本币贬值，出口增加、进口减少，当本币贬值使出口额增加大于进口额时，就会产生外汇收入，从而使外汇储备增加。但当本币贬值时，可能会引起短期投机资本的外流和直接投资的流入，这些因素都会对外汇储备的规模造成影响。而当本币升值时，则会对外汇储备产生相反的效果。

其次，汇率变动会影响一国外汇储备的实际价值。外汇储备实际是一种国际购买力的储备，因为当今世界的任何国际储备货币都不能与黄金兑换，而只能与其他外汇兑换来实现自己的购买力。储备货币实际上只是一种价值符号，它的实际价值只能由它在国际市场上的实际购买力来决定。如果外汇储备所代表的实际价值随该货币汇率的下跌而日益减少，就会使拥有该种储备货币的国家遭受损失，而储备货币发行国则会因该货币的贬值而减少对外债务负担。如果外汇储备所代表的实际价值随该货币汇率的上升而日益增加，就会使拥有该种储备货币的国家遭受损失，而储备货币发行国则会因该货币的升值而增加对外债务负担。

最后，汇率变动会影响某些国际储备货币的地位与作用。一国选择储备货币总是要以储备货币汇率长期较为稳定为前提。如果某种储备货币其发行国货币不断贬值，汇率不断下跌，该储备货币的地位和作用就会不断削弱，严重时甚至还会丧失储备货币的地位。

(4) 对非贸易收支的影响

所谓非贸易收支，就是指国际收支平衡表中除货物之外的其他三项：服务、收入和经常转移三项。

一国货币贬值后，一方面，外国货币的购买力相对提高，贬值国的商品、劳务、旅游和住宿的费用就变得相对便宜，这对外国游客无疑增加了吸引力。因此会促进贬值国的旅游业发展及相关收入的增加。另一方面，由于本国本币的购买力相对下降，国外的服务价格变得相对昂贵，进而抑制了本国的服务进口。所以，若不考虑贬值国国内物价水平的变动，贬值所形成的国内外的相对价格的变化，将有利于一国非贸易收支的改善。应该注意的是同样有一个弹性的问题。

3. 汇率变动对国际经济关系的影响

浮动汇率制度下，外汇市场上各国货币频繁、不规则的波动，不仅给各国对外贸易、国内经济等造成了深刻影响，也影响着各国之间的经济关系。

在国际经济交往中所使用的货币主要是发达国家的货币。这些国家将汇率政策作为其对外扩张的手段，对国际间的经济联系产生深刻影响，常常加剧了发达国家和发展中国家的矛盾，也激化了发达国家之间争夺销售市场的矛盾，加大了国际贸易和国际金融活动的风险，为外汇交易的投机行为提供了可乘之机。

目前，通过货币的竞相贬值促进各自国家的商品出口，是国际上很普遍的现象，这也就是所谓的“货币战”。由此造成的不同利益国家之间的分歧和矛盾也层出不穷，这也加深了国际经济关系的复杂化。

另外，西方金融市场上某些货币的持续坚挺也同样会引起国际经济矛盾的产生。

例如，20 世纪 90 年代初德国马克持续升值，给整个欧洲货币体系造成了巨大压力，其他国家货币(如意大利里拉、法国法郎等)在其强势下大幅贬值，欧洲汇率机制终于支持不住而扩大了浮动界限。这一切都使当时欧共体各国之间原有的经济矛盾进一步加深，欧洲经济货币联盟的一体化进程一度停滞不前。

1.5.2 汇率变动对经济影响的条件

从上面的分析中可以看到，一国汇率的变动无论是对该国的国内经济还是对该国的对外经济都会产生重要的影响。但这些影响有时并不是直接作用于该国的国内经济和对外经济的，要经过复杂的传导机制，还会受到多个外界条件的制约。汇率发挥作用的条件或影响因素主要有以下几点。

1. 一国的对外开放程度

一国的对外开放程度可以用外贸依存度来衡量。外贸依存度指的是一国的对外贸易额与国民生产总值的对比。如果一国的对外贸易依存度较高，也即对外开放程度较高，本国经济发展与国际市场联系较为紧密，汇率变动对其经济的影响就较大，反之则较小。

2. 一国货币的可兑换性

如果一国的货币在国际支付中使用较多，汇率变动对其经济的影响就较大，反之则较小。

3. 一国出口商品的种类

如果出口商品单一，汇率变动对该国有较严重的影响。相反的，汇率变动对生产多样化的国家影响较小。

4. 一国的外汇管制情况及其对经济的干预手段

一国的外汇管制情况及其对经济的干预手段不同，汇率变动对经济的影响作用也不同。

本 章 小 结

1. 外汇是国际汇兑的简称，它有动态和静态双重含义。静态的外汇又有广义和狭义之分。通常所说的外汇，是指外汇的狭义概念，指以外币表示的可用于国际间结算的支付手段。一般而言，狭义的外汇具有三个基本特征：外币性、可自由兑换性、普遍接受性。外汇的本质，就是对外国商品和劳务的要求权。根据不同的分类标准，可以将外汇分为不同的种类，按货币兑换的限制程度不同，可以分为自由兑换外汇、有限自由兑换外汇和不可兑换外汇；按交割期限的不同，可以分为即期外汇和远期外汇；按照来源和用途的不同，可以分为贸易外汇和非贸易外汇。

2. 汇率又称汇价，是两种不同货币之间的比价，也就是以一种货币表示的另外一种货币的相对价格。在实践中折算两国货币时，存在着两种不同的标价方法，即直接标价法和间接标价法。从不同的角度分析，汇率可以分为各种不同的类别，如可分为基本汇率和套算汇率；买入汇率、卖出汇率、中间汇率和现钞价；即期汇率和远期汇率；单一汇率和复汇率；名义汇率和实际汇率；双边汇率和有效汇率。

3. 各国货币所具有或所代表的价值是汇率决定的基础。但由于在不同货币制度下，汇率的决定基础有所不同。在金本位制下，铸币平价是决定汇率的基础，汇率波动的界限是黄金输送点。纸币制度下，汇率变动已经不再有天然的制约，需要通过人为的方式进行维持和调整。在布雷顿森林体系下，各成员国有义务通过行政或市场手段维持这种固定汇率制度。因此，这段时期的汇率是在规定的限度内调整。布雷顿森林体系崩溃后，汇率调整的范围没有明确限制，各国政府各行其是，大都根据本国国内的经济发展需求调整汇率。一般地说，外汇市场汇率以市场供求调节为主，各国政府干预外汇市场的手段主要是直接进入外汇市场，通过买卖外汇调节外汇供求关系来影响汇率。

4. 如果把外汇看作一种普通商品，汇率就是这种商品的价格，影响两国间汇率变动的直接原因就应该是外汇供求的变动。影响外汇供求的原因有很多，其中长期因素包括国际收支差额、通货膨胀的差异以及经济增长差异；短期因素包括相对利率、政府干预、外汇市场上的投机活动以及心理预期等。

5. 汇率的变动会对一国的国内经济、对外经济和国际经济关系产生重要影响。汇率发挥作用的条件或影响因素主要有以下几点：一国的对外开放程度、一国货币的可兑换性、一国出口商品的种类、一国的外汇管制情况及其对经济的干预手段。

复习思考题

1. 什么是外汇？
2. 什么是外汇汇率？有哪些主要种类？
3. 在不同的货币制度下，汇率是如何决定的？
4. 何谓货币的法定升值和法定贬值？
5. 影响汇率变动的经济因素有哪些？

例题解析

(一) 单项选择题

1．通常所说的外汇，是指外汇的(   )。

A．动态广义概念

B．动态狭义概念

C．静态广义概念

D．静态狭义概念

答案解析：D。此题考查外汇的概念，见 1.1.1 节。

2．中国公布的外汇牌价为 100 美元等于 657.50 元人民币，这种标价方法属于(   )。

A．直接标价法

B．间接标价法

C．美元标价法

D．无法判断

答案解析：A。此题考查汇率的两种标价方法，见 1.2.2 节。

(二) 多项选择题

1．外汇的基本特征是(   )。

A．外币性

B．方向性

C．可偿还性

D．可自由兑换性

E．流动性

答案解析：ACD。此题考查外汇的基本特征，见 1.1.2 节。

2．影响汇率变动的短期原因主要有(   )。

A．一国的国际收支状况

B．各国政府的干预

C．通货膨胀差异

D．利率差异

E．市场的心理预期

答案解析：BDE。此题考查影响汇率变动的短期因素，见 1.4.2 节。

(三) 简答题

1．比较分析在不同的标价方法下汇率变化与外汇升贬值之间的关系。

答案解析：此题考查汇率的标价方法，见 1.2.2 节。

2．阐明汇率变动对经济的主要影响。

答案解析：此题考查汇率变动对经济的影响，参见 1.5 节。

知识链接

1. 国家外汇管理局每天公布人民币的基准汇率，可登录国家外汇管理局网站(http://www.safe.gov.cn)查阅，网站上还有人民币汇率中间价的历史汇率(1994 年 1 月 1 日至今)。

2. 中国外汇市场行情和汇市评论，可登录中国银行网站(http://www.boc.cn)查阅。

3. 国际外汇市场行情和汇市评论，可登录伦敦金融时报网站(http://www.ft.com)、美国华尔街日报网站(http://www.wsj.com)查询。

第 2 章

国际收支

学习索引

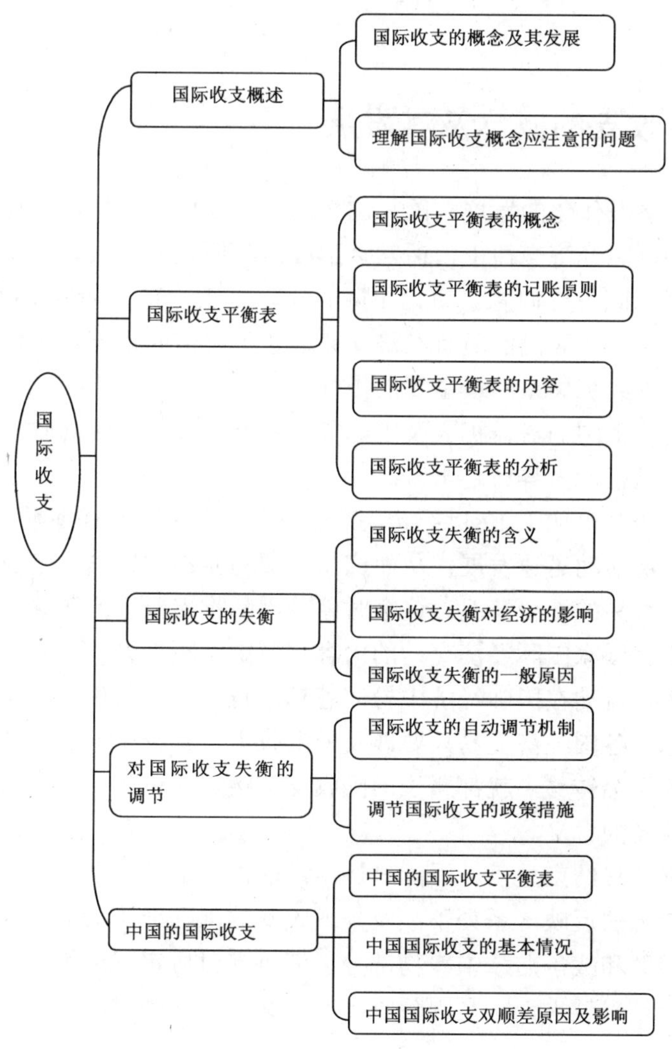

学习目标

掌握国际收支的基本概念、国际收支平衡表的分析方法、国际收支不平衡的原因及其影响；重点掌握国际收支平衡表的各项内容、国际收支失衡的调节措施；了解中国国际收支的概况。

重点难点

国际收支的概念理解　国际收支平衡表的记账原则　国际收支失衡的调节措施

2.1　国际收支概述

2.1.1　国际收支的概念及其发展

随着世界经济一体化的发展，国与国之间的交往日益密切，交往的形式也日益多样化。在这种国际经济交往中，通常会形成国际债权债务关系以及国际货币收支关系，从而产生国际收支问题。所谓国际收支，是指一定时期内(通常为一年)一个国家或地区的居民与非居民的所有经济交易的货币价值的系统记录，是一国宏观经济变量中反映对外经济关系的最主要的指标。

随着国际交往范围的日益扩大及国际货币制度的发展，国际收支的概念经历了一个不断演化的过程，内容日趋丰富。

国际收支的概念出现于 17 世纪初。随着资本主义生产方式逐渐确立，以国际贸易为主的国际经济活动迅速发展，从而产生了贸易差额的概念，它表示一国在一定时期内对外商品贸易的综合情况。这个时期是国际收支概念的萌芽时期。

随着资本主义国家国际经济交易的内容和范围不断扩大，尤其是 20 世纪 20 年代之后，国际资本流动在国际经济中扮演着越来越重要的角色，于是就出现了“外汇收支”的概念。各国经济交易只要涉及外汇收支，无论是贸易、非贸易，还是资本借贷或单方面资金转移，就都属于国际收支范畴。这也是目前有些国家仍在沿用的狭义的国际收支的含义。

第二次世界大战结束之后，国际经济活动的内涵、外延又有了新的发展，狭义国际收支的概念无法反映一系列不涉及外汇收支的国际经济活动，如易货贸易、补偿贸易、无偿援助和战争赔款中实物部分、清算支付协定下的记账等，而这些在世界经济中的影响越来越大，于是国际收支概念又有了新的发展，形成了目前各国通用的广义的国际收支概念。

国际货币基金组织(IMF)在其所编制的《国际收支手册》中，对国际收支作了如下具体解释："国际收支是一国在一定时期内的一种统计报表，它反映：①该国与他国之间商品、劳务和收益等的交易行为；②该国所持有的货币黄金、特别提款权的变化以及与他国债权债务关系的变化；③凡不需要偿还的单方面转移的项目和相对应的项目，由于会计上必须用来平衡的尚未抵消的交易，以及不易互相抵消的交易。"

2.1.2 理解国际收支概念应注意的问题

1. 国际收支是一个流量概念

作为一个流量概念，国际收支记载的是某一时段内的流量数据，即对一定时期内(一般是一年)的交易的总计，从而可以反映出经济价值的产生、转换、交换、转移或消失，并涉及货物或金融资产所有权的变更、服务及资本的提供等。

2. 国际收支反映的内容是经济交易

国际收支以交易为基础。所谓经济交易，是指经济价值从一个经济实体向另一个经济实体转移。

3. 国际收支的主体为一个经济体

所谓经济体，可以是一个主权国家，也可以是一个具有独立经济体系的地区。

4. 国际收支记录的是一国居民与非居民之间的交易

判断一项交易是否应包括在国际收支的范围内，所依据的不是交易双方的国籍，而是依据交易双方是否有一方是该国居民。只有居民与非居民之间的经济交易才计入国际收支的国际经济交易。不同于法律的公民概念，居民是个经济学的概念。在国际收支统计中，居民是指一个国家的经济领土内具有一定经济利益中心的机构单位。所谓一国的经济领土，一般包括一个政府所管辖的地理领土，还包括该国天空、水域和邻近水域下的大陆架，以及该国在世界其他地方的飞地[1]，海关控制下的自由区和离岸企业经营的保税仓库或工厂。依照这一标准，一国的大使馆等驻外机构是所在国的非居民，而国际货币基金组织、世界银行和联合国等国际组织是任何国家的非居民。

所谓在一国经济领土内具有一定经济利益中心，是指该单位在某国的经济领土

1. 飞地是明确划分的地区，如大使馆、领事馆、军事基地、科学站、信息或移民办事处、援助机构等经所在国政府同意由本国政府拥有或租用，用于外交、军事、科学或其他目的。

内在一年或一年以上的时间中已经大规模地从事经济活动或交易，或计划如此行事。对于一经济体来说，它的居民单位主要是由两大类机构单位组成：①家庭和组成家庭的个人；②法定的实体和社会团体，如公司和准公司、非营利机构和该经济体中的政府。

2.2 国际收支平衡表

2.2.1 国际收支平衡表的概念

国际收支平衡表，也称国际收支差额表，是系统记录一国在一定时期内所有国际经济活动收入与支出的统计报表，是一国国际收支的具体体现。

国际收支平衡表是按照复式簿记原理、采用借贷记账法、运用货币计量单位编制的。各国编制国际收支平衡表的主要目的，是全面了解本国的涉外经济关系，并以此进行经济分析、制订合理的对外经济政策。国际收支平衡表所包含的信息对于政府的宏观决策及居民的微观行为都有重要的参考价值。

2.2.2 国际收支平衡表的记账原则

1. 复式簿记原理

国际收支平衡表是采用复式簿记原理进行登录的。复式记账法是国际会计的通行准则，其基本原理是：任何一笔交易发生，必须在借方和贷方同时记录，即有借必有贷，借贷必相等。

运用复式记账法记录国际收支，所有交易都被归类于借方项目和贷方项目，每笔交易都是由两笔价值相等、方向相反的账目表示。根据复式记账的惯例，不论是对于实际资源还是金融资产，借方表示该经济体资产(资源)持有量的增加，贷方表示资产(资源)持有量的减少。

因此，凡是引起外汇支出的交易，都要记入借方，或称负号项目。具体账目包括：①反映进口实际资源的经常项目；②反映资产增加或负债减少的金融项目。

凡是引起外汇收入的交易，都要记入贷方，或称正号项目，包括：①表明出口实际资源的经常项目；②反映资产减少或负债增加的金融项目。具体如表 2-1 所示。

表 2-1 借贷方记载项目

借 方	贷 方
货物或服务的进口	货物或服务的出口
收益支出	收益收入
对外提供的服务和资金无偿援助	接受的服务和资金无偿援助
金融资产的增加	金融负债的增加
金融负债的减少	金融资产的减少
官方储备增加	官方储备减少

2. 交易的计价

国际收支平衡表在记录每笔交易时，以市场价格或其等值为依据确定交易的价值。为了统一口径，国际货币基金组织建议，无论进口还是出口均采用离岸价来计算，到岸价中的运费和保险费列入劳务收支。需要注意的是，国际收支平衡表记录的是以货币记录的交易，对于有些可能不涉及货币支付的交易，须折算成货币加以记录。

3. 计价货币及汇率的选择

应采用单一制。由于国际收支交易使用多种货币，需要将多种货币转换成单一货币表示。原则上，应当按照签约时的汇率对交易进行转换。

4. 交易的记载时间

采用所有权变更原则。在国际经济交易中，签订买卖合同、货物装运、结算、交货、付款等一般都是在不同日期进行的，为了统一各国的记录口径，国际货币基金组织建议采用所有权变更原则。只要两国之间发生债权债务关系，即参与交易的实际资源或金融资产的所有权在法律上发生了转移，即使没有实现现金支付，也要按照所有权转移的日期记入国际收支。

2.2.3 国际收支平衡表的内容

国际货币基金组织出版的《国际收支手册》对国际收支报表的编制所采用的概念、准则、惯例、分类方法以及标准构成都作了统一的说明。下面根据其现行第五版的规定进行介绍。

具体而言，根据国际交易性质和内容的不同，国际收支账户所记录的交易项目可分为三大类：经常账户、资本与金融账户、错误与遗漏账户。其中前两项属于国际收支平衡表的标准组成部分。

1. 经常账户

经常账户是国际收支平衡表中最基本和最重要的往来项目，是对实际资源在国际间的流动行为进行记录的账户，它包括以下项目：货物、服务、收入和经常转移。

(1) 货物。货物包括一般商品、用于加工的货物、货物修理、各种运输工具在港口购买的货物和非货币黄金。

(2) 服务。服务是经常账户的第二个大项目，它包括运输、旅游以及在国际贸易中的地位越来越重要的其他项目(如通信、金融和计算机服务，专有权征用和特许以及其他商业服务)。

(3) 收入。收入包括居民与非居民之间进行的两大类交易：其一，支付给非居民工人(例如季节性的短期工人)的职工报酬；其二，投资收入项下有关对外金融资产与负债的收入和支出。第二大类包括有关直接投资、证券投资和其他投资的收入和支出以及储备资产的收入。最常见的投资收入是股本收入(红利)和债务收入(利息)。

(4) 经常转移。当一个经济体的居民实体向另一非居民实体无偿提供了实际资源或金融产品时，按照复式记账法原理，需要在另一方进行抵消性记录以达到平衡，也就是需要建立转移账户作为平衡项目。

《国际收支手册》将转移区分为经常转移与资本转移。经常转移仍包括在经常账户中，而资本转移包括在资本与金融账户的资本账户内。经常转移包括各级政府的转移(如政府间经常性的国际合作、对收入和财政支付的经常性税收等)和其他转移(如工人汇款)。

2. 资本与金融账户

资本与金融账户是指对资产所有权在国际间流动行为进行记录的账户，它包括资本账户和金融账户两大部分。

资本账户包括资本转移和非生产、非金融资产的收买或放弃。非生产、非金融资产的收买或放弃是指各种无形资产如专利、版权、商标、经销权以及租赁和其他可转让合同的交易。

金融账户包括一国对外资产和负债所有权变更的所有权交易。金融账户根据投资类型或功能，可以分为直接投资、证券投资、其他投资、储备资产四类。与经常账户不同，金融账户的各个项目并不按借贷方总额来记录，而是按净额来计入相应的借方或贷方。

(1) 直接投资。直接投资的主要特征是投资者对另一经济体的企业拥有永久利益。这一永久利益意味着直接投资者和企业之间存在着长期的关系，并且投资者对企业经营管理施加着相当大的影响。直接投资可以采取在国外直接建立分支企业的形式，也可以采用购买国外企业一定比例以上股票的形式。在后一种情况下，《国际收支手册》中规定这一比例最低为10%。

(2) 证券投资。证券投资的主要对象是股本证券和债务证券。对于债务证券而言，它可以进一步细分为期限在一年以上的中长期债券、货币市场工具和其他衍生金融工具。

(3) 其他投资。这是一个剩余项目，它包括所有直接投资、证券投资或储备资产未包括的金融交易。

(4) 储备资产。储备资产包括货币当局可随时动用并控制在手的外部资产。它可以分为货币黄金、特别提款权、在基金组织的储备头寸、外汇资产(包括货币、存款和有价证券)和其他债权。当一国国际收支出现差额时，该国政府就要动用储备资产进行，因此，储备资产项下所列出的数字并不是该国在某一项目下的持有额，而是其变动额。当经常账户和资本与金融账户出现顺差时，储备资产的增加，记在国际收支平衡表的借方，用“－”号表示；出现逆差时，表示储备资产减少，记在国际收支平衡表的贷方，用“+”号表示。储备资产的相关问题将在以后的章节详细介绍。

3. 错误与遗漏账户

国际收支账户运用的是复式记账法，因此所有账户的借方总额和贷方总额应相等。但是，由于不同账户的统计资料来源不一，记录时间不同以及一些人为因素(如虚报出口)等原因，会造成结账时出现净的借方或贷方余额，这时就需要人为设立一个抵消账户，数目与上述余额相等而方向相反。错误与遗漏账户就是这样一种抵消账户，一切统计上的误差均归入该账户。

根据上述账户，可以列出国际收支平衡表的基本框架，如表2-2所示。

表2-2 国际收支平衡表的基本内容

项　目	贷　方	借　方
经常账户		
(一)货物和服务		
1．货物		
2．服务		
(二)收入		
(三)经常转移		

(续表)

项目	贷方	借方
资本与金融账户		
(一)资本账户		
1. 资本转移		
2. 非生产、非金融资产的收买和放弃		
(二)金融账户		
1. 直接投资		
2. 证券投资		
3. 其他投资		
4. 储备资产		
错误与遗漏账户		

2.2.4 国际收支平衡表的分析

国际收支平衡表不仅综合记载了在开放经济条件下，一国在一定时期内与世界各国的经济往来情况和在世界经济中的地位及其消长对比情况，而且还集中反映了该国的经济类型和经济结构。因此，国际收支平衡表是经济分析的重要工具。

1. 国际收支平衡表的分析方法

国际收支平衡表的分析方法有静态分析、动态分析和比较分析三种。在对一国国际收支进行分析时，应该把这三种分析方法结合起来综合运用，才能做到全面、深入。

静态分析是分析某国在某一时期(一年、一季或一个月)的国际收支平衡表。具体地讲是计算和分析表中各个项目及其差额，分析各个项目差额形成的原因与对国际收支总差额的影响。

动态分析是指对某国若干连续时期的国际收支平衡表进行分析。连续分析一国不同时期的国际收支平衡表，掌握其长期变化情况。

比较分析既包括对一国若干连续时期的国际收支平衡表进行比较分析，也包括多个不同国家在相同时期的国际收支平衡表进行比较分析。而后一种分析比较困难，因为各国的国际收支平衡表在项目的分类与局部差额的统计上不尽相同。利用联合国或国际货币基金组织的资料有助于克服这一困难，因为这两个机构公布的若干重要资料，都是经过重新整理后编制的，可以互相比较。

2. 国际收支平衡表中的主要差额

国际收支平衡表是一种事后的会计性记录，其整体上总是平衡的，但就具体项目(账户)而言，借方和贷方经常是不相等的，双方进行抵消后，会产生一定的差额。所谓的国际收支顺差(盈余)或逆差(赤字)这一提法就是针对按不同口径划分的特定账户上出现的余额而言的。下面介绍各账户的余额的含义及它们之间的关系。

(1) 贸易账户差额

贸易账户差额是指包括货物与服务在内的进口总额与出口总额之间的差额，也就是通常所说的贸易收支差额。贸易项目差额在传统上经常作为整个国际收支的代表，这是因为对一些国家来说，贸易收支在全部国际收支中所占的比重相当大，同时贸易收支能够反映一国的产业结构和产品在国际上的竞争力及在国际分工中的地位，是一国对外经济交往的基础，影响和制约着其他账户的变化。

(2) 经常账户差额

经常账户差额是一定时期内一国商品、服务、收入和经常转移项目上借方总值与贷方总值之差。经常账户差额包括了货物、服务、收入、经常转移各项的差额，不仅能够反映一国贸易收支的变化，还能反映出一国生产要素的对外净收益状况，是衡量国际收支的最好的指标之一。

(3) 综合账户差额

综合账户差额是指经常账户和资本与金融账户中的资本转移、直接投资、证券投资、其他投资账户所构成的余额，也就是将国际收支账户中官方储备账户剔除后的余额。综合账户的意义在于可以衡量国际收支对一国储备持有所造成的压力，因为综合账户差额必然导致官方储备的相反方向变动。

(4) 错误与遗漏账户

国际收支统计中的错误与遗漏一般是由于统计技术原因造成的，有时也有人为因素，它的数额过大会影响到国际收支分析的准确性。因此对错误与遗漏账户本身进行分析也是必要的，往往可以发现实际经济中存在的一些问题。

2.3 国际收支的失衡

2.3.1 国际收支失衡的含义

国际收支的失衡，也就是国际收支“收”和“支”的不平衡，包括收大于支的顺差和收不抵支的逆差两种情况。

如何判断国际收支的失衡呢？如前面所述，国际收支平衡表是按照复式记账原理编制的，因而借贷双方的总额应该总是相等的。但是，这是人为的、账面上的平衡，是会计意义上的概念。那么，在经济意义上，如何判断一国的国际收支是否平衡呢？

国际经济交易反映到国际收支平衡表上有若干项目，按交易的性质，这些项目可分为自主性交易和调节性交易两种类型。

所谓自主性交易，又称事前交易，是指个人或企业为某种自主性目的(如追逐利润、追求市场、旅游、汇款赡养亲友等)而进行的交易。由于其自发性，必然经常地出现差额。这会使外汇市场出现供求不平衡和汇率的波动，从而会带来一系列的经济影响。一国货币当局如不接受这样的结果，就要运用另一种交易来弥补自主性交易不平衡所造成的外汇供求缺口。补偿性交易，又称调节性交易或事后交易，是为了弥补自主性交易差额或缺口而进行的各种交易活动。补偿性交易是一种融通性交易，它体现了一国政府的意志。

从理论上说，如果基于自主性交易就能维持平衡，则该国的国际收支是平衡的，如果自主性交易收支不能相抵，必须用补偿性交易来轧平，这样达到的平衡是形式上的平衡，被动的平衡，其实质就是国际收支的不平衡或失衡。

这种识别国际收支不平衡的方法，从理论上看是很有道理的，但在概念上很难准确区别自主性交易与补偿性交易，在统计上也难以区分。因此，按交易动机识别国际收支的平衡与不平衡仅仅提供了一种思维方式，迄今为止，还无法将这一思维付诸实践。

2.3.2 国际收支失衡的一般原因

1. 周期性原因

在经济发展过程中，各国经济不同程度地处于周期波动中，周而复始出现危机、萧条、复苏和高涨的周期性变化，而在周期的不同阶段，由于生产、人均收入和社会需求的消长，会使一国的国际收支发生不平衡。如在繁荣阶段，国内的消费需求旺盛，使得出口减少、进口增加，国际收支可能出现逆差；相反，在衰退阶段，国内消费需求不足，使得出口增加、进口减少，国际收支可能转为顺差。随着经济周期的不断循环，这种不平衡也会不断交替。在国际间经济关系日益密切的今天，一国的国际收支不仅受本国经济周期的影响，也要受他国经济周期的影响。主要资本主义国家一旦发生经济危机，便很快波及其他国家，从而会导致各国的国际收支不平衡。这种由于经济周期的循环引起的不平衡叫做周期性不平衡。

2. 收入性原因

一国国民收入增减的变化会引起该国国际收支的不平衡。造成国民收入变化的原因，除了经济周期的变动之外，还有一国经济增长率的高低。经济增长率高，国民收入则增加，反之则减少。通常情况下，一国的国民收入增加，其商品和劳务以及捐赠、旅游等非贸易支出也会相应增加，从而会造成国际收支逆差；反之，国民收入减少则易使国际收支逆差逐步减少，进而恢复国际收支平衡，乃至出现顺差。这种由于国民收入的增减变化而造成的国际收支不平衡叫做收入性不平衡。

3. 货币性原因

一国货币在国内实际购买力的变动，也会引起国际收支的不平衡。在一定的汇率水平下，如果一国通货膨胀严重，物价普遍上升，使其货币购买力明显下降，那么其出口商品的成本必然上升，本国商品在国际市场上的竞争力就会削弱，该国的商品输出少量抑制；另一方面，外国商品同时会变得相对便宜，因此有利于商品进口。这样，出口的减少和进口的增加就会造成国际收支逆差。相反，如果一国的物价水平低于其他国家，其国际收支则容易出现顺差。这种由于货币价值的变动而造成的国际收支不平衡叫做货币性不平衡，或称价格性不平衡。

4. 结构性原因

一般来说，一国的国际收支状况往往取决于其贸易账户的收支状况。当世界市场的需求发生变化时，一国输出商品的结构如能随之调整，该国的贸易收支将不会受到影响；相反，如该国不能按照世界市场需求的变化来调整自己输出商品的结构，该国的贸易收支和国际收支就将产生不平衡。由此而产生的国际收支不平衡，称为结构性不平衡。

除以上各种经济因素外，政局动荡和自然灾害等偶发性因素，也会导致贸易收支的不平衡和巨额资本的国际移动，从而使一国的国际收支出现偶发性的不平衡。

2.3.3 国际收支失衡对经济的影响

国际收支是一国对外经济关系的综合反映，随着各国经济日趋国际化，对外经济与对内经济关系日益密切，相应的，国际收支不平衡对一国经济的影响范围越来越广，程度也越来越深。

一方面，持续的、大规模的国际收支逆差不利于一国的对外经济交往。外汇供给的不足将导致本币贬值，本币的国际地位降低，并可能引发短期资本外逃。如果一国长期处于逆差状态，不仅会严重消耗一国的储备资产，影响其金融实力，而且还会使该国的偿债能力降低，以致失去在国际间的信誉。

另一方面，持续的、大规模的国际收支顺差也会对一国经济带来不利的影响。持续性顺差会使本国货币的汇率上涨，不利于本国商品的出口，从而对本国经济的增长产生不良影响。持续性顺差还意味该国政府必须投放本国货币来购买市场上积存的大量外汇，从而增加该国的货币流通量，带来通货膨胀压力。此外，一国国际收支持续顺差还容易引起国际摩擦，不利于国际经济关系的发展。

可见，一国国际收支越是不平衡，其不利影响也越大。无论顺差还是逆差，都会给该国经济带来危害，政府必须采取适当的调节，以使该国的国内经济和国际经济得到健康的发展。

2.4 对国际收支失衡的调节

国际收支不平衡是一国国际收支的经常状态，也就是说，一国的国际收支不是顺差就是逆差。但这并不意味着，只要出现了国际收支失衡都要随时进行调节。因为在市场经济的条件下，当一国发生国际收支不平衡时，经济中的许多变量因素，诸如汇率、物价、利率、国民收入等都会作出相应反应，从而有使国际收支出现自动恢复平衡的趋势。况且如果国际收支失衡是短期不平衡，那么它对一国经济不会有多大的不利影响，有的国家甚至还有意识地造成国际收支短期不平衡。只有当一国发生了持续性的、巨额的顺差或逆差时，政府才有必要采取适当的措施。因此，国际收支的调节大体可以分为两类，一类是自动调节，另一类是人为的政策调节。

2.4.1 国际收支的自动调节机制

国际收支自动调节是指由国际收支不平衡引起的国内经济变量变动对国际收支的反作用过程。在不同的货币制度下，自动调节机制也有所差异。

在国际间普遍实行金本位制的条件下，一个国家的国际收支可通过物价的涨落和现金(即黄金)的输出输入自动恢复平衡。这就是1752年由英国经济学家大卫·休谟提出的“物价—现金流动机制”。

“物价—现金流动机制”自动调节国际收支的具体过程如下：一国的国际收支如果出现逆差，则外汇供不应求，外汇汇率上升，若外汇汇率上升超过了其本身具有的含金量，本国商人不再用本币购买外汇付给商人，而是直接用黄金支付给外国出口商，这样黄金就大量流出。黄金外流导致本国流通中货币量减少，物价下跌，而物价下跌使得出口成本降低，本国商品的出口竞争力增强，出口增加，进口减少，直至国际收支改善。这样，国际收支的不平衡完全能够自发调节，无须任何人为的干预。如果一国国际收支出现顺差，其自动调节过程完全一样，只是各经济变量的变动方向相反而已。

在纸币流通条件下，黄金流动虽已不复存在，然而，价格、汇率、利率、国民收入经济变量对于国际收支自动恢复平衡仍发挥着一定的作用。

1. 价格

如果一国的国际收支出现逆差，由于外汇支付手段的减少会导致国内信用紧缩、利率上升、国内总需求量减少、物价下跌，使出口商品成本降低，从而增强了其在国际市场上的竞争能力。与此同时，进口商品在国内相对显得昂贵而影响其进口，于是，国际收支的逆差逐渐减少，恢复平衡。顺差的调节机制正好相反。

2. 汇率

当一国国际收支出现逆差时，外汇需求大于外汇供给，本币汇率下跌，出口商品的价格以外币计算下跌，而以本币计算的进口商品的价格上升，于是刺激了出口，抑制了进口，贸易收支逆差逐渐减少，国际收支不平衡得到缓和。顺差的情况则相反。

3. 国民收入

当一国国际收支出现逆差时，会使其外汇支出增加，引起国内信用紧缩、利率上升，总需求下降，国民收入也随之减少，国民收入的减少必然使进口需求下降，贸易逆差逐渐缩小，国际收支不平衡也会得到缓和。顺差的作用过程相反。

4. 利率

当一国国际收支出现逆差时，即表明该国银行所持有的外国货币或其他外国资产减少，负债增加，于是就会发生信用紧缩，银根相应地趋紧，利率随市场供求关系的变化而上升，利率上升必然导致本国资本不再外流，同时外国资本也纷纷流入本国以谋求高利。因此，国际收支中的资本和金融项目逆差就可以减少而向顺差方面转化；另外，利率提高会减少社会的总需求，进口减少，出口增加，贸易逆差也逐渐改善，国际收支逆差减少。

在纸币流通条件下，国际收支自动调节机制的正常运行具有很大的局限性。只有在纯粹的自由经济中、在进出口商品的供给和需求弹性较大、国内总需求资本流动对利率升降极其敏感时，国际收支自动调节机制才能发挥其调节的功能。由于当前经济条件下这些条件很难完全具备，国际收支自动调节机制往往不能有效地发挥作用。因此，当国际收支不平衡时，各国政府往往根据各自的利益采取不同的经济政策，使国际收支恢复平衡。

2.4.2 调节国际收支的政策措施

在经济运行中，自动调节机制作用程度和效果非常有限，而且发挥作用的时间可能会较长。因此，当一国国际收支不平衡时，各国货币当局往往会主动采取适当的政策和措施对国际收支的不平衡加以调节。下面是政府常用的几个政策措施。

1. 外汇政策

一国的国际收支大部分都是通过外汇的收付来完成的，所以在调节国际收支时，外汇是一个最直接的指标。通过实施外汇政策也可以很有效地影响国际收支。外汇政策主要包括外汇缓冲政策和汇率政策。

所谓外汇缓冲政策，是指一国政府为对付国际收支不平衡，把其黄金外汇储备作为缓冲体，通过中央银行在外汇市场上买卖外汇，来消除国际收支不平衡所形成的外汇供求缺口，从而使收支不平衡所产生的影响仅限于外汇储备的增减，而不致导致汇率的急剧变动和进一步影响本国的经济。外汇缓冲政策的优点是简便易行，既可以缓解本国货币汇率受暂时性不平衡所造成的无谓波动，有利于本国对外贸易与投资的顺利进行。但它也有局限性，即它不适于对付长期、巨额的国际收支赤字，因为一国的外汇储备的数量总是有限的。这时，如完全依靠外汇缓冲政策，必将使该国遭致外汇储备的枯竭；如该国为填补外汇储备的不足，而向国外借款，又会大量增加外债。

汇率政策是指一国通过汇率的调整来实现国际收支的政策措施：在固定汇率制度下，当国际收支出现严重逆差时，实行货币法定贬值以改善国际收支；当国际收支出现巨额顺差时，则在他国压力下实行货币法定升值，以减少和消除国际收支顺差。

1973 年各国普遍实行浮动汇率制以后，汇率政策仍被用于调节国际收支。这表现在，各发达国家积极进行市场干预，使汇率符合自己的期望值，以图通过汇率的高估或低估来调节国际收支。

2. 国内政策

国际收支其实是一国国内经济情况的对外反映，通过国内经济政策影响国内经济走势，进而也可以影响国际收支。国内经济政策主要包括财政政策和货币政策。

财政政策是指一国政府通过增加或减少财政开支和提高或降低税率的办法来平衡国内收支。在国际收支出现赤字的情况下，一国政府可以实行紧缩性财政政策，即减少政府开支，提高税率，从而抑制消费需求和投资需求，迫使物价水平下降。这样，在既定的汇率下可以扩大出口，限制进口，有利于改善贸易收支和国际收支。反之，在国际收支出现盈余的情况下，政府则宜实行扩张性财政政策，以扩大总需求，从而有利于消除贸易收支和国际收支的盈余。需要指出的是，一国实行什么样的财政政策，一般主要取决于国内经济的需要。

货币政策亦称金融政策，是指一国货币金融当局通过增加或减少货币供应量的办法来平衡国际收支。它是西方国家普遍、频繁采用的间接调节国际收支的政策措施。调节国际收支的货币政策，主要有再贴现政策、改变存款准备金比率和公开市场业务。一般地，当一国国际收支出现逆差时，货币当局可以采取紧缩的货币政策，提高再贴现率或存款准备金率，或者在公开市场上出售政府债券，从而抑制投资、减少消费、降低物价，在一定程度上改善国际收支状况。反之，当国际收支出现大量顺差时，则采取扩张性货币政策，从而使经济扩张，国际收支顺差逐渐减少。

从上述分析可以看出，一国的财政和货币政策是有助于扭转国际收支失衡作用的。但也有明显的局限性，即往往同国内经济目标发生冲突，以牺牲国内经济发展为代价。例如，为消除国际收支赤字，而实行紧缩性货币和财政政策，这会导致经济增长放慢甚至出现负增长，以及失业率的上升；为消除国际收支盈余，而实行扩张性货币和财政政策，又会促进通货膨胀的发展和物价上涨加快。结果，为达到经济的外部平衡，牺牲了内部均衡。关于如何解决这种内外均衡的冲突问题，将 2.5 节的有关理论中再进行进一步探讨。

3. 直接管制

直接管制是指政府通过发布行政命令，对国际经济交易进行行政干预，以求国际收支平衡。直接管制包括外汇管制和贸易管制。直接管制通常能起到迅速改善国际收支的效果，能按照本国的不同需要，对进出口贸易和资本流动区别对待。但是，它并不能真正解决国际收支平衡问题，只是将显性国际收支赤字变为隐性国际收支赤字；一旦取消管制，国际收支赤字仍会重新出现。此外，实行管制政策，既为国际经济组织所反对，又会引起他国的报复。

当一国国际收支不平衡时，须针对形成的原因采取相应的政策措施。例如，如果国际收支不平衡是由季节性变化等暂时性原因形成的，可运用外汇缓冲政策；如果国际收支不平衡是由国内通货膨胀加重而形成的货币性不平衡，可运用货币贬值的汇率政策；如果国际收支不平衡是由国内总需求大于总供给而形成的收入性不平衡，可运用财政货币政策，实行紧缩性政策措施；如果国际收支不平衡由经济结构性原因引起，可进行经济结构调整并采取直接管制措施。

小思考 2-1　泰国的金融危机

1997 年席卷东南亚的金融风暴至今令人记忆犹新。1997 年 7 月 2 日，泰国政府和金融当局宣布放弃长达 13 年之久的泰铢与美元挂钩的汇率机制，随后，泰铢贬值高达 48%左右。之后，菲律宾、马来西亚、印度尼西亚、新加坡等国也相继爆发了金融危机。纵观该地区在 20 世纪 90 年代的经济金融发展，人们普遍认为，此次金融危机的爆发并非偶然。而在危机爆发前后，相关国家对国际收支差额的调整不当，也是诱发金融危机的一个主要原因。现在以泰国为例，分析在这一时期国际收支调节手段的作用和影响。

从 1988 年以来泰国的经常项目就一直维持赤字水平，并有不断扩大趋势，1995 年更是达到了其国内生产总值的 8.1%。面对这一情况，当时的泰国政府坚持认为，本国的出口增长较快，不必担心。于是在汇率上采取盯住美元的政策，将泰铢稳定在

1美元兑换25泰铢水平上，同时，采取一系列放宽资本账户管制的政策，吸引外资。

从1993年起泰国为吸引外资，开放了资本账户，基本实现了资本项目下的可兑换，同时为扩大对外资的吸引力，泰国政府提高了利率水平，使国际游资得以进行套利活动。短期资本中净流入资本的比重1995年达到60%。通过上述几项政策，使得泰国的金融项目顺差不断扩大，到危机爆发前夕的1995年就已经达到了219亿美元。从而，虽然其经常项目逆差不断扩大，但在表面上国际收支差额仍然维持在一个较为均衡的水平上。

然而，随着泰国国际竞争力的降低与经常项目赤字的持续上升，泰铢贬值的压力日益增大。进入20世纪90年代，由于美国经济持续增长，美元币值坚挺，为维持泰铢对美元的固定汇率，泰国中央银行被迫干预外汇市场，大量抛售外汇，使国内银根抽紧，中央银行难以有效控制基础货币。为维持固定汇率制度，泰国付出了惨重的代价。

(资料来源：武汉理工大学《国际金融学》中文课程网)

根据上述描述，请思考：在20世纪90年代，泰国为了解决经常项目赤字问题采用了哪些国际收支调节手段，它们对泰国的经济产生了什么样的影响？

小资料2-1 贬值能否改善国际收支——弹性分析法与马歇尔—勒纳条件

弹性分析法产生于20世纪30年代，是一种适用于纸币流通制度的国际收支理论。它是由英国经济学家琼·罗宾逊(J. Robinson)最先提出，后经美国经济学家勒纳(A. Lerner)等的发展形成的。该理论把汇率水平的调整作为调节国际收支不平衡的基本手段，紧紧围绕进出口商品的供求弹性来探讨货币贬值改善国际收支的条件，因而得名为弹性分析法。

我们知道，当本国货币贬值时，从外国进口的商品的相对价格比以前昂贵，而本国商品的相对价格比以前便宜，这会造成进口数量的下降和出口数量的上升。因此，贬值能够起到鼓励出口、限制进口的作用。但贬值能否改善一国的贸易收支，尚需进一步探讨。弹性分析理论认为：考察汇率变动对国际收支的影响，就是通过考察汇率对出口总值和进口总值的影响，得出汇率贬值改善贸易收支的充分条件。

贬值的“鼓励出口”作用，是指贬值能够使出口商品数量增加，但是数量的增加是以出口商品价格的下降为前提的，而外汇收入是否增加，则取决于出口商品数量增加幅度是否大于出口产品外币价格下跌幅度(也就是汇率贬值的幅度)，也就是，出口需求的价格弹性是否大于1。

同时，还应考虑到，要改善贸易收支，不一定要求外汇收入增加。在外汇收入不变甚至减少的情况下，进口支出的大幅减少同样可以起到改善贸易收支的作用。所以，贬值能否改善贸易收支不仅仅取决于出口需求的价格弹性的大小，还要取决于出口需求的价格弹性与进口需求的价格弹性之和的大小。

假定出口需求弹性为 D_X，进口需求弹性为 D_M，当 $|D_X+D_M|>1$ 时，货币贬值有利于改善贸易收支。这就是著名的“马歇尔—勒纳条件”。这是货币贬值能改善国际收支所必须具备的条件。

弹性分析法的重要贡献在于，纠正了货币贬值一定有改善贸易收支作用的片面看法，正确地指出只有在一定的出口供求弹性条件下，货币贬值才有改善贸易收支的作用与效果。

但是，该理论也有很大的局限：弹性分析法将国际收支局限于贸易收支，未考虑劳务进出口与国际间的资本流动。这显然是一个重大的缺陷，因为劳务进出口与国际间的资本流动在当代国际收支中的地位与作用已日益重要。弹性分析法以国内外都有大量闲置资源未被充分利用为条件，这种假定使该理论有着很大的局限性，即它只适用于经济周期的危机和萧条阶段，而不适用于周期的复苏与高涨阶段。

2.5 中国的国际收支

2.5.1 中国的国际收支平衡表

1979年以前，中国一直都未编制国际收支平衡表，只编制外汇收支计划，作为国民经济发展计划的一个组成部分。中国的外汇收支计划，只包括贸易收支计划、非贸易收支计划和对外援助计划三个部分。由于这个时期中国实行的是高度集中的计划经济体制，坚持实行“以收定支、收支平衡、略有结余”的方针，外汇收支和外汇储备的规模都很小，同时，中国与西方国家间的资金借贷关系很少。

中国实行改革开放政策以后，对外交往日益增多，国际收支在中国国民经济中的作用越来越大，编制中国的国际收支平衡表也就势在必行。同时，国际货币基金组织在1980年4月恢复了中国的席位和合法权益后，中国也有义务向国际货币基金组织定期报送国际收支平衡表。中国从1980年开始试编国际收支平衡表，1982年开始对外公布，当时采取的是以行业统计为特点的具有计划经济色彩的国际收支统计办法，根据国际货币基金组织的《国际收支手册》(第四版)并结合中国的实际情况进行分类、设置和编制。

1997年，中国开始采用最新的国际收支统计的国际标准——《国际收支手册》(第五版)的原理和格式编制国际收支平衡表。1996年，中国实行了新的《国际收支统计申报办法》，通过金融机构进行国际收支的间接申报。在此基础上，1997年，中国又推出了直接投资、证券投资、金融机构对外资产负债及损益、汇兑等四项申报工作。需要说明的是，中国国际收支平衡表所反映的对外经济交易，既包括中国与外国之间的交易，也包括中国内地与中国香港、澳门、台湾地区之间的经济交易。

2.5.2 中国国际收支的基本情况

改革开放以来，中国国际收支状况的总体特征是：收支总量以较快的速度增长，反映出中国对外开放程度正在不断加深。但从差额和国家储备资产的变动状况看，到20世纪90年代上半期之前，波动十分明显，顺差和逆差交替出现。1994年以后，中国的市场经济体制逐渐完善，对外开放的程度进一步加深。随着中国外汇体制等领域一系列改革措施的实施，中国国际收支状况也有了显著变化(见表 2-3)：经常账户和资本与金融账户持续双顺差，且顺差规模不断加大、增长迅速，尤其是2004年之后，双顺差规模出现迅速扩大的趋势；资本与金融账户规模不断扩大，资本金融账户的顺差成为中国国际收支顺差的主要因素之一；错误与遗漏账户数额偏大，且呈现不断扩大的趋势；外汇储备持续大幅度增加，尤其是2004年以后呈现快速增长趋势。

表 2-3 1982—2010 年中国国际收支简表(一级账户)

单位：亿美元

年份	经常账户差额	资本与金融账户差额	净错误和遗漏	储备资产变动
1982	56.74	-17.36	2.79	-42.17
1983	42.40	-16.52	1.07	-26.95
1984	20.30	-39.13	13.52	5.31
1985	-114.17	81.88	-21.93	54.22
1986	170.35	61.71	-8.63	17.27
1987	3.00	27.31	-13.71	-16.60
1988	-38.03	52.69	-10.11	-4.55
1989	-43.18	64.28	0.92	-22.02
1990	119.97	-27.74	-31.34	-60.89
1991	132.71	45.80	-67.60	-110.91
1992	64.01	-2.51	-82.52	21.02
1993	-119.04	234.74	-98.03	-17.67
1994	76.58	326.44	-97.75	-305.27
1995	16.18	386.75	-178.30	-224.63
1996	72.42	399.67	-155.47	-316.62
1997	369.63	210.15	-222.54	-357.24
1998	314.71	-63.21	-187.24	-64.26
1999	156.67	76.42	-148.04	-85.05
2000	205.19	19.22	-118.93	-105.48
2001	174.05	347.75	-48.56	-473.24

(续表)

年　份	经常账户差额	资本与金融账户差额	净错误和遗漏	储备资产变动
2002	354.22	322.91	77.94	−745.07
2003	458.75	527.26	184.22	−1 170.23
2004	686.59	1 106.60	270.45	−2 063.64
2005	1 608.18	629.64	−167.66	−2 070.16
2006	2 532.68	66.62	−129.49	−2 469.81
2007	3 718.33	735.09	164.02	−4 617.44
2008	4 261.07	189.65	−260.94	−4 189.78
2009	2 971	1 448	−435	−3 984
2010	3062	1 656	−1	−4 717

资料来源：国家外汇管理局公布的中国国际收支平衡表

小资料 2-2　2010 年国际收支基本概况

据国家外汇管理局初步估算，2010 年四季度，中国国际收支经常项目、资本和金融项目(含净误差与遗漏)继续呈现双顺差，国际储备资产继续增长。四季度，经常项目顺差 1 022 亿美元，按可比口径计算(下同)，同比增长 13%。其中货物贸易顺差 829 亿美元，服务贸易逆差 24 亿美元，收益顺差 95 亿美元，经常转移顺差 123 亿美元。资本和金融项目(含净误差与遗漏)顺差 835 亿美元，其中直接投资净流入 433 亿美元。国际储备资产增加 1 857 亿美元，同比增长 49%，其中外汇储备资产增加 1 853 亿美元(不含汇率、价格等非交易价值变动影响)，在基金组织的储备头寸增加 4 亿美元。

2010 年，中国国际收支经常项目顺差 3 062 亿美元，较上年增长 25%；资本和金融项目(含净误差与遗漏)顺差 1 656 亿美元；国际储备资产增加 4 717 亿美元，较上年增长 18%。

(资料来源：国家外汇管理局网站)

2.5.3　中国国际收支双顺差原因及影响

“双顺差”，即一国国际收支中经常账户与不包括储备资产的资本和金融账户同时出现顺差。自 1994 年以来，中国的国际收支除个别年份(1998 年)外，都保持经常项目与资本和金融项目“双顺差”的格局。这种国际收支持续顺差现象引起了世界的关注。

理论上，开放经济下，一国的经常项目余额应该等于国内储蓄和投资之间的差额。如果国内储蓄大于投资，经常项目将表现为顺差，同时，一国国内的过剩资金将流出国外，形成资本金融项目的逆差。因此，国内储蓄大于国内投资应该是中国经常账户顺差的主要原因。但多年以来，中国的资本金融项目也长期保持顺差，这说明中国当前的国际收支结构不尽合理。

1. 中国国际收支“双顺差”的成因

具体而言，中国国际收支“双顺差”形成的原因主要有以下方面：

(1) 中国经济的结构性失衡。当前中国经济发展结构的重要特征就是低消费、高投资、高出口。长期以来，由于文化传统、消费习惯的影响，加之目前中国的社会保障体系不健全、投资渠道不畅，中国国内经济的主要特点之一是低消费、高储蓄，而高储蓄带来的则是高放贷和高投资。在国内消费不旺的状况下，高投资形成的过剩产品只能通过对外出口来释放，由此导致了不断扩大的贸易顺差。

(2) 中国的外向型经济发展战略。改革开放以来，为解决资金外汇短缺与经济发展的矛盾，中国采取了一系列鼓励出口的优惠政策，发展沿海外向型经济。这些措施的实施和体制性环境的形成，使得中国出口商品竞争优势得以进一步发挥，出口高速增长，经常项目顺差激增。

(3) 中国优良的投资环境和长期实施的外资优惠政策。为鼓励外商直接投资，中国制定和实施了多种优惠政策，在引资政策上作了一系列调整，如税收优惠、土地使用优惠、进出口经营特权、异地吸纳人才特权、外汇管理优惠待遇等。这些优惠政策加上中国经济高速发展的良好态势，直接导致了外国来华直接投资的快速增长。外资的大量涌入不仅带来了中国资本和金融项目的顺差，而且外商投资企业在中国出口中的比重也不断增长，提高了中国出口增速，从而进一步促进了经常项目顺差。

(4) 国际间产业结构的转移。近年来，国际间的产业结构转移速度加快，发达国家通过国际贸易和国际投资等多种方式，把一些劳动密集型产业转移到新型市场国家，而把一些高新技术产业和高端服务业留在本国，其结果是新兴市场经济国家对欧美市场的贸易顺差加大。中国在劳动力上有资源的比较优势，中国的优势出口产品都是劳动密集型的加工贸易品。而在中国对美欧贸易顺差迅速增加的同时，亚洲几个主要经济体对美欧的顺差是逐渐缩小的。也就是说，原来属于亚洲其他国家的顺差也进一步转移到中国来了。中国商品进出口的迅速增长和顺差的扩大，与国际间产业结构的调整、一部分加工出口产业以外商投资形式由其他亚洲经济体向中国转移有着直接的关系。

(5) 较强的人民币升值预期。心理预期对中国的资本流动始终具有很强的影响力，从而影响着中国的国际收支资本项目。2002 年以来，受国际、国内诸多因素的影响，企业和个人出现了人民币升值预期。同时，媒体铺天盖地地讨论人民币升值问题，导致人民币升值预期进一步被强化。在存在价格落差(利率差、汇率差)的情况下，社会中的每个企业和个人都会成为潜在的投机者。在人民币升值预期下，出口企业会尽可能早收汇、多结汇；进口企业会推迟和减少购汇、付汇。这些行为都会直接导致中国资本流入增加和资本项目顺差扩大。

2. “双顺差”带来的问题

国际收支保持顺差，对于增强中国综合国力，维护国家经济安全，提升中国国际政治和经济地位，促进经济持续、快速、健康发展具有重要意义。但是，长期持续的较大顺差，也会影响经济的持续健康发展，不符合中国的根本利益。

(1) 国际收支的双顺差给人民币带来持续的升值压力。当一国国际收支持续顺差，外汇供给大于需求时，外汇价值就会下降，本币对外价值就会上升，从而给本币带来升值压力。自2003年起，人民币就一直面临升值压力，其直接原因就是中国国际收支的大量顺差。受其影响，至2011年2月26日，人民币兑美元的汇率已升至1美元兑换6.575 7元人民币。

(2) 持续的双顺差冲击了中国货币政策的独立性和有效性。“双顺差”使得外汇大量流入。在中国的强制结售汇制度下，为维持人民币汇率的稳定，央行必须大量收购外汇，同时投放基础货币，这就导致货币供应量的大幅增长，带来通货膨胀的隐患。央行为了有效控制货币供应量，缓解通货膨胀压力，需要不断发行票据，从商业银行回笼资金，进行所谓的“对冲”操作。近年来，由于外汇储备迅速增加，央行“对冲”操作的任务越来越重，难度也越来越大，成本也越来越高。

(3) 持有外汇储备的成本加大。双顺差导致中国外汇储备激增。适度的外汇储备可以保证一国的国际支付能力，支持本国汇率稳定。但一国在保留外汇储备的同时也就放弃了利用实际资源的权利，所保留的外汇储备量越大，外汇储备的机会成本就越大。

(4) 长期双顺差将加剧中国与贸易伙伴国的贸易摩擦。从全球范围看，一国的顺差必然意味着他国的逆差，而长期逆差对一国有较大的不利影响，逆差国势必采取对抗措施。对外贸易特别是出口迅速增加带来了经常账户的顺差，而出口的迅猛增长会加剧全球出口市场的竞争，对其他国的出口构成威胁，很容易招致世界一些国家的不满和报复。目前，持续的顺差和巨额外汇储备导致中国与主要贸易伙伴国的摩擦愈演愈烈，中国对外经济贸易发展已经受到了一定的制约。中国已经成为贸易保护主义攻击的重点目标，使中国对外经济贸易发展受到更大制约，在贸易谈判中需付出更多代价，并且在一定程度上助长了“中国威胁论”的抬头。

3. 调整中国国际收支“双顺差”的对策

“双顺差”需要中国在经济增长方式、发展战略、政策导向等多个方面进行相应的调整。

(1) 调整中国的经济结构。从扩大内需、刺激国内消费入手。通过扩大就业、完善社会保障体系、加大国家对教育的投入力度、加快发展农村社会事业和公共服务等经济措施，刺激消费对经济增长的拉动作用。

(2) 调整出口导向型战略。逐步调整政策上对出口部门的倾斜，限制高污染、高能耗产品的出口，引导出口商品结构的优化。在引进外商直接投资的策略上，在控制外资流入数量的同时提高外资流入的质量。

(3) 进一步完善国内的金融市场和资本市场，使储蓄能够通过更多渠道化为国内投资，而不是大量外流。

(4) 进行产业结构调整。在继续充分发挥传统劳动密集型产业的比较优势的基础上，应积极引导劳动密集型产业转型升级，提高出口产品的加工程度，掌握出口产品的自主知识产权，创立名优品牌，逐步减少初级产品出口，提高出口产品附加值。

(5) 灵活运用汇率杠杆，增加汇率弹性。允许人民币更多地根据市场供求关系决定汇率，以便使汇率杠杆在调节进出口增长、实现内外经济平衡方面发挥更大的作用。同时从长远来看，在贸易管制日趋放松和资本项目逐步开放的环境下，富有弹性的汇率安排也将有利于维持本国货币政策的独立性。

本章小结

1. 所谓国际收支(Balance of Payments，简称 BOP)，是指一定时期内(通常为一年)一个国家或地区的居民与非居民的所有经济交易的货币价值的系统记录，是一国宏观经济变量中反映对外经济关系的最主要的指标。国际收支是一个流量概念，反映的内容是经济交易，主体为一个经济体，记录的是一国居民与非居民之间的交易。

2. 国际收支平衡表(Balance of Payments Statements)，也称国际收支差额表，是系统记录一国在一定时期内所有国际经济活动收入与支出的统计报表，是一国国际收支的具体体现。国际收支平衡表是按照复式簿记原理、采用借贷记账法、运用货币计量单位编制的。根据国际交易性质和内容的不同，国际收支账户所记录的交易项目可分为三大类：经常账户、资本与金融账户、错误和遗漏账户。其中前两项属于国际收支平衡表的标准组成部分。

3. 国际收支的失衡，也就是国际收支“收”和“支”的不平衡，包括收大于支的顺差和收不抵支的逆差两种情况。国际收支失衡的一般原因包括周期性原因、收入性原因、货币性原因和结构性原因。

4. 国际收支的调节大体可以分为两类，一类是自动调节，另一类是人为的政策调节。国际收支自动调节是指由国际收支不平衡引起的国内经济变量变动对国际收支的反作用过程。在经济运行中，自动调节机制作用程度和效果非常有限，而且发挥作用的时间可能会较长。因此，当一国国际收支不平衡时，各国货币当局往往会主动采取适当的政策和措施对国际收支的不平衡加以调节。

5.“双顺差”，即一国国际收支中经常账户与不包括储备资产的资本和金融账户同时出现顺差。中国国际收支“双顺差”的成因包括经济的结构性失衡、外向型经济发展战略、优良的投资环境和长期实施的外资优惠政策、国际间产业结构的转移以及较强的人民币升值预期。

复习思考题

1.什么是国际收支？为什么要研究国际收支？狭义的国际收支与广义的国际收支有何区别？

2. 按照国际货币基金组织所编制的标准格式，国际收支平衡表应该包括哪些内容？

3. 分析国际收支平衡表的方法有哪些？

4. 为什么说贸易收支差额经常被视为整个国际收支的代表？

5. 国际收支平衡的含义是什么？造成国际收支失衡的原因有哪些？

6. 如何调节国际收支的失衡？

例题解析

(一) 单项选择题

1. 编制国际收支平衡表所依据的原理是(　　)。

A. 收付实现制

B. 复式记账原理

C. 总分记账原理

D. 现金交易原理

答案解析：B。此题考查国际收支平衡表的记账原则，参见2.2.2节。

2. 能够反映一国的产业结构和产品在国际上的竞争力及在国际分工中的地位的账户是(　　)。

A. 贸易账户

B. 经常账户

C. 资本账户

D. 金融账户

答案解析：A。此题考查国际收支平衡表的内容，参见2.2.3节。

(二) 多项选择题

1．经常账户的内容包括(　　　　)。

A．投资

B．货物

C．服务

D．收入

E．经常转移

答案解析：BCDE。此题考查经常账户的内容，参见 2.2.3 节。

2．下列项目中，应记入贷方项目的有(　　　　)。

A．反映进口实际资源的经常账户

B．反映资产增加或负债减少的金融项目

C．表明出口实际资源的经常账户

D. 反映资产减少或负债增加的金融项目

E．上述说法都正确

答案解析：CD。此题考查国际收支平衡表的记账原则，参见 2.2.2 节。

(三) 简答题

1．国际收支中涉及的“交易”包括哪些内容？

答案解析：参见 2.2.2 节。

2．当前中国的国际收支状况有何特点？

答案解析：参见 2.5 节。

知识链接

1. 国家外汇管理局每年对外公布中国的国际收支平衡表和国际收支分析报告，可以登录国家外汇管理局的官方网站(http://www.safe.gov.cn)查阅。

2. 中国历年进出口贸易的历史性数据和最新数据可以到中国海关官方网站(http://www.customs.gov.cn)上查阅。

3. 国际货币基金组织每年编制《世界经济概览》(*World Economic Outlook*)和《全球金融稳定报告》(*Global Financial Stability Report*)，对全球各国的国际收支状况进行分析，可以登录其官方网站(www.imf.org)阅读和下载。

第 3 章

外汇市场

学习索引

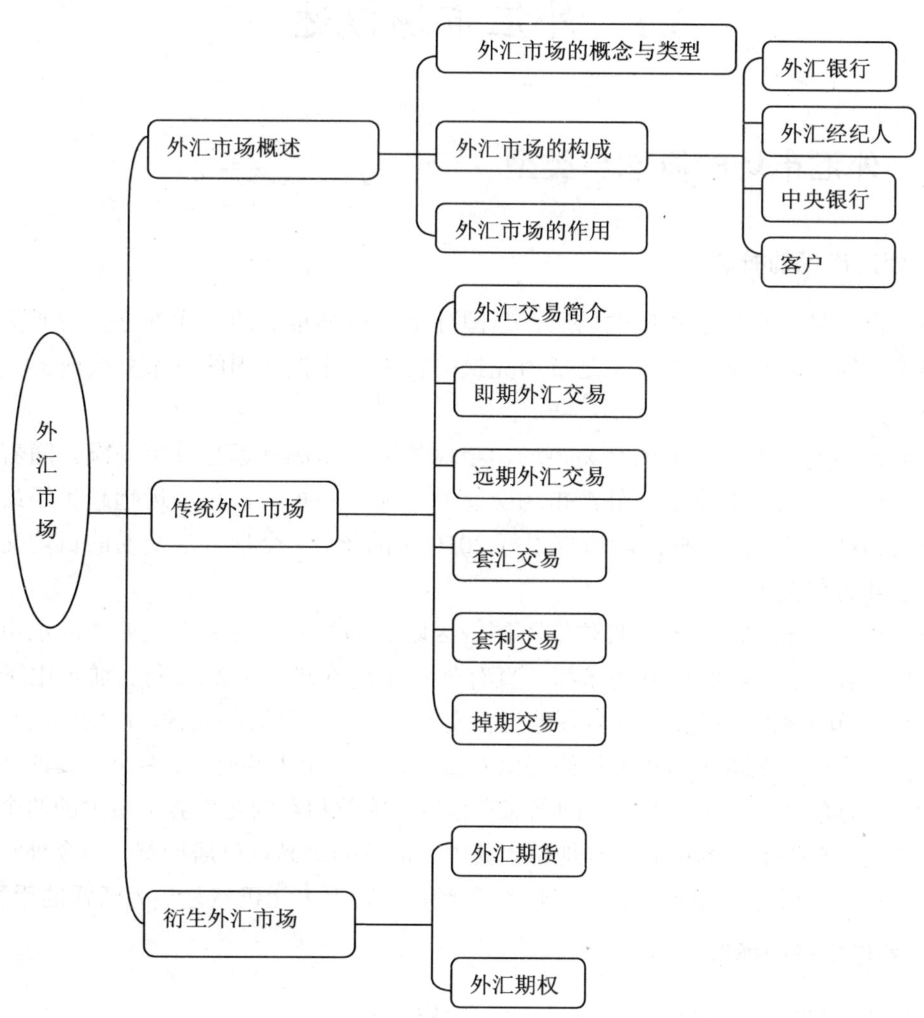

学习目标

通过本章的学习，了解外汇市场的概况，掌握各种外汇方式的概念及特点，领会即期外汇交易、远期外汇交易、套汇、套利、掉期和外汇期货、期权等各项外汇业务的应用。

重点难点

即期外汇交易的报价方式　　远期外汇的报价方式和远期汇率的决定
非抛补型套利和抛补型套利的区分　　外汇期货、期权交易的特点和业务运用

3.1　外汇市场概述

3.1.1　外汇市场的概念与类型

1. 外汇市场的概念

外汇市场是进行外汇买卖的场所，是国际金融市场重要的组成部分。与通常的商品买卖不同，外汇买卖实际上是货币兑换的行为，即把一国的货币兑换成另一国的货币。

外汇市场是世界上最大的交易市场，全球外汇交易额远远超过贸易额。随着国际经贸往来关系的日益密切，外汇市场交易的规模不断扩大，已经远远超越了最初附属于贸易结算的地位。据国际清算银行 2010 年的统计，全球外汇交易的日均交易量已高达 4 万亿美元。

由于全球各金融中心的地理位置不同，因时差的关系，世界上主要的外汇市场此开彼闭，在一天 24 小时中全球都一直有外汇市场在进行外汇交易。通过电子手段，外汇市场的参加者可以在世界各地进行交易，外汇资金流动顺畅，市场间的汇率差异变小，形成了全球一体化运作的局面。目前，世界上大约有 30 多个主要的外汇市场，它们遍布于世界各大洲的不同国家和地区。伦敦和纽约是世界上最大的两个外汇市场，在所有外汇市场中起主导地位，其中，伦敦的交易量位居榜首。当今外汇市场上交易活跃的币种有美元、欧元、日元、英镑等，其中美元仍然是最为活跃的币种。

2. 外汇市场的类型

根据不同的标准，外汇市场可以分成多种类型。

按交易主体，可分为批发市场和零售市场。外汇批发市场是指银行同业间的外汇交易，包括同一外汇市场和不同市场之间各商业银行之间的外汇交易；中央银行同商业银行之间的外汇交易；各国中央银行之间的外汇交易。银行同业之间外汇交易的目的在于弥补银行业务经营过程中产生的外汇短缺头寸，避免外汇风险。中央银行参与外汇交易则是由于对市场进行政策性干预以达到稳定本国货币汇率和调节国际收支的目的。外汇市场上95%的交易属于同业交易，其特点是交易金额大，每笔交易最低金额为100万美元，所以又称为批发市场。外汇零售市场是银行同一般客户之间的外汇买卖。相对于银行同业市场而言，这个市场的交易规模较小。

按市场组织形式，可以划分为有形市场和无形市场。有形市场是指有固定的营业场所即外汇交易所的外汇市场，它有既定的交易时间和交易规则。在营业时间内，交易各方聚集在外汇交易所进行面对面的外汇交易。历史上，它流行于欧洲大陆国家，所以又称大陆式外汇市场。比较典型的有巴黎、法兰克福、布鲁塞尔、阿姆斯特丹、米兰等外汇市场。目前，它逐步被无形外汇市场所取代。无形市场是指无具体交易场所的外汇市场。在这种外汇市场上，交易商们往往坐在世界各主要商业银行的办公室里，通过电子计算机终端、电话、电传和其他通信手段进行联系，一笔外汇交易瞬间即可完成。无形市场最初流行于英国和美国，故又称英美式外汇市场。现在它已经逐渐成为外汇市场的主要形式，伦敦、纽约、东京、苏黎世等外汇市场都是无形市场。

按政府对外汇交易市场的管制，可以划分为自由外汇市场、平行市场和外汇黑市。自由外汇市场是指外汇供需各方基本上不受限制地进行外汇买卖的场所。这种市场主要出现在无外汇管制的发达国家，如伦敦、纽约、苏黎世、法兰克福、巴黎、东京等外汇市场。平行市场，又称作替代市场，它是受管制的官方市场的一种替代。政府之所以默许它的存在，一是可以缓解官方市场的外汇供给矛盾，二是该市场形成的汇率较真实地反映着外汇供求，政府可据此对官方汇率进行调整。外汇黑市是政府法律不允许存在的、非法的外汇市场。在外汇管制较严格的国家，都存在这种外汇市场。

按交割时间，可以划分为即期外汇市场和远期外汇市场。即期外汇市场又称作现汇交易市场。按照目前国际外汇市场的交易惯例，外汇交易达成后，买卖双方必须在2个营业日之内办理交割手续即为即期交易。远期外汇市场又称作期汇交易市场。外汇交易时，买卖双方根据买卖数量、价格、货币币种等签订契约，买卖双方根据契约的规定，在将来某个时日办理交割，即为远期交易。

3.1.2 外汇市场的构成

从外汇交易的主体来看，外汇市场主要由以下参与者构成。

1. 外汇银行

外汇银行，又称外汇指定银行，是各国中央银行指定或授权经营外汇业务的银行。它可以是专营或兼营外汇业务的本国商业银行和其他金融机构，也可以是设在本国的外国银行分支机构、代办处或其他金融机构。外汇银行是外汇市场的主体。

外汇银行从事的外汇交易主要分为两大部分：一部分是为客户提供服务，另一部分是为自身利益所进行的外汇交易。这两种活动都可以为外汇银行带来收益。一方面外汇银行通过代顾客买卖外汇，低价买进，高价卖出，以赚取价差。同时还从为客户提供的各种服务中收取一定的手续费和服务费。另一方面，银行为平衡自身的外汇头寸进行同业间的外汇交易，并从事一定的外汇投机活动，为银行创造利润。

2. 外汇经纪人

外汇经纪人是介于外汇银行之间或银行与客户之间，为其提供迅速而准确的信息，促使外汇买卖双方成交并从中收取佣金的中介人。外汇经纪人依靠其广泛的信息网，能提供多家银行的外汇报价，从而使要进行外汇交易的客户选择较为有利的成交价格完成交易。外汇经纪人分为两种：用自己的资金参与外汇买卖，并自己承担外汇买卖风险损益者，称为一般经纪人；仅以收取佣金为目的，代客买卖且不承担风险的称为跑街经纪人或掮客。

3. 中央银行或政府外汇主管机构

中央银行或政府外汇主管机构是一国行使金融管理和监督的专门机构，基于管理外汇市场的重任，中央银行经常通过参加外汇市场的交易干预外汇市场，维持市场秩序，使汇率稳定在一定水平或一定波动范围内。为此，它们经常进入市场并大量买进或卖出外币。中央银行进入外汇市场，主要是要防止汇率波动对本国经济产生不利影响，是非营利性质的。近几年来，西方国家的中央银行不仅单独干预外汇市场，一些主要发达国家的中央银行还经常采取联合行动，共同对外汇市场进行干预。因此，中央银行不仅是外汇市场的成员，而且还是外汇市场的实际操纵者。

4. 客户

客户是外汇市场中最初的外汇供应者和最终的外汇需求者。客户包括以下几类。

(1) 交易性的外汇买卖者，如进出口商、国际投资者、旅游者等，他们主要通过外汇银行获取外汇。

(2) 保值性的外汇买卖者，如套期保值者。由于汇率变动会给外汇持有者带来外汇风险，外汇持有者须通过外汇市场进行外汇保值以避免或减少汇率变动的风险。

(3) 投机性的外汇买卖者。外汇投机者通过对汇率的预测，以买空卖空等方式赚取价差，但风险较大。他们经常大量买卖外汇，是外汇市场上的重要组成部分，并已经成为影响外汇汇率变动的重要因素。

3.1.3 外汇市场的作用

随着外汇市场规模的不断扩大和业务类型的推陈出新，外汇市场对活跃世界市场、推动全球经济发展起着不可估量的作用。

1. 形成外汇价格

在外汇市场上，外汇交易通过电话、电报、电传、计算机终端、通信线路等硬件设备形成的全球连通的网络进行，使汇率时刻反映着全球在任何地点的供求关系。即使在某一地点、某一时点存在着汇率差，套汇交易也会很快使汇率差消失，形成统一的汇率，即外汇价格。

2. 规避外汇风险

汇率的经常波动会给各国经济交易的主体带来风险。国际经济交易的主体除了可利用远期外汇交易外，还可利用近二三十年发展起来的外汇期货和期权交易等手段来避免或减少外汇风险，从而保障国际经济交易的安全进行。

3. 便利国际间的资金融通

外汇市场同国际资金借贷市场紧密相连，外汇市场上的交易活动往往引起资金的借贷，同时也为国际间的资金借贷与投资活动提供了便利。例如，美国财政部发行的国库券和长期政府债券中的相当一部分是由外国官方机构和私人企业购买并持有的，而这种证券投资当然是以不同货币之间可自由兑换为前提的。

4. 为投机者提供了机会和场所

汇率与利率的波动，可使投机者利用汇率和利率的地点差异、时间差异，通过一种或多种外汇交易形式进行贱买贵卖的投机活动。

5. 实现购买力的国际转移

国际经济交易必然产生国家之间的债权债务关系，需要进行国际支付，把货币购买力从债务人所在国向债权人所在国转移，这种购买力的国际转移是通过外汇市场实现的。

3.2 传统外汇交易

3.2.1 外汇交易简介

外汇交易，又称外汇买卖，是指在外汇市场上以外汇银行为中心交易双方对外汇买卖的活动。这种外汇买卖，可能买卖的是货币本身，但绝大多数是以外币表示的各种支付手段或信用工具的买卖活动。外汇交易产生于国际结算，但现在已逐渐从为贸易服务的角度脱离出来，越来越成为一种独立的资本流动的形式。目前，90%以上的外汇交易是为了避免利率和汇率风险，进行保值和投机。通过这种活动，可以按一定的汇率将一种货币转换成另一种货币，实现国际贸易间的支付和资金转移。

在外汇买卖的过程中，外汇银行既是外汇需求者和外汇供给者的中介，又是一切外汇业务活动的中心。外汇银行在与客户交易之后，不可避免地要出现某种外汇买入多于卖出或卖出多于买入的情况。外汇银行所持有的各种外币账户的余额状况称为外汇头寸。如果银行买入某种外币的数额超过卖出的数额，称为该种货币的“多头”，或称“超买”；反之，如果卖出数额超过买入数额，称为“空头”，或称“超卖”。为避免汇率波动的风险，遵循买卖平衡的原则，外汇银行每天都要在柜台交易的基础上，与其他外汇银行同业之间进行调整性的交易，即对出现的空头和多头都要进行必要的抛补，将多余的抛出，短缺的补进，以轧平头寸。如果对空头和多头不加以掩护，则称为“敞口头寸”，或叫“风险头寸”。

外汇市场上的基本交易形式，也被称为传统交易形式，包括即期外汇交易、远期外汇交易和掉期交易，以及在这些交易基础上产生出来的套汇、套利等交易。尽管后来外汇业务又不断创新，产生了外汇期货、期权等一系列金融衍生产品的交易，然而传统外汇交易形式在交易数量上仍然占主导地位。

3.2.2 即期外汇交易

1. 即期交易及相关概念

即期外汇交易(Spot Exchange Transaction)，又称现汇交易，是指交易双方以当天外汇市场价格成交，并在当天或两个营业日之内进行交割的外汇交易方式。成交汇率称为即期汇率。

小资料 3-1　与即期交易相关的若干概念

(1) 交割是指买卖双方支付货币的行为。交割通常表现为交易双方分别按照对方的要求将卖出的货币解入对方指定的银行。双方实现货币收付的那一天叫做交割日，或叫起息日，意味着买卖双方解入账户的货币从这一天开始计息。交割日为成交当天的，称为当日交割；交割日为成交后第一个营业日的，称为翌日或明日交割；交割日为成交后第二个营业日的，称为即期交割。

(2) 营业日指两个清算国的银行均开门营业的日子，以保证交易双方同时完成货币的收付，避免其中任何一方承担信用风险或利息损失。若其中任何一国遇到节假日，交割日按节假日天数顺延。

(3) 基本点，简称为点，是表示汇率的基本单位。一般情况下，一个基本点为万分之一货币单位，相当于小数点后的第四个单位数，即 0.000 1。极少数货币因为数字较大，其基本点有些不同。以日元为例，日元的价格变动主要在小数点后的两位数上，因此它的基本点为 0.01 单位。

2. 即期外汇交易的报价

报价是外汇即期交易过程的关键环节。外汇银行在报价时一般要考虑几项因素：目前的市场行情、自身的外汇头寸及自身交易意图。外汇银行在报价时也遵循一定的惯例：

(1) 采用美元标价法。所有在外汇市场上交易的货币，除有特别说明的以外，都以美元作为标准来报价。当交易员向某行询问日元以及瑞士法郎的汇价时，银行报出的是美元兑日元的汇价和美元兑瑞士法郎的汇价，若要知道日元兑瑞士法郎的汇价，一般是通过美元进行套算。

(2) 采用双向报价，即同时报出买价和卖价。报价排列是“前小后大”，直接标价法下的顺序是买入价/卖出价；在间接标价法下的顺序是卖出价/买入价。

(3) 通过电话、电传等报价时，报价银行一般只报汇率的最后两位数字。汇率的标价通常为 5 位有效数字，由于外汇交易人员对各种货币对美元的汇率很清楚，银行间报价时，只报最后两位数字。例如，英镑兑美元的汇率为 GBP1=USD1.494 8 ~1.496 6，报价行交易员只报 48/66。

小资料 3-2 即期外汇交易程序实例分析

询价方：Spot GBP USD,pls?
(请问即期英镑兑美元报什么价？)
报价方：22/28.
(价格 GBP1=USD1.6222/28。)
询价方：Mine USD 5.
(我买进 500 万美元。)
报价方：OK,done,GBP at 1.6228 I sell USD 5 mio AG GBP Val 4 Nov.2010.
(500 万美元成交。确认在 1.622 8 我方卖出 500 万美元买入英镑，起息日为 2010

年 11 月 4 日。)

GBP pls to A bank A/C No.××××.

(我方的英镑请划拨到 A 银行，账号为××××。)

询价方：USD to B bank A/C No.××××.

(我方的美元请划拨到 B 银行，账号为××××。)

3.2.3 远期外汇交易

1. 远期外汇交易概述

远期外汇交易也称期汇交易，是指外汇买卖双方先签订合同，约定买卖外汇的币种、数额、汇率和将来交割的日期，但是当时并不实际进行支付，而是到规定的交割日期，再按合同办理交割。

远期交易的期限一般按月计算，通常为 1 个月、2 个月、3 个月、6 个月、9 个月或 1 年，最多的是 3 个月期限的远期外汇交易。以上期限的交易称为标准期限的交易，除此以外的远期交易日期，则称为不规则日期。个别的可达一年以上，称为超远期，也有的短至几天。

远期外汇交易按照交割日期是否固定，可以划分为固定交割日的远期交易和选择交割日的远期交易。

固定交割日的远期交易，是与远期外汇交易概念相吻合的标准的远期外汇交易，即按照事先规定的交割时间，到期办理交割。例如，某港商与美国一家银行签订了一项购买美元的、期限为 3 个月的远期外汇合同，如果签约日为 1 月 15 日，则交割日应在 4 月 15 日。

选择交割日的远期交易通常又称择期外汇交易，是指交割日期不确定的远期外汇交易，即买卖双方可以在约定期限内的任何一个营业日办理交割。如上例，签约日为1月 15 日，则交割日可以是 1 月 18 日至 4 月 15 日期间的任何一个营业日。由于在择期外汇交易中，客户有权在约定期限内的任何一天按事先规定的汇率进行交割，因此，银行在报价时必须考虑到外汇交割是否是在对其最不利的情况下进行的。通常，银行是根据对银行最有利的汇率(对客户最不利的汇率)来进行报价的。

通过远期外汇交易，进出口商和投资者可以防范外汇风险，外汇银行可以保持远期外汇头寸的平衡，而投机者则可以“买空”或者“卖空”，从中渔利。

2. 远期汇率的报价

在远期外汇交易中使用的汇率是远期汇率。远期汇率以即期汇率为基础，受有关两种货币利率差异的影响而确定。即期汇率与远期汇率之间必然存在着差额，称为远期差价或远期汇水，包括升水、贴水和平价三种情况。由于任何货币都是以对方货币计值报价，因此，一种货币升水，另一种货币必定贴水。

远期汇率的表示方法有以下两种。

(1) 直接标明远期汇率

在外汇牌价上直接报出不同期限的远期外汇买卖成交的买入汇率和卖出汇率。日本和瑞士外汇市场上均采取这种报价方式。

【例 3-1】 某日苏黎士外汇市场的报价：USD/SFR

即期汇率	0.951 9/0.952 3
1 个月远期汇率	0.950 8/0.951 3
2 个月远期汇率	0.949 0/0.950 0
3 个月远期汇率	0.942 5/0.949 7
6 个月远期汇率	0.938 5/0.941 0
12 个月远期汇率	0.923 5/0.925 0

从上可以看出，美元兑瑞士法郎的远期汇率是直接给出的，不需要根据即期汇率和升贴水数来折算远期汇率。

(2) 差价报价

外汇银行只公布即期汇率而不直接公布远期汇率，远期汇率是在即期汇率的基础上，通过远期外汇与即期汇率的差价来表示的。这种报价方式的好处是简明扼要，比直接报价省事。

差价报价法有两种形式，一种是用升水、贴水表示，另一种是用“点数”来表示。

用升水、贴水表示即报出升贴水数，然后通过在即期汇率上加减升、贴水数得出远期汇率。英国、德国、美国和法国等国采用这种方法。

由于汇率的标价方法不同，计算远期汇率的方法也不同。

在直接标价法下，远期汇率 = 即期汇率 + 升水

远期汇率 = 即期汇率 − 贴水

在间接标价法下，远期汇率 = 即期汇率 − 升水

远期汇率 = 即期汇率 + 贴水

【例 3-2】某日在伦敦外汇市场上，美元的即期汇率为 1 英镑=1.610 8/1.613 0 美元，3 个月远期美元升水 0.35~0.32 美分，则三个月远期美元汇率应由即期汇率减去升水数，即：

即期汇率	1.610 8 ~1.613 0
美元升水	− 0.003 5 ~ 0.003 2
远期汇率	= 1.607 3 ~ 1.609 8

银行在进行外汇报价时，通常使用“点数”，即基本点。一般情况下，汇率在一天内也就是在小数点后的第三位变动，亦即变动几十个点，不到 100 点。于是外

汇银行在报价时，只报出远期汇率升、贴水的点数，而且并不说明是升水还是贴水。所报出的点数有两栏数字，分别代表买入价与卖出价变动的点数。

【例 3-3】加拿大某银行报价：USD/CAD

即期汇率　　0.981 2~48

1 个月远期　　10~15

3 个月远期　　35~25

6 个月远期　　55~40

我们已经知道，实际的远期汇率可通过即期汇率加上或减去升、贴水得出，但上面列出的数字并未标明是升水还是贴水，因此必须先判断变化方向，然后才能对点数进行加减。

判断升、贴水的方法是：当买价变动小于卖价变动时，即为升水；当买价变动大于卖价变动时，即为贴水。在不同的标价法下，买价和卖价的位置不同。直接标价法：前面是买价，后面是卖价。间接标价法：前面是卖价，后面是买价。经过归纳，可以得出计算远期汇率的这样一个规则，即不管是什么标价方法，如果远期汇率点数顺序是前小后大，就用加法；如果远期汇率点数的顺序是前大后小，就用减法，即“前小后大往上加，前大后小往下减”(如表 3-1 所示)。

表 3-1　点数报价的计算方法

远期汇水排列方式	升、贴水方向	计算方法
前大后小	直接标价：贴水；间接标价：升水	减法
前小后大	直接标价：升水；间接标价：贴水	加法

根据这一计算规则，可以得出例 3-3 中加拿大银行所报出的美元远期汇率。

即期汇率：　　0.981 2~0.984 8

1 个月远期：　　0.982 2~0.986 3 (+10/15)

3 个月远期：　　0.977 7~0.982 3 (−35/25)

6 个月远期：　　0.975 7~0.980 8 (−55/40)

3. 远期汇率的决定

在远期外汇交易中，外汇银行报出某种货币远期汇率的升、贴水的依据是什么呢？也就是说，远期汇率的升水和贴水究竟取决于什么因素？首先来看个例子。

假定美元的年利率为 5%，而在德国，欧元的存款利率为 2%，两国的利差相差 3 个百分点。如果客户向银行用美元购买 3 个月远期欧元，银行便按照即期汇率用美元买入欧元，将欧元存放于银行以备 3 个月后交割。这样，银行就要放弃美元的高利息而收取欧元的低利息，损失 3 个百分点利差。银行绝不会自己承担这部分损失，它会把这个因素打入远期欧元的汇价，从而将损失转嫁到客户头上。因此，远期欧元就要比即期欧元贵，亦即即期欧元升水，或者说，远期美元贴水。

由此可以得出这样一个结论：两种货币的利差是决定它们远期汇率的基础，利率高的货币，其远期汇率会贴水；利率低的货币，其远期汇率会升水。如果两种货币的利差为零(即利率相同)，那么这两种货币的远期汇率应与即期汇率相等，即远期汇率为平价。在前面曾经学习过利率平价理论，银行对远期汇率的报价以及套利行为都是该理论在实践中的应用。下面具体来计算一下升贴水的数字。

【例 3-4】假定欧元的 3 个月存款利率为 2%，美元的 3 个月存款利率为 5%，欧元兑美元的即期汇率为 EUR1 = USD1.399 1。若某投资者有 10 万美元，他可以存入银行 3 个月的美元，也可以把美元兑换成欧元，存入银行 3 个月。

若该投资者选择 3 个月的美元存款，则到期后的本利和为

$$100\ 000\times(1+5\%\times\frac{3}{12})=101\ 250$$

若该投资者选择把美元兑换成欧元，则 3 个月的欧元存款到期后的本利和为

$$\frac{100\ 000}{1.399\ 1}\times(1+2\%\times\frac{3}{12})=71\ 831.89$$

按照一价定律，美元 3 个月的本利和与欧元 3 个月的本利和用远期汇率折算的美元余额相等。所以欧元对美元的远期汇率为

$$\frac{101\ 250}{71\ 831.89}=1.409\ 6$$

即 3 个月远期汇率：1 欧元=1.409 6 美元

上述计算的升贴水数字是根据理论分析推导得出的，因此比较精确。通常情况下，可以用比较简单的近似公式来进行计算：

$$\text{升水(或贴水)数字}=\text{即期汇率}\times\text{两种货币的利差}\times\frac{\text{月数}}{12}$$

则 3 个月美元的贴水数为

$$1.399\ 1\times(5\%-2\%)\times\frac{3}{12}=0.010\ 5$$

即 3 个月远期汇率：1 欧元 = 1.399 1+0.010 5=1.409 6 美元

在这里应该指出的是，在正常情况下，两种货币的利率差是决定货币升、贴水及其数值大小的主要因素，但不是唯一的因素。国际政治经济形势的变化、货币所在国实施的经济政策(特别是汇率政策)、中央银行对外汇市场采取的干预措施以及外汇市场的投机程度等诸多因素，都会不同程度地影响货币的远期汇率。有时，由于这些因素的影响，可以使得远期汇率的升、贴水完全背离两种货币的利率差，这种情况也是时有发生的。

3.2.4 套汇交易

1. 套汇交易的含义和作用

套汇是指套汇者利用两个或两个以上外汇市场上的汇率差异，在汇率低的市场上买进，同时在汇率高的市场上卖出，通过贱买贵卖套取差价利润的活动。

套汇交易的主要作用是调节外汇市场上的供求关系，消除不同地点上的汇率差，使它们在世界范围内的汇率趋向一致。但随着现代信息技术的飞速发展和应用，世界各地外汇市场上的汇率差异正在缩小，存在时间正在缩短，套汇的可能性大大缩小了。

2. 套汇的方式

按照涉及外汇市场的多少，套汇可以分为直接套汇和间接套汇两种。

(1) 直接套汇

直接套汇又叫两点套汇或两角套汇、两地套汇，是指套汇人利用某种货币在两个外汇市场上同一时间的汇率差异，同时在两个外汇市场上买卖同一种货币，以赚取汇率差额的活动。

【例 3-5】某日法兰克福外汇市场的即期汇率为 USD1=CHF0.9513/23，苏黎世外汇市场该汇率为 USD1=CHF0.9565/75。若不考虑其他费用，某套汇商用 100 万美元进行套汇交易可得多少收入？

解：不难看出，美元汇率在法兰克福低，在苏黎世高，根据贱买贵卖原则，该套汇者应在苏黎世外汇市场卖出美元，而在法兰克福外汇市场购回美元卖出瑞士法郎，从而获得差价收入。

该套汇者在苏黎世外汇市场每卖出 1 万美元可获得 0.956 5 万瑞士法郎，而在法兰克福市场购回 1 万美元需要 0.952 3 万瑞士法郎，则套汇收益为 0.004 2 万瑞士法郎。如果该套汇者的本金为 100 万美元，则可获利 4 200 瑞士法郎。

需要注意的是，套汇交易还涉及一些成本，如信息费、通信费、付给外汇经纪人的佣金等，因而套汇的净利取决于汇差与套汇成本的比较。若汇差小于套汇成本，则套汇活动就不会发生。

(2) 间接套汇

间接套汇又叫三点套汇或三角套汇、三地套汇，是指套汇人利用三个外汇市场上同一时间的汇率差异，同时在三地市场上贱买贵卖，从中赚取汇差的行为。间接套汇也可以是利用三个以上外汇市场上汇率的差异，同时在多个市场上进行套汇活动，称为多角套汇。但是事实上，由于外汇市场瞬息万变，套汇机会的比较和把握十分复杂困难，四角套汇极为罕见。

判断三个市场上的汇率是否存在差异的方法是：

首先，将三地的汇率换算成统一标价法(直接标价法或间接标价法)下的汇率。

其次，将三个汇率连乘起来，若乘积等于 1，则不存在汇率差异，不能进行套汇；若乘积不等于 1，则存在汇率差异，可以进行套汇。

【例 3-6】某日纽约、法兰克福和伦敦外汇市场的即期汇率如下：

纽约	EUR/USD	1.398 0~1.399 5
法兰克福	GBP/EUR	1.212 0~1.213 5
伦敦	GBP/USD	1.611 0~1.613 0

问：是否存在套利机会？若存在套利机会，暂不考虑其他费用，某套汇商用 100 万美元套汇，可获得多少利润？

解：先将所有标价变为直接标价(为简便起见，使用中间汇率计算)：

纽约	EUR/USD 1.398 8
法兰克福	GBP/EUR 1.212 8
伦敦	USD/GBP 0.620 3

将三个汇率连乘：1.398 8 × 1.212 8 × 0.620 3= 1.052 3。乘积不等于 1，因此存在套汇机会。

则该套汇商可采用如下方式进行套汇：

第一步，在伦敦市场上卖出 100 万美元，换回 10^6/1.613 0=0.620 0 × 10^6 英镑。

第二步，将所得英镑在法兰克福市场上卖出，换回欧元，可得 0.620 0 × 10^6 × 1.212 0 =0.751 4 × 10^6 欧元。

第三步，将所得欧元在纽约市场上卖出，换回美元，可得 0.751 4 × 10^6 × 1.398 0 =1.050 5 × 10^6 美元。

套汇收益为：1.050 5 × 10^6-10^6=50 500 美元

3.2.5 套利交易

套利又称利息套汇，是指投资者利用不同国家或地区短期利率的差异，将资金由利率低的地方转移到利率高的地方，以赚取利差收益的一种外汇交易。如在某一时期，日本金融市场上的三个月定期存款利率为年率 10%，美国金融市场上的三个月定期存款利率为年率 6%，这时，资金会从美国流向日本以牟取高利。

根据是否对套利交易涉及的外汇风险进行弥补，套利可分为非抛补型套利和抛补型套利两种类型。

1. 非抛补型套利

非抛补型套利是指把短期资金从利率较低的市场调到利率较高的市场，从而谋取利息的差额收入。这种套利活动没有进行反向交易轧平头寸，因而会承担未来汇率波动的风险，带有投机的性质。

【例 3-7】假设美国的 1 年期国库券利率为 8%，而英国的 1 年期国库券利率为 10%，当时英镑与美元的即期汇率为 GBP/USD=1.60，一美国投资者以 1 000 万美元进行为期三个月的套利。

问：①若 3 个月后英镑与美元的汇率不发生变化，相对于不套利，该套利者可获得多少套利净收入？②若 3 个月后英镑的汇率下降为 1 英镑=1.55 美元，分析该套利者的损益情况。

解：①当汇率不发生变化时，套利者即期将美元兑换成英镑投资于英国 3 月期国库券，3 个月后英镑的本利和收入可按当时的即期汇率兑换的美元为

$$\frac{1000}{1.6}\times(1+10\%\times\frac{3}{12})\times1.6=1025\text{万美元}$$

如果不套利，投资于美国 3 个月期的国库券，则到期可获得本利之和为

$$1000\times(1+10\%\times\frac{3}{12})=1020\text{万美元}$$

套利者的净收益为

1 025-1 020=5 万美元

②由于 3 个月后市场的即期汇率变为 1 英镑 =1.55 美元，套利者按此汇率兑换成的美元为

$$\frac{1000}{1.6}\times(1+10\%\times\frac{3}{12})\times1.55=992.97\text{万美元}$$

此时套利者的净收益为

992.97-1 020= -27.03 万美元

由于汇率的变化，套利者不仅没有盈利，反而亏损。

由以上例题可以看出，进行非抛补型套利活动，利率高的货币远期汇率的贴水程度会对套利者的收益产生极大的影响。

2. 抛补型套利

抛补型套利是指套利者在把资金从利率低的国家调往利率高的国家的同时，还通过在外汇市场上卖出远期高利息的货币，以防范汇率风险。抛补型套利是比较常见的投资方法。

仍以例 3-7 为例，该美国投资者在把美元兑换为英镑用于购买英国国库券的同时，马上在远期外汇市场上卖出期限为 3 个月的英镑收入(640.63 万英镑)。为简便起见，假设远期外汇合同中商定的英镑远期汇率仍为 1 英镑 = 1.60 美元，那么，3 个月后，无论英镑汇率如何变化，都可确保投资者获得 5 万美元的利息差额收入。

抛补型套利，实际上是投资者利用远期外汇买卖来防范未来可能发生的货币兑换造成的损失抵消甚至超过其利差的收益。由此可以看出，套利活动的可行性实际

上取决于两国利率差异以及两种货币即期汇率与远期汇率差异这两个因素的比较。若前者大于后者，则套利可以进行；若前者小于后者，则套利不可行，若两者相等，则套利没有必要。

举例来说，上例中，两国的利息差额为 10%−8% = 2%。如果英镑贴水的年率小于 2%，则套利有利可图。设英镑的贴水年率为 2%时的汇率为 X，则有

$$\frac{1.6-X}{1.6}\times\frac{12}{3}=2\%$$

可得 $X=1.592\,0$。如果 3 个月英镑汇率低于 1.592 0，则意味着英镑贴水年率大于 2%，套利便无法进行。

鉴于以上套利活动存在的条件，一旦两个国家或地区的利率差额大于两种货币即期汇率与远期汇率的差异，套利活动就会发生。但是这种套利活动不会无休止地进行下去。根据前面学过的“利率平价理论”，外汇的远期差价是由两国利率的差异决定的，高利率国的货币远期必然贴水，低利率国的货币则必定升水。在套汇过程中，一方面，在外汇市场上，套汇者会大量买进某种货币的现汇，同时大量出售该种货币的期汇，因而使该货币的即期汇率提高、远期汇率降低，从而扩大即期汇率同远期汇率的差异；另一方面，在货币市场上，短期资金不断地从利率低的国家流向利率高的国家，也会缩小两国间的利率差异。这两方面作用的结果，会使两个差额之间的差距逐渐缩小，直至相等。此时，套汇活动即刻停止，外汇市场和货币市场也处于均衡状态。

需要说明的是，套利活动以有关国家对货币的兑换和资金的转移不加任何限制为前提，实施外汇管制和金融管制的国家之间不会发生套利活动。抛补型套利虽然能够获得无风险利润，但也涉及一些交易成本，如外汇经纪人所收的佣金，资金借贷中除了利息还会涉及管理费、手续费等其他费用，投资国外货币存款和投资本国货币存款在税收上存在差异等。这些费用应与高利率货币贴水率(低利率货币升水率)加在一起再与两国利差进行比较。

3.2.6 掉期交易

1. 外汇掉期的概念

掉期交易又叫调期交易或互换交易，是指在买进或卖出某种货币的同时，卖出或买进期限不同的同种货币。例如，首先以 A 货币兑换 B 货币，并约定未来某日再以 B 货币换回 A 货币。

掉期交易是一种复合性的外汇买卖，它包括了货币种类相同、金额相等，但期限不同、方向相反(一买一卖)的两笔交易。在掉期交易中，一种货币被买入的同时即被卖出，或者是被卖出的同时即被补进，而且卖出与买入的货币在数额上是相等

的。因此，交易者所持有的外汇头寸并不发生变化，变化的只是交易者持有货币的期限。掉期交易可以由一笔即期交易和一笔远期交易构成，也可以由两笔期限不同的远期交易构成。

掉期交易实质上也是一种套期保值的做法，但与一般的套期保值有两点不同：其一，掉期的第二笔交易与第一笔交易同时进行，而一般套期保值发生在第一笔交易之后；其二，掉期的两笔交易金额完全相同，而一般套期交易金额却可以小于第一笔交易，即做不完全的套期保值。

掉期交易的优点：一是减少买卖价差的损失；二是避免不同时期交易汇率变化的风险。进行外汇掉期交易主要是为了轧平各货币因到期日不同所造成的资金缺口。

2. 掉期交易的类型

按照掉期交易的买卖对象，可以分为纯粹的掉期交易和制造的掉期交易。

纯粹的掉期交易指两笔期限不同的交易，都是同时与同一个对手进行的。也就是说，这种掉期的买和卖的活动是发生在相同的两个交易者之间，买进和卖出两种不同期限的外汇所使用的汇率可由双方直接协商决定。制造的掉期交易指两笔交易的对象并不相同。例如，甲向乙购买了某种即期货币，同时又向丙出售了该种远期货币。这种掉期交易实际上是由两项分别进行的交易组成。

在掉期交易中，绝大部分交易属于第一种类型，制造的掉期交易比较少见。

按照掉期交易的交割期限，可以划分为以下三种类型：

(1) 即期对远期的掉期交易，是指买进或卖出某种即期外汇的同时，卖出或买进同种货币的远期外汇。这是掉期交易中最常见的形式，国际投资者的投资保值、进出口商的远期交易的展期、外汇银行筹措外汇资金及调整外汇头寸等都可以利用这种交易方式。

(2) 即期对即期的掉期交易，又称“一日掉期”，是指买进或卖出一笔即期某种货币的同时，卖出或买进另一笔同种货币的即期。两笔即期交易的区别在于它们的交割日期不同，可以分为今日对明日掉期、明日对后日掉期以及即期对次日的掉期。这类掉期交易主要用于外汇银行之间的交易，目的在于避免同业拆借过程中存在的汇率风险。

(3) 远期对远期的掉期交易，是指买进或卖出货币金额相同，但方向相反、交割期限不同的两笔远期交易。这种掉期交易可以利用有利的汇率机会，并且能够从汇率的变动当中获取好处。

3. 掉期交易的应用

(1) 套期保值

套期保值可用于进出口商存在不同期限、数额相当的外汇应收款和应付款的情况。

例如，香港某公司进口一批货物，根据合同一个月后须支付货款10万美元；该公司同时将这批货物转口外销，预计3个月后收回以美元计价的货款。香港外汇市场汇率如下。

1个月美元汇率：USD/HKD 7.776 5~7.778 5

3个月美元汇率：USD/HKD 7.775 5~7.777 5

为避免美元汇率波动的风险，该商人可以做以下掉期操作：第一步，买进1个月远期美元10万，应支付77.785万港币；第二步，卖出3个月远期美元10万，收取77.755万港币。总计付出掉期成本77.785-77.755 = 0.03万港币。此后无论美元汇率如何波动，该商人均无外汇风险。

(2) 使远期外汇交易展期或提前到期

例如，中国某外贸公司3个月后有一笔500万欧元的出口收入，为避免欧元下跌，该公司卖出了3个月远期欧元。但是3个月到期时，欧洲进口商表示无法按期付款，希望延期付款2个月。这就造成了中国外贸公司与银行签订的远期合同无法履行的问题。此时，该外贸公司可作如下操作：买入即期欧元，从而了结到期的3个月远期合同。同时，卖出2个月远期欧元，以防范2个月后应收货款的外汇风险。这样，该公司通过掉期交易对原远期欧元合同进行展期，达到了保值目的。在这一过程中，该公司要付出掉期成本，即即期汇率与2个月远期汇率之间的差额。

(3) 轧平银行外汇头寸

例如，某银行收盘时，外汇头寸出现了以下情况：3个月远期美元空头100万，6个月远期美元多头100万；同时，3个月远期日元多头8 165万，6个月远期日元空头8 175万。当时市场汇率如下。

3个月远期：USD/JPY 81.45~81.65

6个月远期：USD/JPY 81.85~82.05

若银行对空头和多头分别进行抛补，需安排多笔交易，成本很高。若采取掉期交易，以日元换美元，操作过程为：买入3个月远期美元100万(卖出3个月远期日元)，汇率81.65，则卖出8 165万3个月远期日元；卖出6个月远期美元100万(买入6个月远期日元)，汇率81.85，则可换回6个月远期日元8 185万。除了弥补6个月远期日元空头，还可收益10万日元。这样，一笔掉期交易，就可使美元和日元头寸达到平衡。

3.3 衍生外汇交易

衍生外汇交易是衍生金融交易的一种。衍生金融交易是指利用从金融基础工具如利率、外汇、股票及期货中衍生出来的一系列现代金融技术所进行的交易。1973

年布雷顿森林体系崩溃后，大多数国家开始采用浮动汇率制。汇率的频繁波动给国际交易中的各种金融资产带来了极大的汇率风险，传统的金融工具和市场已经不能满足保值的需求，于是外汇期货、外汇期权等衍生交易方式应运而生。20 世纪 90 年代以前，衍生外汇交易只是作为一种防范金融风险的方法，但 90 年代以后，它已逐渐成为众多金融机构表外业务中重要的获利手段。

3.3.1 外汇期货

1. 外汇期货的概念

外汇期货也称货币期货，是指在有形的交易市场上，根据成交单位、交割时间标准化的原则，按约定价格购买或出售远期外汇，且通过清算所进行结算的一种业务。

外汇期货交易出现在 20 世纪 70 年代初期。1972 年 5 月，在芝加哥商品交易所设立了一个专门交易金融期货的部门，称为国际货币市场，开办外汇期货合约，创立了世界上第一个能够转移汇率风险的集中交易市场。英国在 1982 年 9 月成立伦敦国际金融期货交易所，正式开始做金融及外汇期货交易。目前，世界主要金融中心都建有金融期货市场，交易的品种、范围不断扩大，金融期货在西方期货交易市场交易量中的比重已达 60%。

2. 外汇期货市场的构成

(1) 交易所

期货交易所是专门的、有组织的、规范化的交易市场。它一般采用会员制，并设有理事会。交易所是非营利性机构，它为期货交易者提供交易的场地，本身并不参加交易。为了使交易活动能够顺利地进行，交易所有着严密的管理方式、健全的组织、完善的设施和高效率的办事速度，交易所还具有监督和管理职能，对交易活动起着重要的约束作用。

(2) 清算所

清算所是期货交易所下设的职能机构，其基本工作是负责交易双方最后的业务清算，在期货交易中，交易者买进或卖出期货合约时并不作现金结算，而且交易者往往可能有多笔交易，最后由清算所办理结算。

(3) 佣金商

佣金商是代理金融、商业机构和一般公众进行期货交易并收取佣金的个人或组织。佣金商必须是经注册的期货交易所的会员，他们的主要任务是代表那些没有交易所会员资格的客户下达买卖指令、维护客户的利益、提供市场信息、处理账目和管理资金，以及对客户进行业务培训等。

(4) 市场参与者

参与外汇期货的交易者，主要是企业、银行和个人。按照交易的目的，市场参与者可分为套期保值者和投机者。套期保值者主要是为了对手中现存的外汇或主要收付的外汇债权债务进行保值；而投机者则主要是为了从外汇期货交易中获利。两者都是期货市场必不可少的组成部分。没有套期保值者，期货市场不会产生；而没有众多的投机者，套期保值者也无法有效地实现保值目的。这是因为市场上若只有想转移价格风险的人而没有愿意承担风险的人，当套期保值者为避免价格下跌(上涨)而卖出(买进)期货时，就会无人购买(卖出)。

3．外汇期货交易的特点

(1) 外汇期货市场实行会员制

只有会员单位才可以在交易所内从事期货交易，而非会员只能通过会员单位代理买卖。交易所会员同时又是清算所的成员，期货交易的买方和卖方都以交易所下属的清算所为成交对方。清算所既充当期货合同购买方的卖方，又充当期货合同出售方的买方，因此，买卖双方无须知道对手是谁，也不必考虑对方的资信如何。

(2) 期货交易实行保证金制度

保证金制度是期货交易的最大特色之一，它是交易者通过经纪人付给清算所的一笔资金，以确保交易者有能力支付手续费和可能的亏损。保证金的多少因交易货币不同、市场不同而有所差异，即使同一市场、同一货币也会因市场变化情况不同而有所改变，具体由清算所和交易所共同决定，一般为合约总值的5%～15%。保证金一般要求以现金形式存入清算所账户。

(3) 期货交易实行每日清算制度

外汇期货交易每天由清算所结算盈亏，获利可以提走，而亏损超过最低保证金时，要立即予以补足。这种方法又称“逐日盯市”，即每个交易日市场收盘以后，清算所将会对每个持有期货合约者确定当日的盈亏，这些盈亏都反映在保证金的账户上，由于期货合约实行每日结算，而期货的初始保证金一般都高于期货价格每日涨跌的最大可能性，因而保证金制度大大保证了期货交易所更为安全、正常地运行。

(4) 期货合约金额标准化

外汇期货交易所买卖的对象并不是外汇本身，而是期货合约。对于能够进行期货交易的每种货币而言，其合约金额都是标准化的。各外汇交易所都对外汇期货合约的面额作了特别规定，各种货币的交易量必须是合约面额的整数倍。例如，在芝加哥商品交易所(IMM)规定每个合约单位分别为2.5万英镑、12.5万瑞士法郎、1 250万日元、10万加元等。

(5) 交割日期固定化

外汇期货合同的交割日期都是固定的。首先是交割月份固定，各期货交易所都规定固定的期货合约到期月份。大多数期货交易所都以 3、6、9 和 12 月作为交割月份。其次是期货合约实际的交割日期固定，通常为交割月份的某一天。不同的交易所有不同的规定。如芝加哥商品交易所规定交割日为到期月份的第三个星期三。如果合约到期前(一般为交割日的前两天)，交易者未作对冲交易(即反向交易)，那么就必须在交割日履行期货合约，进行现货交割。

(6) 交易方式采取在交易所内公开喊价，竞价成交

场上的价格随时公开报道，进行交易的人可以根据场上价格变化随时调整他们的要价、出价。外汇期货合同最后进行实际交割的只占合同总数的 1%～3%，其余绝大部分期货合同都通过对冲的方式予以了结。

(7) 价格波动有规定幅度

期货交易的外币都规定当日的价格波动的最低限额和最高限额。只要价格达到限额，当天的交易即告终止。这主要是为了避免期货参与者在单一交易日内承担过高的风险，并防止期货市场发生联手操纵的不法行为。

4. 外汇期货交易的运用

外汇期货交易既可以作为套期保值的一种有效手段，也可以作为投机者获取利润的方式。

(1) 套期保值

套期保值又称对冲，指交易者目前或预期未来将有现货头寸，并暴露于汇率变动的风险中，在期货市场做一笔与现货头寸等量而买卖方向相反的交易，以补偿或对冲因汇率波动而可能带来的损失。一般来说，通过做套期保值可以达到两个目的：一是锁定资金成本，二是保护资金的收益。相应的，套期保值可分为买入套期保值和卖出套期保值两种类型。

①买入套期保值

【例 3-8】某美国进口商 6 月份签订了从英国进口设备的合同，金额为 25 万英镑，9 月份支付货款。若付款时英镑汇率上升，则美国进口商的进口成本就会上升。假定签约当日英镑的即期汇率为 1 英镑 = 1.605 0 美元，而 3 个月英镑远期汇率却高达 1 英镑 = 1.615 0 美元，于是进口商预计 3 个月后英镑的即期汇率将升值，为规避英镑升值可能造成的损失，决定进行买入套期保值，买入 10 份 9 月份到期的英镑期货合约(每份合约的标准金额为 2.5 万英镑)。具体如表 3-2 所示。

表 3-2 买入套期保值

时 间	即 期 市 场	期 货 市 场
6 月份当日	当日即期汇率为￡1=US$1.605 0，预计 3 个月后英镑即期汇率为￡1=US$1.615 0 左右	买入 3 个月后交割的英镑期货 10 份，价位￡1=US$1.615 0，即预计 3 个月后英镑即期汇率将在此价格左右
9 月份	当时即期英镑汇率升值至￡1=US$1.620 0，美国进口商到现汇市场上按此价格购买 25 万英镑以备支付	当日英镑期货成交汇率随即期汇率同步升至￡1=US$1.625 0，该进口商按此价格卖出 10 份合约进行对冲，可获利 2 500 美元

美国进口商成本 = 1.620 0 × 25-0.25 = 40.25 万美元

单位成本 = 40.25 ÷ 25 = 1.61 美元 1 英镑，即实际购买英镑的汇率为 1 英镑 = 1.610 0 美元，固定了进口成本在 1 英镑 = 1.615 0 美元以下。

该进口商利用期货合同的对冲可以得到 2 500 美元的差价，以此期货市场上的收益来弥补现货市场上用高价(1:1.620 0)购买英镑的损失。

②卖出套期保值

【例 3-9】香港某商人向英国出口价值 10 万英镑的商品，3 月份收到货款。为防止英镑贬值，香港出口商卖出 4 份 3 月份到期的英镑期货合同(每份英镑合约的标准金额为 2.5 万英镑)。若 3 月份英镑期货合同汇率为 1 英镑 =12.56 港币，则卖出 4 份英镑合同可收入 125.6 万港币。若 3 月份期货合同到期时英镑汇率果真下跌，为 1 英镑 = 12.26 港币，那么该出口商在现货市场上就要亏损。而在期货市场上，英镑价格也必然下跌，该商人以低价买入 4 份合同对冲，能获利 3 000 元港币左右，期货市场上的盈利可以弥补现货市场上的亏损。反之，若到期时英镑汇率上涨，那么该进口商在期货市场就会亏损，而在现货市场上则必然盈利，两者相互弥补，仍然起到了避免风险的作用。

(2) 投机

由于在期货市场上，只需交纳少量的保证金和佣金即可参与外汇期货交易，因此为投机者利用少量资金进行大规模的投机活动提供了可能。

如果投机者预测未来某种货币的汇率可能上升，便可以目前较低的价格买入该种货币的期货，即建立多头部位。倘若将来该货币的汇率果真上升，投机者便会获利；倘若投机者判断失误，该种货币的汇率反而下降，则投机者将会蒙受损失。反之，如果投机者预测未来某种货币的汇率下降，便可卖出该货币期货，即建立空头部位，一旦期货合同到期时，该货币汇率果真下降，投机者便可获利，否则就会亏损。

期货市场吸引了大量的投机者，其主要原因在于期货的杠杆作用，交易者只要交纳相当于期货价值5%～15%的保证金就可参与交易，这种“以小搏大”的机制是投机者取得可能利润的根本所在。

投机者对于期货市场也是必不可少的。首先，期货市场中套期保值者所转移的风险是由投机者承担的。其次，投机者促进了市场的流动性。如果没有投机者的加入，期货市场的运转肯定是相当困难和不可想象的，正是这些根据自己的分析而在期货市场上不断改变自己交易活动的投机者使得套期保值者能够进行风险转移。更为重要的是，大量投机者在期货市场的频繁活动，起到了一种价格发现的功能，即在期货价格围绕价值运动过程中，一旦价格过高，投机者便会利用这些偏高的价格进行投机，从而使期货价格的波动能最大限度地反映其价值，有利于市场的稳定。

5. 外汇期货交易与远期外汇交易的比较

外汇期货和远期外汇交易有一些共同之处，它们都是通过合同的方式，将未来购买或出售的外汇的汇率予以固定。届时，无论现汇市场的价格水平如何，都按合同当中所规定的汇率执行，二者都是防范外汇汇率波动风险、进行货币保值的有效手段。但是，这两项业务又有明显差异。

(1) 市场结构不同

外汇期货市场是由交易所、清算所、佣金商、场内交易员以及客户等构成的；而远期外汇市场则主要由银行、客户以及经纪人构成。这种市场结构上的差别说明在两个市场上所发生的交易活动的基础是不同的。

(2) 市场参与者的广泛程度不同

在远期外汇市场上，虽然对进行远期交易的成员并无资格限制，但参与者大多为专业银行、专业交易商或与银行有密切往来的大厂商，一般中小企业和个人投资者很难参与；而在外汇期货市场上，任何企业和个人只要按规定交付保证金，都可以通过会员单位或外汇经纪商参与期货交易。

(3) 合同的规定不同

在远期外汇合同中，买卖外汇的币种、数额、汇价、交割时间以及交割地点都由买卖双方自行商定，没有统一的规定；而在外汇期货合同中，除了协定汇率之外，其他各项内容都有统一的规定，货币的交易数额和交割的期限都是标准化的。

(4) 交易方式不同

远期外汇交易是通过电话、电传等电信手段完成的，买卖双方直接约定汇价；而外汇期货交易必须在特定的地点——期货交易所内进行，交易员以公开喊价的方式进行交易，而且买卖双方并不直接接触。

(5) 结算方式不同

远期外汇交易是在合同到期日买卖双方直接进行结算，而在此之前，由于不能进行交割，因此也无法计算盈亏；在外汇期货交易中，期货合同的购买者和出售者都与交易所下属的清算所进行结算，买卖双方无须知道对手是谁。而且清算所在每天营业结束前都对当日的盈亏进行结算，获利的可以提取，亏损超过最低保证金的应补足保证金。

(6) 能够交易的货币种类不同

一般来讲，远期外汇交易所涉及的货币可以是世界上所有的可兑换货币，而外汇期货所能交易的货币仅限于美元、日元、英镑等少数几种货币。

3.3.2 外汇期权

1. 外汇期权的概念

外汇期权又称货币期权或外币期权，是指在合同规定的日期或期限内，按照事先约定的汇率购买或出售一定数量货币的权利。

期权实际上是一种选择的权利。对于购买期权合同的一方来讲，当他支付了一定金额的期权费之后，他便拥有了执行或不执行合同的选择权。也就是说，他有权在合同有效期内，按合同规定的汇价，买进或卖出一定数量的货币；也可以不履行合同，放弃购买或出售一定数量的货币。

期权交易最早是从股票期权交易开始的，直到20世纪80年代才有外汇期权产生，第一批外汇期权是英镑期权和德国马克期权，由美国费城股票交易所于1982年承办，是股票期权交易的变形。外汇期权是创新金融工具的一种，同远期外汇和货币期货这两种保值交易方式相比，外汇期权不仅具有避免汇率风险、固定成本的作用，而且克服了远期与期货交易的局限，因而颇得国际金融市场的青睐。对于那些应急性交易，诸如国际工程竞标或海外公司分红等不确定收入或投资保值而言，期权交易尤其具有优越性。

金融机构是期权交易的主要参与者。各主要商业银行、投资银行等金融机构通过场外期权交易向公司、企业出售外汇期权，同时再从交易所购入相似期权以对冲或规避风险，从而充当了客户之间的桥梁，从中赚取期权费差价利润。

2. 期权交易合同涉及的相关概念

合同签署人是指出售期权合同的一方。他在期权合同的买方要求行使权利时，负有履约的义务。

合同持有人是指购买期权合同的一方。他拥有履行或不履行合同的权利。

到期日是指期权合同的有效期限。超过这一日期，期权合同便失效。

协定价格或敲定价格，是指买卖双方约定的、在未来某一时间买进或卖出一定数量货币的价格。

期权费或期权价格，是指期权买方支付给期权卖方的行使选择权的费用，也称保险费或权利金。

3. 期权交易的特点

首先，期权交易双方的收益风险不对称。期权买方拥有绝对的主动权。如果合同成交后，形势一直对合同买方不利，买方可以不行使合同，让合同自然过期而失效，损失的仅是签订合同时付出的期权费。他承受的最大风险是事先就确知的保险费，而他可能获得的收益从理论上说却是无限的。而对于期权卖方，他所能实现的收益就是有限的期权费，所承担的风险却可能是无限的。因此，对期权买方而言，外汇期权灵活性强，风险小。

其次，期权费不能收回。期权费由买方在签订期权合同时交给卖方。它既构成了买方的成本，同时又是卖方承担汇率变动风险所得到的补偿。期权费一旦支付，无论买方是否执行合同，都不能收回。

4. 外汇期权的类型及运用

(1) 按期权交易的具体方式，外汇期权可分为场外交易期权和交易所场内期权

场外期权交易与远期外汇交易类似，其金额、期限和履约价格均由买卖双方根据需要商定。目前，具有代表性的场外期权市场是以伦敦和纽约为中心的银行同业外汇期权交易市场。交易所场内期权类似于期货交易，期权规格固定划一，在交易所内集中买卖，并可在市场上转让出售。目前具有代表性的交易所场内期权市场主要集中在费城、芝加哥、伦敦等地。通常情况下，场外交易金额比场内交易金额大得多，也不仅限于集中货币。另外，在期限、交易时间等各方面都具有弹性，因而更适合于那些有特殊需要的客户。

(2) 按照行使期权的时间是否具有灵活性可以分为美式期权和欧式期权

美式期权是指在到期日或到期日之前的任何一天行使权利的外汇期权。欧式期权是指只能在到期日那天才能行使权利的外汇期权。例如，一家公司于 3 月 1 日购买了一份 6 月 1 日为到期日的美式期权合同。那么，这家公司便可以到 6 月 1 日这一天，或是 3 月 1 日至 6 月 1 日之间的任何一个营业日向对方宣布执行或不执行合同。而如果这家公司购买的是欧式期权合同，那么，这家公司只能在 6 月 1 日这一天行使其权利。

由此可见，美式期权与欧式期权相比，具有更大的灵活性，但通常其期权费也要高于欧式期权。

(3) 按照期权方向不同分为看涨期权和看跌期权

看涨期权又称买入期权或买权，是指外汇期权的买方在合同的有效期内，有权按照协定价格买入一定数量某种货币的权利。当客户预测某种外汇的价格要上涨时，便会购买看涨期权。如果将来的外汇汇率果真上升，并且高于合同中的协定价格，

客户(期权买方)可要求执行合同，即按照协定价格买进一定数量的外汇；如果将来的外汇汇率低于合同中的协定价格，客户可要求放弃期权。

【例 3-10】美国某进口商预计 3 个月后将要有 50 万英镑的进口支付，当时英镑与美元的即期汇价为 1 英镑 = 1.612 0 美元。为了避免英镑汇价上扬而增加进口成本，该商人决定购买欧式看涨期权。期权的协定价格为 1 英镑 =1.62 美元，金额为 50 万英镑，期权费为 1 英镑 =0.02 美元，合同有效期为 3 个月。

3 个月后期权合同到期时，市场汇率可能出现以下三种情况：

①英镑明显升值，对美元的汇价从 1.612 0 升至 1.642 0，如果该商人没有采取保值措施购进期权，要用 82.1 万美元才能购进所需支付的英镑货款。在这种情况下，应执行看涨期权，此时支付的总成本为 50 × 1.62 + 50 × 0.02 =82 万美元。节约了 0.1 万美元，达到了保值目的。

②英镑小幅升值至 1.62，则该商人不论是否履行期权合同，购买 50 万英镑所需支付的美元均为 81 万美元，再加上 1 万美元的期权费，总成本均为 82 万美元。该商人没有因为汇率波动而盈亏，却为避免风险付出了 1 万美元的期权费。不过，这 1 万美元也起到了固定进口成本的作用。

③英镑贬值，对美元的汇价从 1.612 0 降至 1.6，该商人可以放弃期权，在市场上按 1:1.6 的汇价，用 80 万美元购进所需支付的 50 万英镑进口货款，加上已经付出的 1 万美元(50 × 0.02)期权费，总成本为 81 万美元，仍可使进口成本降低(比照执行期权的 82 万美元，节约了 1 万美元)。

从上例可以看出，进行外汇期权交易可以达到防范风险、降低损失、固定成本的目的。通过买入一笔看涨期权，该进口商未来可能支付的货款，至多为 82 万美元，同时还可享受汇价朝对自己有利方向变化时的好处(上述第②种情况)。

在上例中，看涨期权买方的盈亏平衡点为 1.64 美元，具体收益情况如表 3-3 所示。

表 3-3　买入看涨期权的收益情况

期权到期日英镑即期汇率	看涨期权买方收益情况
＞1.64	收益随英镑汇率上升而增加，潜力无限
= 1.64	盈亏平衡
(1.62，1.64)	有损失，但损失随英镑汇率上升而减少
＜1.62	有损失，但最大损失为期权费

看跌期权又称卖出期权或卖权，是指外汇期权的买方，在合同的有效期内，有权按协定价格卖出一定数量某种货币的权利。当客户预测某种外汇的价格要下降时，便会购买看跌期权。如果将来的外汇汇率果真下降，并且低于合同中的协定价格时，

客户(期权买方)可要求执行合同，即按照协定价格卖出一定数量的外汇；如果将来的外汇汇率高于合同中的协定价格，客户有权利不履行合同。

【例 3-11】香港某出口商预计在 3 个月后将有 50 万美元的收入，为防止到时美元汇率下跌，造成自己的港币收入减少，该商人计划采取保值措施，决定买入 3 个月期的美元看跌期权，协定价格为 1 美元= 7.770 0 港币，期权费为 1 美元= 0.120 0 港币。则 3 个月到期时，不论汇价如何变化，该商人可以保证 3 个月后，至少有 382.5 万港币(即 50 × 7.77-50 × 0.12)的收入。而且如果美元升值，该商人还可放弃执行期权，获取额外的外汇升值带来的收入。

该商人的盈亏平衡点为 7.650 0 美元。具体收益情况如表 3-4 所示。

表 3-4　买入看跌期权的收益情况

期权到期日美元即期汇率	看跌期权买方收益情况
＞7.770 0	有损失，但最大损失等于期权费
(7.650 0，7.770 0)	有损失，但损失随美元汇率下跌而减少
= 7.650 0	盈亏平衡
＜7.650 0	收益随美元汇率下跌而增加，潜力无限

通过举例，可以看出外汇期权的一些优越性：首先，对期权买方来说，期权类似于保险，买方拥有极大的主动权，他以协定价格锁定汇价，使汇价的逆向变动风险得到控制；同时还可以充分利用汇价的任何有利变化，这种灵活性是其他外汇交易所不具备的。其次，外汇期权可以用来对将来发生与否尚不确定的外汇交易进行风险管理，这也是期权方式较之其他保值措施优越的地方，所以期权在国际投标中得到了广泛的应用。

本章小结

1. 外汇市场是进行外汇买卖的场所，是国际金融市场重要的组成部分，主要由外汇银行、外汇经纪人、中央银行或政府外汇主管机构和客户构成。

2. 即期外汇交易又称现汇交易，是指交易双方以当天外汇市场价格成交，并在当天或两个营业日之内进行交割的外汇交易方式。

3. 远期外汇交易也称期汇交易，是指外汇买卖双方先签订合同，约定买卖外汇的币种、数额、汇率和将来交割的日期，但是当时并不实际进行支付，而是到规定的交割日期，再按合同办理交割。远期外汇交易可采用直接报价也可采用差价报价，远期汇率与利率有密切关系，一般利率高的货币会贴水、利率低的货币会升水。

4. 套汇是指套汇者利用两个或两个以上外汇市场上的汇率差异，在汇率低的市场上买进，同时在汇率高的市场上卖出，通过贱买贵卖套取差价利润的活动。它可分为直接套汇和间接套汇两种。

5. 套利是指投资者利用不同国家或地区短期利率的差异，将资金由利率低的地方转移到利率高的地方，以赚取利差收益的一种外汇交易。它可分为抛补型套利和不抛补型套利两种。

6. 掉期交易是指在买进或卖出某种货币的同时，卖出或买进期限不同的同种货币。掉期交易具有套期保值、使远期外汇交易展期或提前到期、轧平外汇头寸等作用。

7. 外汇期货也称货币期货，是指在有形的交易市场上，根据成交单位、交割时间标准化的原则，按约定价格购买或出售远期外汇，且通过清算所进行结算的一种业务。外汇期货交易是一种标准合约买卖，价格波动有规定幅度，外汇期货交易实行保证金制度和每日清算制度。外汇期货交易具有套期保值和投机等作用。

8. 外汇期权又称货币期权或外币期权，是指在合同规定的日期或期限内，按照事先约定的汇率购买或出售一定数量货币的权利。外汇期权按照不同的划分方式可分为场外交易期权和交易所场内期权、美式期权和欧式期权、看涨期权和看跌期权。期权交易可以避免汇率的不利变动带来的损失，还可以获取汇率的有利变动而带来的收益，参与期权交易的投机者的损失不会超过期权费。

复习思考题

1. 外汇市场的特点是什么？由哪几部分构成？
2. 什么是外汇头寸、多头和空头？
3. 从事即期外汇交易应注意哪些问题？
4. 远期外汇交易对于进出口贸易有何作用？
5. 什么叫升水和贴水？在不同标价方法下如何计算远期汇率？
6. 如何通过利率判断和计算远期汇率的升贴水？
7. 什么叫套汇？包括几种类型？
8. 什么叫外汇期权？它有什么特点？
9. 外汇期权、期货交易与远期交易有什么异同？

例题解析

(一)单项选择题

1. 套汇人利用三个外汇市场上同一时间的汇率差异，同时在三地市场上贱买贵卖，从中赚取汇差的行为被称为(　　　)。

A. 直接套汇

B．时间套汇

C．间接套汇

D．间接套利

答案解析：C。此题考查套汇的种类，参见 3.2.4 节。

2．已知某日纽约外汇牌价：即期汇率为 1 美元=1.734 0~1.736 0 瑞士法郎，3 个月远期为 203~205，则瑞士法郎对美元的 3 个月远期汇率为(　　)。

A．0.562 9~0.563 6

B．0.563 6~0.562 9

C．0.570 0~0.569 3

D．0.569 3~0.570 0

答案解析：D。此题考查汇率的远期报价计算，参见 3.2.3 节。

(二) 多项选择题

1．外汇市场的主要参加者包括(　　)。

A．外汇银行

B．外汇经纪人

C．中央银行

D．客户

E．投机者

答案解析：ABCDE。此题考查外汇市场的参加者，参见 3.1.2 节。

2．按照行使期权的时间是否具有灵活性，外汇期权可以分为(　　)。

A．看涨期权

B．看跌期权

C．欧式期权

D．美式期权

E．买方期权

答案解析：CD。此题考查期权的种类，参见 3.3.2 节。

(三) 判断分析题

远期外汇交易是指交易双方事先谈妥买卖外汇的币种、数额、将来交割的日期，到规定的交割日期，再按当天市场汇率进行实际交割的行为。

答案解析：错误。此题考查远期外汇交易的概念，参见 3.2.3 节。

(四) 计算题

美国的利率水平为 2.5%(年率)，英国的利率水平为 5%，英镑对美元的即期汇率为 1 英镑＝1.612 0 美元，问：

(1) 美元未来是会升水还是贴水？

(2) 英镑对美元的3个月远期汇率是多少？

答案解析：美元未来升水；英镑对美元的3个月远期汇率为1英镑=1.601 9美元。此题考查远期汇率的报价，参见例3-4。

知识链接

1. 国际外汇市场行情、汇市动态，可以登录伦敦金融时报网站(http://www.ft.com)、华尔街日报网站(http://online.wsj.com/public/us)等网站查询。

2. 人民币基本汇率，可以查询中国外汇管理局官方网站(http://www.safe.gov.cn)。

3. 中国外汇市场的汇率行情及国际汇市动态，可以登录中国银行网站(http://www.bank-of-china.com)查询。

4. 国际外汇市场行情和相关评论，可登录和讯网(http://www.homeway.com.cn)、彭博网(www.bloomberg.com)了解。

第 4 章

外汇风险管理

学习索引

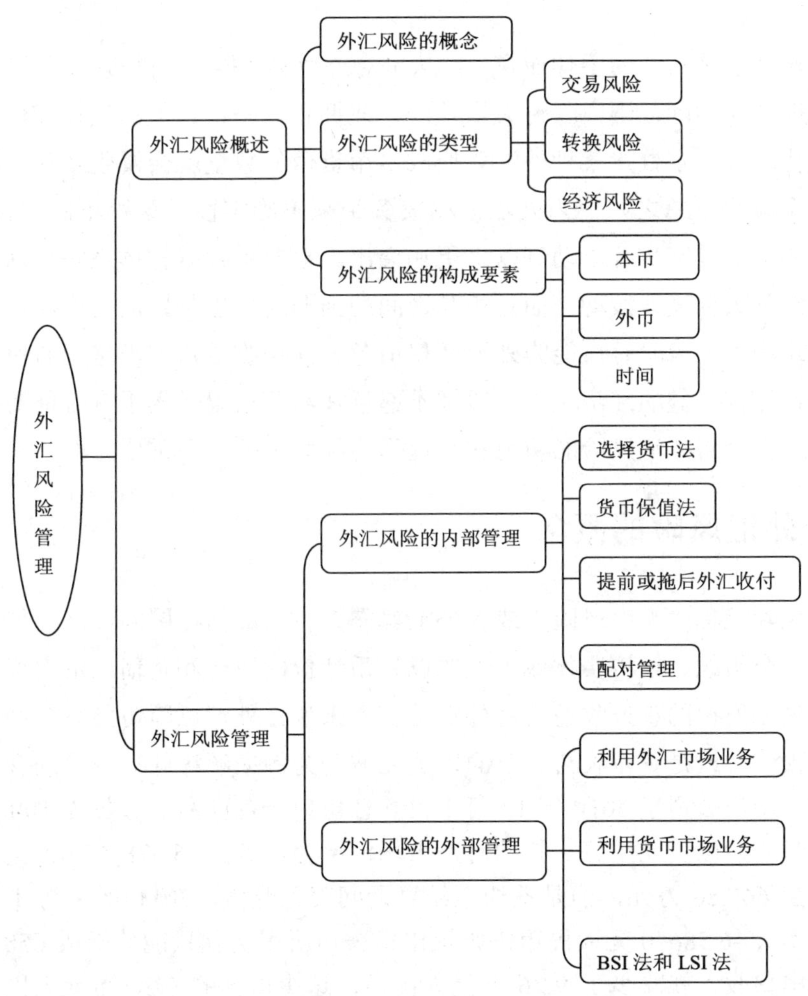

学习目标

了解外汇风险管理的含义，熟悉外汇风险的概念、种类及构成要素，掌握外汇风险的内部管理和外部管理的各种方法，能够用风险管理方法进行实际案例分析。

重点难点

外汇风险的含义　外汇风险的类型　外汇风险的内部管理法　BSI 法和 LSI 法

4.1　外汇风险概述

对于对外经济活动的主体而言，在从事对外贸易、投资、借贷等活动的过程中，不可避免地会在国际范围内收付大量外汇，或拥有以外币计值的债权和债务。当汇率发生变化时，一定数量某种外汇兑换成本币货币的数量就会发生变化，可能会增加也可能会减少，总之，会为外汇债权债务带来不确定性。这种不确定性在 1973 年西方主要工业国家实行浮动制以来更加突出。自布雷顿森林体系解体后，主要货币的汇率经常大幅度地波动，而且相互之间的强弱地位也频繁地变换，通常是难以预料的。这种外汇风险有可能为外汇债权债务人获得收益，但当然也有可能遭受损失，因此，经营稳健的经济主体一般都不愿意让经营成果暴露于有可能遭受的风险之中，往往都会将外汇风险的防范和管理作为经营中的一个重要方面。

4.1.1　外汇风险的概念

外汇风险又称“汇率风险”或“外汇暴露”。一般指在国际经济、贸易、金融活动中，一个组织、经济实体或个人的以外币计价的资产和负债因汇率变动而蒙受的意外损失或所得的意外收益。对外汇持有人来说，外汇风险可能具有两个结果：或是遭受损失，或是获得收益。下面以美元波动为例来解释外汇风险的含义。

中国一出口公司于 2010 年 12 月 1 日签订出口一批商品，金额为 100 万美元，规定 3 个月之后以美元结算。签约时，市场汇率为 1 美元=6.678 6 元人民币，折合成人民币为 667.86 万元，但是签约至结算期间美元贬值，2011 年 2 月 1 日市场汇率变为 1 美元=6.586 0 元人民币，则该出口公司所得货款只能兑换成 658.6 万元，这样，其出口收入就减少了 9.26 万元人民币，这少得到的 9.26 万元人民币即为美元下跌给中国出口商带来的外汇风险损失。反之，假设 3 个月后美元升值，汇率变为 1 美元=6.771 2 元人民币，则该公司所得货款可兑换 677.12 万元人民币，其出口收入就多了 9.26 万元人民币，这多得的 9.26 万元人民币即为美元汇率上涨给中国出口商带来的外汇风险利润。

4.1.2　外汇风险的类型

外汇风险的种类依划分方法不同而异，有的依据外汇交易的性质，将外汇风险划分为金融性风险和商业性风险；有的依据外汇风险存在的状态，将外汇风险划分为买卖风险、交易结算风险和评价风险；比较普遍的划分方法是按风险发生的时间——结账时、报账时、未来时，将外汇风险划分为交易风险、转换风险和经济风险。

1. 交易风险

交易风险是指在运用外币进行计价收付的交易中，经济主体因外汇汇率变动而引起的损失或盈利的可能性。即在约定以外币计价的交易过程中，由于结算时的汇率与签订合同时的汇率不同而面临的风险。交易风险是国际企业遇到的最主要、最常见的外汇风险，其主要表现在进出口贸易中、外汇买卖和国际借贷三方面。

(1) 进出口贸易中的交易风险

在商品和劳务的进出口贸易中，如果汇率在支付或收进外币货款时较合同签订时上升或下降了，进口商或出口商就会付出或收进更多或更少的本国货币或其他外币。

例如，中国某进出口公司向美国出口一批机电产品，合同以美元计价结算，共计 10 万美元，支付日期为 3 个月后。签约时的美元汇价为 1 美元等于 6.665 0 元人民币，但 3 个月后则为 6.65 元人民币，此时该公司收到的 10 万美元换成人民币后，则少了 0.15 万元人民币。

(2) 外汇买卖业务中的交易风险

在外汇买卖业务中，从签约日到交割日，汇率会发生变化，远期合同的一方在合同到期后可能需要用更多或较少的货币去兑换另一种货币，从而带来外汇风险。因此，外汇银行在中介性外汇买卖中持有外汇头寸的多头或空头，会因汇率变动而可能遭受损失。当银行买入的外汇多于卖出的外汇，即持有外汇多头时，如果外汇汇率上升(下降)，银行所持有的该笔外汇资产的本币价值就增加(减少)了；反之，当持有外汇空头时，如果外汇汇率上升(下降)，银行所持有的该笔外汇负债的本币价值就增加(减少)了。当银行轧平外汇头寸时，就要蒙受少收或多付本币的风险。

例如，东京外汇市场上，某家外汇银行某日卖出了 3 万美元，同时买入 2 万美元，空头 1 万美元，假定当日收盘时美元的买入价为 1 美元兑换 81.50 日元，则当日买入 1 万美元，需支付 81.5 万日元；然而，翌日外汇市场开市时，美元对日元开盘升至 82.00 日元，若此时买入则需支付 82 万日元。

(3) 国际借贷业务中的交易风险

在资本输出入中，如果外汇汇率在外币债权债务清偿时较债权债务关系形成时发生下跌或上涨，债权债务人就会收回或付出相对更少或更多的本币或其他外币。

例如，中国某金融机构在东京发行一笔总额为 100 亿日元、期限为 5 年的武士债券，按照当时日元对美元的汇率，1 美元为 90 日元，该金融机构将 90 亿日元在国际外汇市场上兑换成 1 亿美元。但 5 年期满后，日元对美元的汇率变为 1 美元等于 80 日元，如果不考虑利息，该金融机构要偿还 90 亿日元，就要多付 1 250 万美元。

2. 转换风险

转换风险又称会计风险，指经济主体对资产负债表进行会计处理中，将功能货币即交易货币(一般指海外分公司所在国货币)转换成记账货币(一般是总公司所在国货币)的过程中，因汇率变动而呈现账面损失的可能。每个经济主体经营管理的一项重要内容是进行会计核算，通过编制资产负债表来反映其经营情况，为此，拥有外币资产负债的经济主体就需要将原来以外币度量的各种资产和负债，按一定的汇率折算成用母国货币表示，以便汇总编制综合的财务报表。一旦功能货币与记账货币不一致，在会计上就要作相应的折算。

例如，德国某公司拥有 10 万英镑的存款，假定年初英镑对欧元的汇率为 1 英镑兑 1.2 欧元，在财务报表中这笔英镑存款被折算为 12 万欧元；1 年后，该公司在编制资产负债表时，汇率变为 1 英镑兑 1.1 欧元，这笔 10 万英镑的存款就只能折算成 11 万欧元，账面损失为 1 万欧元。

转换风险在跨国企业中表现得尤为突出。跨国公司的海外分公司或海外子公司，一方面在日常经营活动中使用的是东道国的货币，另一方面它属于母公司，其资产负债表需要定期呈报该母公司，这时需要将东道国货币折算成为母国货币。海外子公司的资产负债表在合并到母公司账上时产生了变化，发生了收益或损失，但这并不一定代表企业的实际经济状况发生了变化。虽然当折算为母国货币时，海外子公司的资产负债发生了变化，但在东道国，该公司的实际经营并没有因此而变化。

3. 经济风险

经济风险又称经营风险，是指意料之外的汇率变动引起企业未来一定期间收益减少的一种潜在损失。汇率的变动通过影响企业的生产成本、销售价格，将引起产销数量的调整，并由此最终带来获利状况的变化。经济风险是一种概率分析，是企业从整体上进行预测、规划和进行经济分析的一个具体过程，对于一个企业来说，经济风险比折算风险和交易风险都更为重要，因为其影响是长期性的，而折算风险和交易风险的影响是一次性的。以德国大众公司为例，20 世纪 70 年代以前，该公司通过低价格、低维修费用建立起出口地位。但是，70 年代马克大幅升值使大众汽车出口价格猛增，结束了该公司依靠价格进行竞争的历史。仅1974年一年，该公司为维持市场份额降价销售就损失了3.1亿美元。为了进行长期竞争，大众公司改变了产品线，改进汽车质量及样式，向中高收入阶层推出高品质汽车，重新确立了优势地位。

4.1.3 外汇风险的构成要素

外汇风险构成因素包括三个方面：本币、外币和时间。

一个国际企业在它的经营活动中所发生的外汇收入，如应收账款、应付账款货币资本的借入或贷出等，均须与本币进行折算，以便结清债权债务并考核其经营活动成果。同时，一笔经济交易从达成到最后结清账款，中间存在一个期限，这个期限就是时间因素。在一个确定的时间内，外币与本币折算比率可能发生变化，外汇风险便由此产生。

如果一个国际企业在某笔进出口贸易中未使用外币而使用本币计价收付，这笔交易就不存在外汇风险，因为它不涉及外币与本币的折算问题。另外，一笔应收或应付外币账款的时间结构对外汇风险的大小具有直接影响。时间越长，在此期间汇率波动的可能性就越大，外汇风险相对就大；时间越短，在此期间汇率波动的可能性越小，外汇风险相对就小。

一般来说，改变时间结构，如缩短一笔外币债权债务的收取或支付时间，可以减缓外汇风险，但不能消除外汇风险，因本币与外币折算所存在的汇率波动风险仍然存在。

4.2 外汇风险管理分类

外汇风险管理，是指对外汇风险的特性及因素进行识别与测定，并设计和选择防止或减少损失发生的处理方案，以最小成本达到风险处理的最佳效能。

交易风险、转换风险和经济风险都会引起企业的关注，并力争采取相应的措施避免可能的损失。其中，交易风险和经济风险都能够给企业带来真实的盈亏，对其重视理所当然。转换风险虽然并不体现企业经营中的现实盈亏，但因为资产负债的变化体现了企业管理者的业绩，企业对其同样也给予了极大的重视，如在20世纪70年代中后期，许多美国的跨国公司把转换风险的管理放在首位。但是后来随着新会计制度的实施，企业已经把更多的注意力转移到对经济风险和交易风险的管理上了。

经济风险对企业的影响长期而深刻，所以对经济风险的管理难度也很大。对经济风险的管理需要从长期入手，从经营的不同侧面全面考虑企业的发展。一般对它的管理可以通过企业经营活动多元化、融资活动多样化等分散风险的方式来实现。

交易风险是能在现实中引起盈亏的风险，企业对它的管理由来已久，下面将予以重点介绍。

防范外汇交易风险的措施和手段很多，从管理方法的角度一般可分为内部管理和外部管理两种。内部管理是指不利用外部市场，而是将交易风险作为企业日常管理的一个组成部分，尽量减少或防止风险性净外汇头寸的产生。外部管理是当内部管理不足以消除净外汇风险头寸时，利用外部市场——外汇市场或货币市场来进行避免外汇风险的交易。

4.2.1 外汇风险的内部管理

1. 选择货币法

在国际贸易或国际信贷活动中，成交日期同收付汇日期之间总有一个时间差。在汇率经常变动而导致货币“软”、“硬”经常交替的情况下，用何种货币成交以防范外汇风险，往往成为双方谈判和合同签订中的争论焦点。

货币选择的原则应当是：

第一，在签订进出口合同时，应尽量采用本国货币计价结算，这样进出口商就不需要买卖外汇，也就不承担汇率变动的风险。当然，如果本国货币严重通货膨胀，采用外国货币计价结算，可以避免本国货币贬值的风险。

第二，如果要选择外币计价结算，应选择自由兑换的货币。这样有助于外汇资金的调拨和运用，也便于及时将一种外汇风险较大的货币调换成风险较小的货币。

第三，出口收汇要尽量选择硬币作为计价货币，进口用汇则尽可能选择软币作为计价货币。这样做，就可以避免在汇率波动中处于不利地位。

第四，采用软硬货币搭配使用的方法，当双方在货币选择上各持己见、无法达成协议时，可采用对半货币折中方法，甚至可采用几种货币组合，以多种货币对外报价，这种形式尤其适合于大型设备的进出口贸易。

第五，选择综合货币单位计价结算。在当前的国际贸易中，比较普遍使用的国际货币是特别提款权，还有以前的欧洲货币单位。此类综合货币单位的定值是采用多种货币即由一篮子货币加权平均计值的，因为各种货币价值的升降和升降的幅度各有不同，其相互作用的冲销使国际货币的价值比较稳定。

当然，在国际贸易中，货币的选择要与商品的购销意图和国际市场的行情结合考虑。一般情况下，用硬币报价时，货价要便宜些；用软货币时，货价要贵些。当出口的商品是畅销货时，国际价格趋升，用硬货币报价即使不便宜，对方也容易接受。如果出口的商品是滞销货，情况则相反，为了打开销路，出口商也可以“软货币”成交，再通过其他金融市场的操作，来防止外汇风险。

2. 货币保值法

货币保值法是防范外汇风险常用的一种方式，即在签订贸易合同和贷款合同时，在合同中加列保值条款，以防止汇率多变的风险。常用的保值条款有以下几种：

(1) 黄金保值条款

布雷顿森林货币体系崩溃以后，各国货币与黄金脱钩，从此黄金平价失去作用，浮动汇率制取代了固定汇率制。由于汇率的波动，加大了国际贸易和国际金融活动中的外汇风险，所以有的国家采用市场黄金价格来保值。其具体做法是：在订立期限较长、金额巨大的合同时，按当时的黄金市场价格将支付货币的金额折合为若干盎司的黄金，到实际支付日时，如果黄金市场价格上涨，则支付货币的金额相应增加，反之相应减少。黄金保值条款是一种传统的货币保值条款，现已很少使用。

(2) 硬货币保值

双方在合同中规定以硬货币计价，用软货币支付，阐明两种货币当时的汇率。在执行合同过程中，如果由于支付货币汇率下跌，则合同金额要等比例地进行调整，按照支付日的支付货币的汇率计算，这样实收的计价货币金额和签订合同时相同，支付货币下浮的损失则可以得到补偿。

例如，一笔进出口贸易合同，其支付货币为美元，合同金额10万美元。双方约定以瑞士法郎为保值货币，即以瑞士法郎作为计价货币。在签约时，美元汇价为1美元兑0.93瑞士法郎，合同金额折算为9.3万瑞士法郎；到支付日时，汇率变化为1美元等于0.92瑞士法郎，则应付合同金额为10.11万美元(9.3万瑞士法郎 ÷0.92瑞士法郎)。这样一来，美元下浮给收汇方带来的损失即得以弥补。

(3) 用“一篮子”货币保值

“一篮子”货币指的是多种货币的组合。在浮动汇率制下，各种货币的汇率时时刻刻在变动之中，且变化的方向和幅度并不一致。在签订合同时，确定支付货币与“一篮子”保值货币之间的汇率，并规定各种保值货币与支付货币之间的汇率变化的调整幅度。到支付期时，汇率的变动超过了规定的幅度，则按合同中规定的汇率进行调整，从而达到保值的目的。由于是多种货币的组合，各种货币的汇率有升有降，汇率风险得到分散，可以有效地减少外汇风险。

3. 提前或拖后外汇收付

提前或拖后外汇收付，是根据对汇率的预测，对在未来一段时期内必须支付和收回的外汇款项采取提前或拖后结算方式以减少交易风险。

提前是在规定时间之前结清债务或收回债权，拖后是在规定时间已到时，尽可能推迟结清或收回债权。一般而言，如果预期计价结算货币的汇率趋跌，那么出口商或债权人则应设法提前收汇，以避免应收款项的贬值损失，而进口商或债务人则应设法拖后付汇。反之，如果预计计价结算货币汇率趋升，出口商或债权人则应尽量拖后收汇，进口商或债务人则应尽量设法提前付汇。具体操作如表 4-1 所示。

表 4-1 提前或拖后收付

汇率变动趋势	预计外币将升值	预期外币将贬值
公司地位	本币将贬值	本币将升值
出口商(收外币)	拖后收汇	提前收汇
进口商(付外币)	提前付汇	拖后付汇

提前或拖后收付法一般常见于跨国公司内部。跨国公司内部的提前或拖后收付显然是从母公司利益出发的，而且这会使有些子公司的利益受到损失，另一些子公司的利益却增加了，最终在母公司的总体范围来看，利益有所增加。另外，这种措施在资金的筹集和运用方面也带来一些问题，一方面提前支付和延期收汇的企业必须为此筹措所需资金，另一方面，延期支付和提前收汇的企业也必须及时为这笔资金找到合适的运用渠道。最后，提前或拖后收付所依据的是进出口商对汇率的预测。预测准确不仅能避免外汇风险，而且能额外获益；若预测失误，将受到损失，因此带有投机性质。另外，在实际收付过程中，进出口商单方面提前或推迟收付外汇并非容易，因为要受到合同约束、外汇管制、国内信用规定等方面的限制。

4. 配对管理

配对管理是使外币的流入和流出在币种、金额和时间上相互平衡的做法。配对管理分为平衡法和组对法两种。

平衡法指在同一时期内，创造一个与存在风险相同货币、相同金额、相同期限的资金反方向的外汇流动，这样外汇资金又进又出轧平了外汇头寸，从而避免了外汇风险。但是，在一般情况下，一个国际公司每笔交易的应收应付货币的“完全平衡”是难于实现的。只有一个公司的产品能向世界任何地方以任何货币计价售出，或从任何国家以任何货币计价购买时才可能达到。但这是不够现实的。一个国际公司采用平衡法，还有赖于公司领导下的采购部门、销售部门与财务部门的密切合作。在金额较大、存在着一次性的外汇风险的贸易中尚可采用平衡法。

例如，中国一公司于 2010 年 7 月 1 日进口一批价值 100 万英镑的机械设备，合同规定 3 个月后付款。为了避免遭受英镑升值带来的损失，该公司应设法出口等英镑金额的货物，这样，3 个月后，用所收入的外汇支付进口所需外汇款项，从而消除了外汇风险。当然，这种完全吻合的规避外汇风险是很难实现的。

组对法是指收入和支出的不是同一种货币，但这两种货币的汇率通常具有固定的或稳定的关系。也就是说，如果某公司具有某种货币的外汇风险，它可创造一个与该种货币相联系的另一种货币的反方向流动来消除某种货币的外汇风险。组对法的实现条件是：作为组对的两种货币，常常是由一些机构采取钉住政策而绑在一起的货币。例如某公司有一笔两个月内的港币收入，它以美元来组对，创造一笔有美元流出的业务。港币是同美元紧密联系在一起的，与美元同升同降。

组对法较平衡法灵活性大，易于采用。但却不能消除全部风险，而只能减缓货币风险的潜在影响，借助于“组对法”，有可能以组对货币(第三种外币)的得利来抵消某种具有风险外币的损失。但是，如果选用组对货币不当，也会产生两种货币都发生价值波动的双重风险。

4.2.2 外汇风险的外部管理

外汇风险的外部管理是指经济主体通过在外界的金融市场上签订合同避免外汇风险。主要方法是利用外汇市场和货币市场上的交易。

1. 利用外汇市场业务消除汇率风险

外汇市场交易，如即期交易、远期交易、外汇掉期以及外汇期货和外汇期权等，都可以为当事人套期保值，避免外汇风险。有关这些外汇交易的具体内容，已经在第3章进行了介绍。

2. 利用货币市场上的借贷消除外汇风险

即在货币市场上借贷货币，将之在即期外汇市场上兑换成另一种货币，从而避免外汇风险，主要包括借款法和投资法。

借款法指有远期外汇应收账款的企业通过向银行借进一笔与其远期收入相同金额、相同期限、相同币种的贷款，以达到融通资金、防止外汇风险和改变外汇风险时间结构的目的的一种方法。例如，日本某公司向美国出口一批商品，半年后有一笔 10 万美元的外汇收入，为防止半年后美元汇率下跌，可向银行借进一笔半年期 10 万美元的贷款，并将这笔 10 万美元的外汇以现汇卖出，兑换成日元本币，既改变货币币别，消除了风险，又可以补充日元的流动资金。

投资法是企业有未来的应付外汇账款，这时企业可将一笔资金(一般为闲置资金)投放于某一金融市场，到期后连同利息收回这笔资金。而这笔资金的流入刚好与未来的应付账款的资金流出相对应，因而可以改变外汇风险的时间结构。例如，A 公司在半年后有一笔 8 万美元的应付账款，该公司可将一笔同等金额的美元用于投资半年，从而将未来的支付转移至现在。

3. 外汇交易和货币市场业务的综合运用——BSI 法和 LSI 法

在前面叙述的即期合同法、借款法、投资法等方法的基础上，可将其综合利用，以达到消除全部风险的效果，这样就产生了 BSI 法和 LSI 法。而且人们习惯将远期合同法、LSI 法和 BSI 法称为外汇风险管理的基本方法。

(1) BSI 法即借款—即期合同—投资法(Borrow-Spot-Invest，BSI)，指有关企业通过借款、即期外汇交易和投资相结合的方式，来规避外汇风险的管理方法。下面分别从企业有应收外汇账款和企业有应付外汇账款两个方面来阐述 BSI 的适用情况。

在有应收外汇账款的条件下，企业首先应从银行借入与应收外汇相同数额的外币，将借入的外币做一个即期交易，卖给银行换回本币，这样外币与本币价值波动风险均已消除，同时将换得的本币存入银行或进行投资，以其赚得的投资收入，抵消一部分防范风险时的费用支出。

例如，香港 A 公司因出口一批商品在 90 天后有一批 5 万美元的应收账款，为防止美元对港币汇价变动的风险，A 公司可向银行借入相同金额、相同期限的 5 万美元(暂不考虑利息因素)，A 公司借得这笔贷款后，立即与某银行签订即期外汇合同，按 1 美元兑 7.80 港元的价格卖掉 5 万美元；获得 39 万港元，随之将其投放于香港的货币市场(暂不考虑利息因素)，投资期为 90 天。90 天后 A 公司以 5 万美元的应收账款还给银行，便可消除这笔应收账款的外汇风险。

在有应付外汇账款的情况下，企业应首先从银行借入购买应付外币所需的本币，然后与银行签订购买外币的即期合同，买进外币并将这些外币投资于货币市场，到期时，收回投资，支付应付外汇账款。投资所得的收益可用于抵消因采取防险措施而产生的部分费用支出。当然，如果自有流动资金充裕，也可以用自有资金购买即期外汇以降低成本。

上例中的香港 A 公司，在 90 天后有一笔 5 万美元的应付账款，为防止美元汇价波动的风险，A 公司可以从银行借入一笔本币，即港币 39 万元，借款款限为 90 天；然后与银行签订一个即期外汇购买合同，以借入的本币购买 5 万美元；再将刚买入的美元投放于货币市场，投放的期限也为 90 天。90 后，A 公司的应付美元账款到期，恰好其美元的投资期限届满，以其收回的美元投资，偿付其美元债务 5 万元。这样通过 BSI 实现了应付美元的反向流动，从而抵消了应付美元账款的风险。

由此可以看出，利用 BSI 法消除应收账款的外汇风险是借入外币，然后通过即期合同转换为本币并进行短期投资；而运用 BSI 法消除应付外汇账款则借入本币，然后通过即期合同转换为外币并进行短期投资，最终消除风险。

(2) LSI 法即提早收付—即期合同—投资法(Lead-Spot-Invest，LSI)，指有关企业通过提早收付、即期外汇交易和投资或贷款结合的方式，来规避外汇风险的管理方法。以下分别阐述企业有应收外汇账款和应付外汇账款时，如何运用 LSI 法消除风险。

在有应收外汇账款的条件下，企业可征得债务方的同意，请其提前支付货款，并给其一定的折扣，这样外币账款收讫，时间风险便消除。然后再通过即期合同，兑换为本币即可消除货币风险。与此同时，将换回的本币用于短期投资，以取得一定的利益，从而弥补折扣的费用。

假如香港A公司因进口一批货物在90天后有5万美元的应收账款，为防止汇价波动，A公司先征得进口商的同意，在给其一定折扣的条件下，要求其在两个营业日内付清款项(暂不考虑具体的折扣数额)。A公司取得货款后，立即做一即期合同，将美元兑换为港元，并进行短期投资，获得收益，弥补折扣的费用。这样，由于提前收入外币账款，消除了时间风险，又由于兑换为本币，消除了货币风险。

在有应付外汇账款的情况下，利用LSI法的程序是先借进一笔与外币金额等同的本币贷款；其次与银行签订即期合同，购买外币；最后以购入的外币提前支付货款，并获得折扣(暂不考虑折扣的数额)。由此可见，整个过程是先借款，再与银行签订即期合同，最后再提前支付，因此应简化为Borrow-Spot-Lead，但国际传统习惯均不称之为BSL，而称之为LSI。

上例中香港A公司的5万美元应付账款，为避免外汇风险，可先从银行借入或利用自有资金得到相当于5万美元的港元即39万港元；然后与银行签订即期合同，购买5万美元，最后以买得的美元支付出口商，从而获得折扣，并消除了外汇风险。

上面列举了众多有关企业防范外汇风险的方法，而实际上避险方法远不限于此。如防范交易风险，还可采用卖方信贷、买方信贷、“福费廷”、保理业务、信贷保险等信贷和保险手段，也可以采用货币互换或利率互换等衍生金融工具，这些措施都可以实现降低外汇风险的作用。总之，不同企业在各自经营中外汇风险的类型不同，风险的种类、期限、金额也千差万别，具体情况应进行具体分析，根据汇率预测，结合各种措施得以实施的可能条件，进行成本比较，做出合理的选择。

本章小结

1. 外汇风险是指在国际经济、贸易、金融活动中，一个组织、经济实体或个人的以外币计价的资产和负债因汇率变动而蒙受的意外损失或所得的意外收益。对外汇持有人来说，外汇风险可能具有两个结果：或是遭受损失，或是获得收益。

2. 按风险发生的时间，可将外汇风险分为交易风险、转换风险、经济风险三种类型。交易风险是国际企业遇到的最主要、最常见的外汇风险，其主要表现在进出口贸易中、外汇买卖和国际借贷三方面。转换风险在跨国企业中表现得尤为突出。而对于一个企业来说，经济风险比交易风险和转换风险都更为重要。

3. 外汇风险包括本币、外币、时间三个要素。

4. 外汇风险管理指对外汇风险的特性及因素进行识别与测定，并设计和选择防止或减少损失发生的处理方案，以最小成本达到风险处理的最佳效能。从管理方法的角度一般可分为内部管理和外部管理两种。

5. 外汇风险的内部管理是指不利用外部市场，而是将交易风险作为企业日常管理的一个组成部分，尽量减少或防止风险性净外汇头寸的产生，主要包括选择货币法、货币保值法、提前或拖后外汇收付、配对管理等。

6. 外汇风险的外部管理是指经济主体通过在外界的金融市场上签订合同避免外汇风险，主要方法是利用外汇市场业务、货币市场上的借贷、外汇交易和货币市场业务的综合运用(BSI 法和 LSI 法)来避免外汇风险。

复习思考题

1. 什么是外汇风险？按其经营活动中发生的时间顺序，外汇风险划分为哪几种？各指什么？
2. 试述外汇风险的构成因素，并解释时间风险与价值风险。
3. 什么是外汇风险管理？企业如何采取措施防范交易风险？
4. 企业在什么情况下采取提前或推迟收付法避免外汇风险？
5. BSI 法和 LSI 法如何操作？在有应付账款和应收账款情况下有何不同？

例题解析

(一) 单项选择题

1. 会计风险又称(　　)。

A. 时间风险

B. 交易风险

C. 经济风险

D. 转换风险

答案解析：D。此题考查外汇风险的种类，参见 4.1.2 节。

2. 在预期本币贬值的情况下，公司的做法应是(　　)。

A. 进口商拖后收汇，出口商拖后付汇

B. 进口商提前收汇，出口商拖后付汇

C. 进口商拖后收汇，出口商提前付汇

D. 进口商提前收汇，出口商提前付汇

答案解析：B。此题考查提前和拖后收付的做法，参见 4.2.1 节。

(二) 多项选择题

1. 按风险发生的时间，可以将外汇风险划分为(　　　　)。

A. 时间风险

B. 交易风险

C. 经济风险

D. 价值风险

E．转换风险

答案解析：BCE。此题考查外汇风险的种类，参见 4.1.2 节。

2．BSI 消除外汇风险的原理是(　　　　)。

A．在有应收账款的条件下，借入本币

B．在有应收账款的条件下，借入外币

C．在有应付账款的条件下，借入外币

D．在有应付账款的条件下，借入本币

E．在有应付账款的条件下，借入第三方货币

答案解析：BD。此题考查 BSI 的做法，参见 4.2.2 节。

(三) 判断题

外汇风险是指一个组织、经济实体或个人的以外币计价的资产和负债因汇率变动而蒙受的意外损失。

答案解析：错误。此题考查外汇风险的概念，参见 4.1.1 节。

知识链接

1. 登录中国贸易金融网(http://www.sinotf.com)了解企业涉外经营中遇到的金融问题。

2. 登录外汇通网站(http://www.forex. com.cn)了解外汇交易的基本知识和最新资讯。

第 5 章

国际金融市场

学习索引

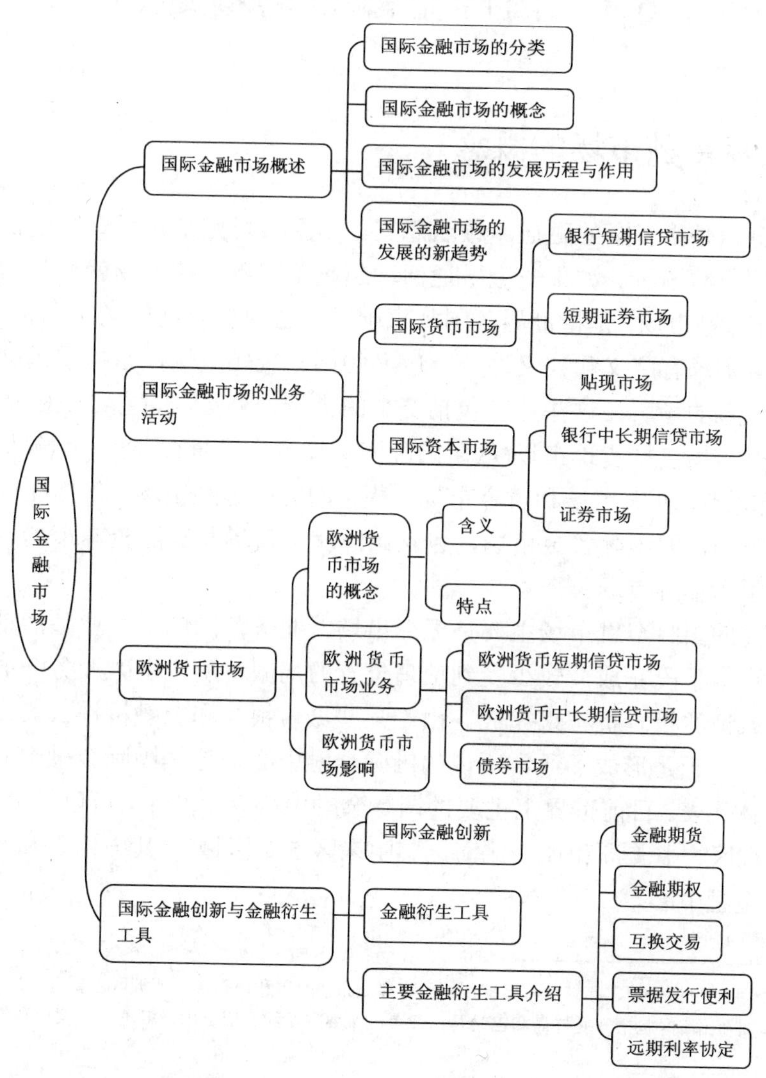

学习目标

掌握国际金融市场的概念与分类，掌握欧洲货币市场的概念、产生及特点，了解欧洲货币市场的商业银行贷款，了解国际金融创新、衍生金融工具的概况。

重点难点

国际金融市场的广义和狭义概念　　传统国际金融市场和新型国际金融市场
“欧洲货币”的概念　　几种主要的衍生金融工具

5.1 国际金融市场概述

5.1.1 国际金融市场的概念

所谓金融，是指资金的融通。顾名思义，金融市场则是货币资金的供需双方进行资金融通的交易场所。如果资金融通活动超越了国界，该市场就称为国际金融市场。所谓国际金融市场，是指世界各国从事国际金融业务活动的场所和机制的总和。

国际金融市场有广义和狭义之分。广义的国际金融市场，是指在国际间从事各种国际金融业务的场所，这些业务包括资金的借贷、外汇与黄金的买卖等。因而广义的国际金融市场包括货币市场(从事国际间短期资金借贷)、资本市场(从事国际间中长期资金借贷)、外汇市场和黄金市场。狭义的国际金融市场，仅指在国际间进行资金借贷的市场，即国际资金市场，包括国际货币市场和国际资本市场。本章主要介绍狭义的国际金融市场。

由于目前的国际金融市场主要是无形市场，业务范围广泛，业务活动大多借助各种现代化通信手段完成，较少受到地理位置的局限，所以金融业务一般要通过国际商业银行或证券投资机构来完成。由于某些城市银行和金融机构云集，国际金融业务比较集中，于是形成了通常所说的国际金融中心，这些国际金融中心是国际金融市场的具体代表。目前世界上主要的国际金融中心有十几个，可以划分为西欧区、北美区、亚洲区、中美洲和加勒比海区、中东区 5 个区域[1]，其中伦敦和纽约是两个最大的国际金融中心。

1. 西欧区主要包括伦敦、苏黎世、巴黎、法兰克福、布鲁塞尔和卢森堡；亚洲区主要有新加坡、中国香港、东京；中美洲和加勒比海区包括开曼群岛和巴哈马；北美区主要有纽约、旧金山、多伦多、蒙特利尔等；中东区有巴林和科威特。

小资料 5-1　国际金融中心——伦敦

伦敦作为国际金融中心，始终处于领先优势。在过去十年间，伦敦金融城在国际金融市场保持甚至增加了市场份额。如果想在世界市场上占一席之地，投资公司和国际金融家们必须首先要在伦敦金融城“圈地”。与其他两大金融中心相比，虽然纽约和东京的交易量大，但是它们主要服务于庞大的国内经济，而伦敦城则为全球贸易和发展提供机会。

19世纪，英国在国际贸易和海洋运输方面已居世界各国之首，英镑也成为国际结算和各国外汇储备的主要货币，英国的银行体制日趋完善，伦敦城成为世界最主要的金融中心。经过先后两次世界大战，伦敦金融中心的重要性曾一度受到削弱。进入20世纪50年代，美国国际收支不断出现逆差，导致美元大量外流。从1957年起，欧洲美元市场应运而生。伦敦凭借其原有的优越条件，逐渐成为这个市场的中心。外国银行为了发展欧洲货币业务，纷纷涌入伦敦城，设置机构。到1982年底，外国银行在伦敦开设的分支机构达449家，世界上100家大银行中已有94家在伦敦设立分支机构，伦敦城的地位又大大加强，重新成为世界上最重要的金融中心之一。伦敦金融市场交易活动中心集中于伦敦城，由英格兰银行、13家清算银行、6家海外银行以及贴现公司、商业银行、财务公司和保险公司等构成。至今仍是与纽约金融市场并列的最重要的国际金融市场。

(资料来源：李俊辰.伦敦金融城——金融之都的腾飞.北京：清华大学出版社，2007)

5.1.2　国际金融市场的分类

对国际金融市场进行分类的目的是让我们更好地了解其组成部分。其实在实际操作中，不同类型的业务活动是相互交叉的，不能截然分开。

1. 按照市场功能分类

按照市场功能分类，可分为国际货币市场、国际资本市场、外汇市场和黄金市场。国际货币市场又称短期资金市场，经营期限在一年或一年以下的资金借贷业务。资本市场又称长期资金市场，经营一年以上的长期资金借贷业务。外汇市场专门从事外汇买卖。国际黄金市场是世界各国进行黄金买卖的交易市场。

2. 按照融资渠道分类

按照融资渠道分类，可分为国际信贷市场和国际证券市场。国际信贷市场是指各国资金需求者通过银行进行间接融资的场所，是早期融资的主要渠道。国际证券市场是指发行和交易各种有价证券的直接融资市场，包括国际债券和国际股票市场。

3. 按照金融活动是否受到金融当局的控制分类

按照金融活动是否受到金融当局的控制，可分为在岸国际金融市场和离岸国际金融市场。在岸国际金融市场是指居民和非居民之间进行资金融通和相关金融活动的场所。

在岸国际金融市场表现为市场上经营的货币是市场所在国的货币，资金主要由市场所在国提供，因此市场上的金融活动受到所在国金融当局的管辖。例如在中国金融市场上，中国居民和英国居民经营人民币的资金融通业务所在的市场。

离岸国际金融市场，又称境外金融市场，是指非居民之间进行资金融通及相关活动的场所，所经营的货币是除市场所在国货币之外的西方主要货币，业务活动不受任何国家金融当局的控制和管辖。所有离岸市场结成整体，就是通常所说的欧洲货币市场。注意这里的“欧洲”和其地理含义是没有关系的，而是泛指所有的离岸市场。离岸金融市场是20世纪60年代以来形成和发展起来的新兴国际金融市场，也是目前最主要的国际金融市场。

离岸金融市场的存在就产生了离岸金融中心。根据营运特点，离岸金融中心可以分为名义中心和功能中心两类。两者主要的区别在于是否经营具体的金融业务。

名义中心只是记载金融交易的场所，不经营具体的金融业务，只从事转账或注册等事务手续，因此亦称为记账中心、铜牌中心。目前主要的名义中心有开曼群岛、巴哈马、泽西岛、安第列斯群岛、巴林等。

功能中心则主要是通过集中外资银行和金融机构，从事具体金融业务的区域或城市。其中又可分为两种：一体化中心和隔离性中心。一体化中心是指内外投融资业务混合在一起的一种形式，这种金融市场对居民和非居民同时开放，伦敦和香港属于此类；隔离性中心只允许非居民参与而不允许居民参与离岸金融业务，是一种内外分离的形式，典型代表是新加坡和美国的国际银行设施(International Banking Facilities，IBFs)。

小资料 5-2 **为什么很多国家的公司选择在名义中心注册离岸公司？**

1. 便于企业开展跨国经营。可能有很多国家对出口国设立各种贸易壁垒，但是如果这家公司拥有一家海外离岸公司，由企业向离岸公司出口产品，再由离岸公司向美国等发达国家出口，就有可能规避关税壁垒和出口配额限制，为企业在跨国经营中提供了便利。

2. 规避外汇管制，便于企业开展资本运作。

3. 信息披露要求极少，保密规定相对严格，有利于企业保持商业运行秘密。

4. 税负轻微且可以避免双重征税。很多离岸金融中心对各类国际商业公司、离岸公司的税负极为轻微，而且很多离岸金融中心都与主要经济大国签署了避免双重征税条约。

5. 注册程序便利，维持成本也甚低。离岸公司的注册程序非常简单，有专业的注册代理机构代为完成，不需要注册人亲自到注册地进行操作，还可以进行网上注册。注册周期很短，通常当天就可以完成。

5.1.3　国际金融市场的发展历程与作用

1. 国际金融市场的发展历程

(1) 国际金融市场的形成

18世纪中期以后，随着资本主义工业革命在欧洲各国的相继发生，国际贸易有了迅速的发展，货币兑换、票据结算和国际清偿业务也相应增长，客观上对于国际金融市场的产生提出了要求。英国是当时资本主义世界的头号经济强国，英镑成为主要的国际贸易支付和结算货币。随着英镑使用范围的不断扩大和国际地位的日益提高，再加上英格兰银行发达的机构和完备的金融制度，19世纪初期，世界上最早的国际金融市场便在伦敦率先产生了。直到第一次世界大战之前，伦敦一直是世界上最主要的国际金融市场。

第一次世界大战之后，英国在资本主义世界的霸主地位开始动摇，1929—1933年的经济大危机又使英国经济遭受了沉重的打击。英镑作为世界上主要的结算与储备货币的地位急剧跌落，伦敦作为国际金融中心的地位也受到很大削弱。

(2) 国际金融市场的发展

第二次世界大战之后，国际金融市场的格局发生了重大变化。其中最突出的表现是新的国际金融市场不断出现。在伦敦市场的影响力不断下降的同时，美国确立了世界经济霸主的地位，美元也取代英镑成为最重要的国际结算货币和储备货币，纽约成为了世界上最大的国际金融市场之一。另外，由于瑞士具有中立国的特殊地位，瑞士法郎成为战后西欧国家中唯一保持自由兑换的货币，加之具有自由的外汇和黄金市场，苏黎世也得以迅速成为重要的国际金融市场。纽约、苏黎世和伦敦并列成为三大国际金融中心。

与此同时，一些资本主义经济和国际贸易比较发达的中心城市，如阿姆斯特丹、法兰克福、东京等，在突破了原有的国内金融业务范围的基础上，也发展成为重要的国际金融市场。这些国际金融市场的出现，大多是在国内金融业务发展的基础上产生的。无论在业务范围还是市场的自由度上，国际金融市场都比国内金融市场前进了一大步。但是，所有这些金融市场还不能算作是完全国际化的国际金融市场。

(3) 欧洲货币市场的兴起

20世纪50年代末，在冷战升级、美元危机、战后欧洲经济恢复等多种因素的作用下，美元资金在欧洲市场集聚，成为“欧洲美元”，美元的境外存贷业务也就应运而生。随后境外货币的种类不断增加，这种从事境外货币存贷的市场被称为欧洲货币市场。欧洲货币市场最早以欧洲美元市场的形式出现于伦敦，以后又在新加坡、香港、巴哈马等地相继开设。

欧洲货币市场的出现标志着国际金融市场进入了一个全新的发展阶段，从此国际金融市场的概念已包含了国内市场交易、在岸国际市场交易和离岸市场交易三种功能，而其中离岸市场交易的总体——欧洲货币市场已经成为国际金融市场中的主流。

2. 成为国际金融中心的条件

一般而言，只要政府采取鼓励性的政策措施，并具备了一定的条件，很多城市都有可能参与国际金融市场的业务活动，发展成为国际金融中心。这些条件主要包括：

(1) 政局稳定

这是成为金融中心最最基本的条件，否则就不能保证外国资本的安全和利益，对国际资本没有吸引力，也就无法形成国际金融市场。

(2) 自由的外汇市场与宽松的金融政策

国际金融市场首先必须以自由外汇市场的存在作为前提，才能使资金能够灵活地调拨，形成国际资本的集散地，继而成为国际金融市场。在该市场上，非居民参与各种金融活动应享受与居民相同的待遇。同时，对于存款准备金、税率、利率等方面亦没有严格的管制措施。

(3) 完备的金融机构和健全的金融制度

国际金融中心应具备完备、发达的金融机构网络，并具有一整套符合国际规范的、健全的金融制度，从而才能保证各项金融活动顺利而高效地进行。

(4) 现代化的通信设施与优越的地理位置

国际金融市场的业务活动，大多是银行和其他金融机构通过各种电信手段进行的，因此，只有完善的通信设施才能适应国际金融业务发展的需要；同时，优越的地理位置和便利的交通条件也是吸引资金的重要因素。

(5) 训练有素的专门人才

要成为国际金融市场，必须拥有一支庞大的，既有较高的国际金融专业知识，又有丰富实际经验的人员队伍，这样才能保证市场的高效运转。

3. 国际金融市场的作用

国际金融市场的形成和发展，无论对西方工业国家，还是对发展中国家，无论是对国际贸易，还是对世界经济，都起着举足轻重的作用。在推动各国经济的国际化、促进国际贸易发展的同时，为各国经济的发展提供了资金，有助于各国调节国际收支，并促进了银行业务的国际化。

然而，国际金融市场在有利于调节国际收支失衡和为发展中国家提供发展资金的同时，也埋下了债务危机的隐患。比如20世纪80年代初期席卷拉美国家的债务危机。国际金融市场利用得不合理，不但发展不了国民经济，还会背上沉重的债务负担。

国际金融市场的便利促进了国际资本的移动，然而数额巨大的、频繁和不规则的国际资本流动，也会影响到一些小型开放经济国家的国内货币政策的执行效果，同时也会增加汇率的波动幅度和助长外汇市场上的投机行为，严重时还会引发金融危机。比如说2008年美国次贷危机所引发的金融危机和1997年的东南亚金融危机。

高度一体化的金融市场在经济衰退时期同样会加速经济危机的传播，还可能引发全球性的金融危机，进而加深经济危机的动荡和危害。国际金融市场虽有推动资源合理配置，促使世界经济一体化的功能，然而市场经济的无政府性也可能加剧发达国家与发展中国家的矛盾，使贫富差距进一步扩大。

5.1.4 国际金融市场发展的新趋势

世界经济的发展也带来了国际金融市场的繁荣。20世纪60年代以来，随着金融创新的兴起、新金融工具的出现和新金融技术的推进，国际金融市场逐渐显现出崭新的发展趋势。20世纪90年代以后，伴随着经济全球化的趋势加强，国际金融市场又取得了空前的发展，国际金融市场全球一体化的程度不断加深，对各国经济发展的影响日渐显著。

1. 国际金融市场的全球化和一体化进程加快

国际金融市场的全球化是经济全球化的主要现象之一，表现为世界各国金融市场相互联结，金融风险发生机制趋同而且相互传播，金融制度和金融监管相互协调。

国际金融市场全球化进程的加快，得益于金融自由化的发展。金融自由化自20世纪70年代兴起以来，呈现出迅猛发展的态势，目前世界上绝大多数国家都参加到这一进程中来。

2. 国际金融市场出现融资证券化趋势

“二战”后，国际银行贷款一直是国际融资的主渠道，并于1980年达到顶峰，占国际信贷总额的比重高达85.1%，但从1981年开始，国际银行贷款的地位逐渐下降，到80年代中期，国际证券已取代了国际银行贷款的国际融资主渠道地位。所谓证券化，是指筹资者除向银行贷款外，更多的是通过发行各种有价证券、股票及其他商业票据等方式，在证券市场上直接向国际社会筹集资金。

3. 金融创新在各主要金融市场得到普及，衍生金融工具市场的增速快于现货市场

金融创新发端于20世纪60年代末，发展于70年代，到80年代中叶达到高潮。金融创新除了包括金融机构在金融工具和金融业务方面的创新以外，还包括金融品种、金融机构、金融市场等多方面的创新。

金融创新造就了20世纪80年代初兴起的衍生金融工具的市场，而这一市场在90年代得到了突飞猛进的发展，达到了惊人的规模。目前衍生金融工具市场已经取代现货市场的传统优势地位，互换、远期合同、期货和期权交易额的增幅都极大地超过了现货交易额的增幅。

4. 金融电子化方兴未艾，网络技术在国际金融市场上得到普遍运用

进入20世纪90年代以后，电子技术和网络技术有了巨大的进步，以电子计算机为代表的电子产品在世界各国迅速普及，金融市场的效率也得到迅速提高。原来需要几天才能联系上的国家或地区的某个城市，现在只需要几分钟甚至更短的时间就可以做成一笔交易。金融电子化在很大程度上已经改变了并且正在改变着传统金融业的形象。

5. 机构投资者在金融市场中的作用日益重要

20世纪80年代以后，机构投资者(养老金基金、保险基金、对冲基金等)在跨国资本流动中，尤其是跨国证券交易中的重要性日益增加，这也是近年国际金融市场发展的重要特征之一。

5.2 国际金融市场的业务活动

前面已经提到，国际金融市场的概念有广义和狭义之分，而本书所指的是其狭义的概念，即国际资金的借贷市场。这一含义下的国际金融市场，其构成分为货币市场和资本市场。前者是指经营短期资金借贷的市场，而后者则是经营长期资金借贷的市场。期限则以一年为分界岭。下面将对货币市场和资本市场分别加以介绍。

5.2.1 国际货币市场

所谓货币市场，又称短期资金市场，是指以短期金融工具为媒介进行的期限在一年以内的融资活动的交易市场。由于在该市场上所交易的金融工具具有偿还期短、流动性强和风险小的特点，与货币非常相似，因此该市场被叫做货币市场。

一般来说，货币市场的参与者主要包括商业银行、中央银行、保险公司、金融公司、证券交易商、证券经纪商、工商企业及个人等。根据其业务活动的不同，货币市场具体可以分为银行短期信贷市场、贴现市场和短期证券市场。

1. 银行短期信贷市场

银行短期信贷市场主要包括银行对政府和工商企业的信贷以及银行同业拆放市场。

银行同业拆放业务，是指商业银行之间相互借贷短期资金的市场，它在整个短期信贷市场中占据着主导地位。

银行同业拆放一般金额都较大，每笔拆放金额最低为25万英镑，多者甚至有高达几百万英镑的。同业拆放的期限长短不一，常见的有隔夜拆入、1星期、1个月、3个月、6个月等期限，最长1年。短期信贷的利率按照拆放期限的不同而有所区别，采取浮动利率的方式，利率随市场利率的变化而变化。银行同业拆借主要凭信用，借款人无须交纳抵押品；借贷双方也不用签订贷款协议，通过电话或电传就能达成交易，手续十分简便。因此，借款人的资信状况对信贷条件(如贷款金额、期限、利率等)有很大的影响。

银行短期信贷业务，是指商业银行对各国政府和工商企业所提供的短期信贷。主要是解决企业临时性及季节性资金周转的需要，各国政府的短期信贷主要用于弥补收支赤字。这部分贷款在短期信贷市场不占主要地位。

小资料5-3 伦敦银行同业拆放利率

同业拆放有两个利率：一个是拆进利率，表示银行借款的利率；另一个是拆出利率，表示银行贷款的利率。同业拆放中大量使用的利率是伦敦银行同业拆放利率(London Inter Bank Offered Rate，LIBOR)，即英国银行家协会根据其选定的银行在伦敦市场报出的银行同业拆借利率，进行取样并平均计算成为基准利率，是伦敦金融市场上银行之间相互拆放英镑、欧洲美元及其他欧洲货币资金时计息用的一种利率。伦敦银行同业拆放利率是由伦敦金融市场上一些报价银行在每个工作日11时向外报出的。通常，报出的利率为隔夜(两个工作日)、7天、1个月、3个月、6个月和1年期的。参与伦敦金融市场借贷活动的其他银行和金融机构，均以这些报价银行的利率为基础，确定自己的利率。

伦敦银行同业拆放利率作为伦敦金融市场上借贷活动的基础利率，初始于20世纪60年代初，随着伦敦金融领域里银行同业之间的相互拆放短期资金活动增多，伦敦同业英镑拆放市场开始取代贴现市场，成为伦敦银行界融资的主要场所，伦敦银行同业拆放利率成为伦敦金融市场借贷活动中计算利息的主要依据。以后，随着欧洲美元市场和其他欧洲货币市场的建立，国际银团辛迪加贷款及各种票据市场的发展，伦敦银行同业拆放利率在国际信贷业务中广泛使用，成为国际金融市场上的关键利率。目前，许多国家和地区的金融市场及海外金融中心均以此利率为基础确定自己的利率。

2．短期证券市场

短期证券市场是指进行短期证券发行和买卖的场所。短期证券指各种期限在1年内的可转让流动的信用工具。主要包括国库券、存款证、商业票据和银行承兑汇票。

国库券是一种短期政府债券。由于国库券是由政府发行的，它与其他一些短期证券相比，信用最好、流动性最强，因此是短期投资的最好目标。现在，国库券已经成为货币市场上发行量最大、流通量最广的一种证券。短期国债一般是不附息国债，即发行时以低于票面金额的价格发行，到期时按照票面金额进行偿还。投资者的收益就是购买价格与到期票面金额的差额。

存款证，也叫可转让存款证或大额可转让存单，它是由商业银行自己发行的定期存款证。存款证的期限固定，通常为3～6个月，最长为1年；存款证的金额固定，且面额较大，面额一般为10万～100万美元。商业银行发放存款证，投资者购买，在此过程中首先银行可以获得稳定的短期资金，其次对于投资者而言，这种存款证既可以获利，又可以转让，是短期投资的理想方式。

商业票据，是指具有较高信用等级的大企业和非银行金融机构凭自身信用发行的短期借款票据，属于本票[1]。即承诺在约定的期限内偿还给投资者票面金额。商业票据的发行一般凭信用，没有抵押担保；期限最长为270天，以30～90天居多，面值一般为10万美元；商业票据也是按照低于票面金额的方式发行，可自由地在市场上买卖和流通。这种融资方式对于工商企业来讲比较灵活，而且成本也较低。

银行承兑汇票，就是经过银行承兑的保证到期付款的商业汇票。汇票是债权人向债务人发出的付款命令，汇票须经债务人银行承兑后才有效。汇票经银行承兑后，如果付款人到期无力支付，承兑银行便承担付款责任。

小资料 5-4　大额可转让定期存单与定期存款的区别

大额可转让定期存单与定期存款的区别是：

(1) 定期存款是记名不可转让的，存单通常是不记名和可以转让的。

(2) 定期存款金额不固定，大小不等，可能有零数，存单金额则都是整数，按标准单位发行。

(3) 定期存款的利率一般是固定的，到期才能提取本金，存单则有固定利率也有浮动利率，不得提前支取，但可在二级市场上转让。

3. 贴现市场

贴现市场是办理票据贴现进行短期资金融通的市场。所谓贴现，是指把未到期票据扣除利息，向银行或贴现公司换取现金的一种方式。这种利息是指按照贴现率计算的自贴现日至票据到期日的利息。贴现市场交易的对象主要包括政府国库券、短期债券、银行票据和各种商业票据等。通过贴现行为，持票人获得了资金融通，

1. 本票是指由债务人向债权人发出支付承诺书，承诺在约定的期限内支付一定数额给债权人。

而贴现公司便成为了票据的债权人。贴现公司为取得资金的再融通，可以将持有的票据向中央银行要求再贴现。

5.2.2 国际资本市场

国际资本市场，是指资金借贷期限在 1 年以上的中长期资金市场。通常 1～5 年为中期，5 年以上为长期。国际资本市场的利率是中长期利率，有固定利率和浮动利率两种形式。浮动利率的基准利率为伦敦银行同业拆放利率再加一个附加利率。

资本市场的业务活动，按照融资方式的不同分为银行中长期信贷市场和证券市场。

1. 银行中长期信贷市场

这是各国政府、国际金融机构和国际银行业在国际金融市场上向客户提供 1 年以上资金融通的市场。由政府贷款、国际金融机构贷款和国际商业银行贷款组成。

政府贷款的基本特征是期限长、利率低。期限一般为 10～20 年，最长可达 30 年。年利率一般为 1%～3%，有时甚至无息，只收适量手续费。但是政府贷款大多属于约束性贷款，提供贷款时往往附带一些约束条件。

银行贷款一般是无约束贷款。贷款方式有双边贷款和银团贷款两种。双边贷款即一国的商业银行对另一国的客户贷款，这种贷款手续较为简便。对于数额较大的贷款，一般采用银团贷款(又称辛迪加贷款)方式，由一家银行牵头，多个国家的多家银行参加，组成银团，共同提供贷款以分散风险。银团贷款通常规模大，贷款金额可以高达几十亿美元；贷款期限较长，一般在 7～10 年，甚至 10 年以上。银团贷款可以分散风险，在选择币种时也较为灵活。

2. 证券市场

证券市场是证券发行和流通的场所，它是以发行证券的方式筹措中长期资金。

(1) 中长期证券市场上的信用工具

证券是各类财产所有权或债权凭证的通称，主要包括债券和股票两大类。

债券是一种借款证书，它表明的是一种债权、债务的信贷关系。债券规定有到期日，债券持有人可以在到期日将债券兑现为现金，也可以在到期日之前将债券出售。债券的收益是利息，其利息率在债券发行时已经规定好，与日后企业的经营状况无直接关系，债券的持有人可以获得相对稳定的利息收入。

债券按照地域的范畴划分，可以分为国内债券和国际债券。国际债券是指国际金融机构或一国政府和金融机构，在国际市场上以外国货币为面值所发行的债券。

国际债券又分为外国债券和欧洲债券两种。外国债券是指借款人在本国以外的国家发行，以发行国货币为面值的债券，如中国在美国发行的以美元为面值的债券。欧洲债券是指借款人在本国以外的国家发行并且以发行国以外的货币为面值的债券，如中国在美国发行以英镑为面值的债券。

股票是股份公司发给股东的、作为其入股凭证并以此取得股息和红利的有价证券。股票的持有者是股份公司的所有者。股票没有到期日，股票持有者在购买了股票之后便不能退股，只能通过买卖来兑现现金；股票的收益是股息或红利，而股息率则没有规定，股息的多少完全取决于企业的盈利状况。

(2) 中长期证券的发行和流通市场

按照交易的层次不同，证券市场可分为证券发行市场和证券流通市场。

证券发行市场又称初级证券市场或一级市场，是新证券的发行市场，新证券的发行和分销主要由投资银行、信托公司、证券商和经纪人专门经营。政府或企业通过发行市场上的银行或证券商，将新证券销售给投资者，以达到筹措资金的目的，所以它是专门经营证券发行和分销业务的市场，一般没有固定场所。

证券流通市场又称次级证券市场或二级市场，是已发行的证券交易和买卖的市场。证券流通市场作为证券市场的重要组成部分，为有价证券的投资者提供资产的流动性，债券和股票的持有人可以在该市场上随时买进或卖出有价证券，从而保证证券发行市场的正常运行。

5.3 欧洲货币市场

5.3.1 欧洲货币市场的概念

1. 欧洲货币与欧洲货币市场

欧洲货币是指在其发行国以外的国家或地区进行存贷的某种货币。最早出现的欧洲货币是欧洲美元，以后逐渐出现了欧洲英镑、欧洲日元等。欧洲货币实际上是指境外货币，之所以叫欧洲货币，是由于欧洲美元最早起源于欧洲，其他一些境外货币的借贷活动也主要集中于欧洲。

欧洲货币市场(Euro-Currency Market)，又称离岸国际金融市场或境外金融市场，是指在货币发行国境外进行该国货币存贷活动的市场。如前所述，欧洲货币市场是目前国际金融市场的核心。

理解和掌握欧洲货币市场的概念应抓住以下几点：

(1) 欧洲货币市场不是一个地理概念，而是一个业务概念，它指的是进行境外货币存贷的活动或行为。如果某国投资者从伦敦某银行借取英镑，这就是一般的国际金融市场业务；如果该投资者从该银行借取的是美元，虽然地点没有任何变化，但发生的却是欧洲货币市场业务。

(2) 欧洲货币市场最早发端于欧洲，随着其业务活动的不断扩大，它在经营范围和地域分布上都有了极大的发展，这个市场已不仅局限于欧洲，而是泛指世界各地的离岸国际金融市场。欧洲货币市场重点集中在伦敦、卢森堡、巴哈马等金融中心，亚洲地区则集中在新加坡。

(3) 欧洲货币市场是一个多币种的体系，经营的货币除了欧洲美元以外，还有许多其他国家的货币，如欧洲英镑、欧洲日元等。

小资料 5-5　欧洲美元

欧洲美元是指存放在美国境外的各国银行、主要是欧洲和美国银行欧洲分行的美元存款，或是从这些银行借到的美元贷款。欧洲美元与美国国内流通的美元是同一货币，具有同等价值，区别只在于财务上的处理方式不同。欧洲美元出现于 20 世纪 50 年代初，曾因其具有供应充裕、运用灵活、存放及借贷不受任何国家管汇法令的干预和限制等特点，为各国政府或大企业提供了巨额资金，对战后西欧各国的经济恢复和发展起到了积极的推动作用。但由于欧洲美元流动性强，不受约束，易对金融危机的激化起刺激作用。60 年代中期以后，欧洲美元的地位有所削弱。

2．欧洲货币市场的特点

欧洲货币市场是一个真正国际化的、完全自由的国际资本市场，无论是对于银行，还是跨国公司和工商企业乃至各国政府，都具有强大的吸引力。这个市场的主要优势在于：

(1) 经营自由

该市场不受任何国家政府的管制，也不受市场所在地金融、外汇、税收等各项政策的约束。

(2) 资金规模庞大

欧洲货币市场借贷的货币几乎包括了所有主要工业国的货币，融资类型多样，而且数额巨大，可以满足各种类型的借款人的不同需要。

(3) 资金调拨灵活

欧洲货币市场具有极为广泛和发达的银行网络，业务活动都是通过现代化的电信手段来完成的。该市场的资金周转快、调拨方便、手续简便，有很强的竞争力。

(4) 优惠的利率条件

由于不受法定准备金和存款利率最高限额的限制，欧洲货币市场的存款利率相对较高，放款利率相对较低，而且存贷利率差额较小，这无论对于存款人还是借款人都非常具有吸引力。

5.3.2 欧洲货币市场业务

从业务构成上看，欧洲货币市场包括欧洲货币短期信贷市场、欧洲货币中长期信贷市场和欧洲债券市场。

1. 欧洲货币短期信贷市场

欧洲货币短期信贷市场主要进行期限在1年以内的短期资金借贷。它是欧洲货币市场最早形成的业务。由于银行业务的发展，该市场吸收的短期资金不仅用于短期贷放，而且还被用来作为中长期贷款的基础。

欧洲货币短期信贷市场的主要业务是银行间同业拆放。虽然短期信贷市场也有对银行业以外的信贷，但此类业务只占较小的比重。借贷业务主要凭信用，无须担保，也无须签订贷款协议。

短期贷款的期限最长不超过1年，90天期限最为普遍。借款人一般可以自由选择所需货币，借贷的货币几乎包括所有的可兑换货币。贷款金额的起点为25万美元和50万美元，但一般为100万美元。利率由借贷双方具体商定，一般以伦敦银行同业拆放利率(LIBOR)为基础，该利率通常都低于各国商业银行对国内大客户的优惠放款利率。

2. 欧洲货币中长期信贷市场

欧洲货币中长期信贷市场是进行1年期以上，最长可达10年以上的资金借贷的市场，它与欧洲债券市场合称欧洲资本市场。欧洲货币市场的业务最初都是短期信贷，1973年以后中长期信贷迅速发展起来。

欧洲货币中长期信贷市场的贷款金额大，银团贷款的每笔贷款金额一般在1～5亿美元，有时甚至高达数十亿美元；贷款期限长，一般期限为5～10年，也有超过10年的；以银团贷款方式为主，一般由数家银行联合起来组成银团提供贷款；多采用浮动利率计息，一般都以3个月或6个月的伦敦银行同业拆放利率(LIBOR)作为基础，再加上一定的加息率(Spread)计收利息，并且根据市场利率的变化，每3个月或半年调整一次；由于中长期信贷的期限长、金额大，风险较大，因此办理贷款需要签订货款合同，有的合同还需经借款国的官方机构或政府方面予以担保。

3. 欧洲债券市场

(1) 欧洲债券与欧洲债券市场的含义

欧洲债券是指借款人所发行的、以发行国以外的货币为面值的债券。欧洲债券是 20 世纪 60 年代以后出现的一种新型债券，是欧洲货币市场上筹措长期资金的重要工具。

欧洲债券市场是由欧洲债券发行和交易的市场，是欧洲货币市场的重要组成部分。1961 年 2 月第一笔欧洲美元债券在卢森堡发行，1963 年 1 月欧洲债券市场正式形成，到 20 世纪后半叶才得以迅速发展，20 世纪 80 年代以来，欧洲债券占国际债券的比重一直在 80%以上，发行额远远超过外国债券。

(2) 欧洲债券市场的特点

欧洲债券市场是一种新型的国际债券市场，与外国债券市场相比具有如下特点：债券的种类多，且货币的选择余地大；发行条件优惠；手续简便，审批手续、资料提供、评级条件以及税收负担等都对筹资者具有很强的吸引力；管制较松，不受各国金融政策、法规的约束，债券的发行也无须经过有关国家政府的批准。

5.3.3 欧洲货币市场的影响

随着欧洲货币市场的产生和发展，它在国际金融市场中的重要性越来越突出，给世界经济也带来了重大影响。

欧洲货币市场打破了各国金融市场之间的隔绝，使国际金融市场联系更加紧密，促进了生产、市场、资本的国际化，促进了国际贸易和投资活动的发展，为各国、尤其是发展中国家提供了资金，促进了这些国家的经济发展，也帮助一些国家解决了国际收支逆差问题。

然而，欧洲货币市场的迅猛发展也带来了很多不利影响：

首先，增加了国际贷款的风险，使国际金融市场更加动荡。欧洲货币市场上的借贷业务的主要方式是银行“借短放长”，即欧洲货币存款绝大部分是一年以下的短期资金，而对外放款却以中长期为主，这就增加了金融市场的脆弱性。另外，欧洲货币市场上长期巨额的信贷牵涉众多的辛迪加成员银行，而银行之间锁链式的借贷关系又牵涉到世界各个主要国际金融中心，一旦出现金融风险，就有可能引起连锁反应，很可能引发金融灾难。

其次，导致外汇投机增加，加剧外汇市场的动荡。由于欧洲货币市场的短期资金都用于外汇投机交易，大量资金利用套汇套利等手段在几种主要货币之间频繁移动，往往使汇率发生剧烈波动，甚至造成大规模的国际金融动荡。

最后，加大了储备货币国家的国内货币政策的执行难度。例如，某主要货币国为了控制国内通货膨胀而采取紧缩政策，提高利率、紧缩信贷，但是该国的银行和工商企业可以到欧洲货币市场上借到利率较低的欧洲货币，从而抵消或削弱了政府紧缩政策的效果。

5.4 国际金融创新与金融衍生工具

5.4.1 国际金融创新

金融创新是近年来国际金融市场中的一个重要特征。它最早可追溯到 20 世纪 60 年代末，70 年代得到快速发展，到了 80 年代末，新的金融工具和新的融资技术已经风靡全球。金融创新的概念从广义上可以包括三个方面：新的金融工具，如浮动利率债券和票据、大额可转让存单的发行；新的市场，如金融期货和期权交易市场的产生和发展；新的交易技术，如票据发行便利(NIFs)、互换(Swap)、远期利率协议(FRAs)的产生。

这三个方面又是互相联系、不可分割的。从实质上看，所谓金融创新，不过是把原有金融工具在收益、风险、流动性、数额和期限等方面的特性予以分解，然后再重新组合，以适应新形势下防范风险的需要。

促成国际金融创新的原因是多方面的：

首先，规避风险是国际金融创新的主要原因。浮动汇率制度的实施、西方各国对货币政策工具的运用、债务危机的爆发，使得国际金融市场的汇率、利率、信用风险日渐突出，在这样的背景下，投资者和借款人既需要分散或规避风险，又需要增加金融资产的流动性、扩大资金来源，这些现实需要成为推动金融创新的主要动因。其次，国际金融市场上的政策性因素也直接推动了金融创新的发展。一方面，战后各国对金融活动和资本流动的管制刺激了金融机构、工商企业的规避行为，另一方面，80 年代以后西方各国纷纷放松管制，金融自由化趋势拆除了各国金融市场的藩篱，加速了金融创新的进程。金融管制的放松使得金融机构之间的业务相互交叉、竞争加剧，于是跨国银行和一些积极参与国际金融市场的非银行金融机构必须积极创新，从而最大限度地扩充利润来源。最后，现代化的信息处理和通信技术的迅速发展及广泛运用也大大促进了金融创新。

国际金融创新使开放经济条件下的国际金融活动发生了深刻的变革，对世界经济有着深远的影响。

从有利方面来看，金融创新促进了国际金融市场的一体化，加速了资本在国际间的流动，提高了市场效率。同时，国际金融创新提供了多种防范风险的有效措施，相当多的汇率、利率、信用风险可以通过这些措施得到一定程度的规避。

从不利方面来看，金融创新增加了金融体系的不稳定性和金融管理的难度。金融创新改变了金融机构内部资产负债的合理安全比例，也模糊了原有各种金融机构之间的业务界限，使金融机构在经营过程中自身的风险加大，竞争加剧，倒闭、兼并频频出现，金融体系动荡加剧，金融管理的难度也日趋加大。另外，从全球角度看，金融创新也只是起到了转移和分散风险的作用，并不能使风险减少，而且带来了新的风险。以衍生金融工具为例，这类交易具有很高的杠杆性，可能的盈利和亏损都相当大，这无疑加剧了市场的震荡。

5.4.2 金融衍生工具

国际金融创新中最为核心的是国际金融市场上的金融工具的创新，因此，金融衍生工具的出现和发展一直是人们关注的焦点之一，并已对国际金融活动和金融市场的发展产生了重大而深远的影响。

1. 金融衍生工具的定义及种类

金融衍生工具是指其价值派生于基础金融资产(包括外汇、债券、股票和商品)价格及价格指数的一种金融合约。

金融衍生工具种类繁多，且在不断发展，对其的分类方法也有多种方式。按衍生工具交易方式，衍生工具可以分为交易所交易和柜台交易；按衍生工具所依靠的基础资产，可以分为利率类、汇率类、股指类和商品类；按交易的性质，可以分为远期类和期权类等等。

2. 金融衍生工具的特点

(1) 价值受制于基础工具的价值变动

从定义上可以看出，金融衍生工具交易的直接对象是合约，而非合约上载明的标的物，这是衍生工具和传统金融工具的最大区别。由于是在基础工具上派生的产品，金融衍生工具的价值取决于基础工具的价值变动。股票指数的变动影响股指期货的价格，就是这一特性的表现。

(2) 高杠杆性

衍生工具在运作时多采用财物杠杆模式，即“以小博大”，只要缴存一定比例的保证金，就可以得到相关的资产管理权，但同时也带来较高风险，一旦投资失误，损失也会成倍放大。

(3) 高风险性

金融衍生工具最初是为了规避风险而产生的，但其出现也给国际金融市场带来了动荡。衍生品的杠杆作用决定了衍生工具的高风险性。衍生金融工具市场的高风险主要表现为价格风险、信用风险、操作风险等。

(4) 交易活动具有特殊性

一方面，交易活动集中，衍生金融工具主要集中在大型投资银行等机构进行。比如在美国，3 000多个金融机构中只有300多个从事衍生品交易，而且其中10家大型机构占了交易量的90%。另一方面，大量的交易活动是通过场外交易的方式进行的，用户主要通过投资银行作为中介参与衍生产品交易，大量的产品交易是非标准化的。

5.4.3 主要金融衍生工具介绍

1. 金融期货

金融期货交易就是指以各种金融工具或金融商品(如外汇、债券、存款证、股票指数等)作为标的物的期货交易方式。

世界上第一张金融期货合约是 1972 年 5 月 16 日由美国芝加哥商业交易所设立的国际货币市场(简称 IMM)所推出的外汇期货合约。国际货币市场开办外汇期货交易取得了巨大成功，有力地推动了金融期货的发展。随后，金融期货品种不断丰富，利率期货、股票指数期货等相继出现。金融期货交易的规模不断壮大。这种规模的发展不仅表现为绝对数量的增加，而且也表现为在期货交易总量中的比例提高。

第 3 章中曾介绍了金融期货的基本概念和金融期货的重要形式——外汇期货，这里再介绍一下金融期货的其他形式。

(1) 利率期货

利率期货合同通常以固定利率的长短期债券为基础，但它们只是作为计算利率波动的基础，通常在合同期满时不需要实际交割金融资产，而只是通过计算市场利率的涨落结算利率期货合同的实际价值。利率期货合同有以国库券、欧洲美元定期存款利率、大额可转让存款单为基础的短期利率期货合同，也有以政府长期债券为基础的长期利率期货合同。

(2) 股票指数期货

股票指数期货是在有关股票交易所大厅内，买卖双方就股票指数的涨落来买卖股票指数合同。股票指数期货合同与其他期货合同一样，也是标准化的。有所不同的是，股票指数是一种比较特殊的商品，它没有具体的实物形式，因此，没有直接相关的现货市场。买卖双方在签订合同时，把股票指数按点折成货币，到期进行现金交割。股票指数期货的出现是为了使股票市场上的交易者避免和减少风险，促进股票市场的顺利运行。

在不同的市场上，股票指数期货的报价方式不同，但一般都直接利用股票指数来表示期货合同价格的变动，每一个点价值若干货币。

小案例 5-1　股票指数期货的基本操作

某投资者在香港股市持有总市值为 100 万港元的 10 种上市股票。该投资者预计东南亚金融危机可能会引发香港股市的整体下跌，为规避风险，进行套期保值，在 13 000 点的价位上卖出 2 份 3 个月到期的恒生指数期货。随后的两个月，股市果然大幅下跌，该投资者持有股票的市值由 100 万港元贬值为 70 万港元，股票现货市场损失 30 万港元。这时恒生指数期货亦下跌至 10 000 点，于是该投资者在期货市场上以平仓方式买进原有 2 份合约，实现期货市场的平仓盈利 30 万港元，期货市场的盈利恰好抵消了现货市场的亏损，较好地实现了套期保值。同样，股票指数期货也像其他期货品种一样，可以利用买进卖出的差价进行投机交易。

2．金融期权

金融期权是以金融商品或金融期货合约为标的的期权交易方式。

最早出现的金融期权是以现货股票作为交易对象的股票期权。这种股票期权早在 19 世纪即已在美国产生。但在 1973 年之前，这种交易都分散在各店头市场进行，因而交易的品种单一，交易规模也相当有限。金融期权获得真正发展的契机是在 1973 年 4 月 26 日，全世界第一家集中性的期权交易市场——芝加哥期权交易所正式成立。此后，金融期权交易得到了极大的发展，业务种类大大增加，越来越多的交易所竞相开办股票期权业务，期权交易量大幅增加。经过几十年的发展，金融期权已由最初的股票期权衍变出三大类：股权期权、利率期权和货币期权。下面简单介绍一下前两种形式。

(1) 股权期权和股票指数期权

目前世界上许多股票交易所中，股票的买卖可以用期权方式进行，特别是交易十分活跃的股票，以及规模尚小，但增长迅速、股票增值预期良好的企业股票。股票期权为不愿冒险的投资者提供了有效工具，因为他有权不行使合同。在美国，股票期权交易在 20 世纪 20 年代就已出现，目前在纽约股市通过期权交易进行的股票交易量常常超过普通的股票交易。

股票指数期权是指买卖的股票指数变动率的期权合同。与股指期货的操作相似，股指期权也是将股票指数变动的百分点表示为一定的货币价值，合同到期时，如果买方行使合同，则买卖双方互拨现金结算。当然买方也可让合同自然过期失效。目前，股指期权交易还不是十分普及，只在部分股票交易所或期权交易所有这种期权交易。

(2) 利率期权

近年来，在欧美等主要发达国家的金融市场上，国库券、政府债券以及大额可转让存单(CDs)等金融工具，都可以用期权方式买卖。然而近年来，利率期权交易也像利率期货交易一样，在合同到期时，买卖双方并不真的移交金融资产，而是用现金来结算双方的盈亏。利用利率期权合同可以为发行浮动利率票据的筹资者提供一种保险措施，避免利率波动造成的损失。

小案例 5-2 利率期权

假如某公司，手头上现有金额为 100 万美元，期限为 3 个月，以 LIBOR 计息的浮动债务，那么从公司的角度出发，希望避免因为利率下降而损失利息，这个时候企业就可以选择与银行利率期权交易，向银行买入 3 个月，协定利率为 6%的利率上限期权。如果 6 个月之后，LIBOR 利率上升到了 7%(大于原来的合约利率)，那么 A 公司就会选择行使该期权，作为期权卖方的银行就应当向其支付市场利率和协议利率的差价 1 万美元(即 100 × (7%−6%))，作为期权合约的买方，A 公司由于判断正确有效地固定了其债务成本。如果 LIBOR 的走势出现了下跌，低于 6%的话，那么 A 公司就可以选择放弃执行该期权，而以较低的市场利率支付债务利息，其损失掉的就仅仅是一笔期权费。

3. 互换交易

互换交易是指交易双方(有时是两个以上的交易者参加同一笔互换交易)按市场行情预约，同意在一定时期内，交换一定付款义务(货币或利率)的金融活动。互换交易分为货币互换和利率互换两种类型。

目前，互换交易不仅是国际信贷和资本市场支付往来的重要渠道，而且也越来越成为银行和企业降低长期资金筹措成本和资产负债管理中防范利率和汇率风险的最有效的金融工具之一。

互换交易是由外汇市场上的掉期交易演变而成的，但互换交易又同掉期交易有很明显的不同，如表 5-1 所示。

表 5-1　互换交易与掉期交易的区别

区　　别	互 换 交 易	掉 期 交 易
市场不同	资本市场	外汇市场
期限不同	一年以上的货币或利率互换	一年以内的货币交易
形式不同	货币互换、利率互换、交叉互换，互换前后交割的汇率是一致的	前后两个相反交易的汇率是不一致的
目的不同	降低长期资金筹措成本、负债管理中防范利率和汇率风险	资金头寸上的管理

(1) 货币互换

货币互换是指交易双方交换不同币种、相同期限、等值资金债务或资产的货币及利率的一种预约业务。具体地说，就是双方按固定汇率在期初交换两种不同货币的本金，然后按预先规定的日期进行利息和本金的分期互换。

货币互换有三种基本类型：不同货币固定利率和固定利率的交换、不同货币浮动利率与固定利率的互换、不同货币浮动利率与浮动利率的互换。

(2) 利率互换

利率互换指两笔债务以利率方式相互调换，一般期初和到期日都没有实际本金的交换。在利率互换中，本金被作为计算利息的基础而真正交换的只是双方不同特征的利息。

利率互换的出现要晚于货币互换。由于利率互换双方能够相互利用各自在金融市场上的优势获得利益，因而这次利率互换交易推动了利率互换市场很大的发展，这也标志着互换交易这一工具的应用已从货币市场转到资本市场。

利率互换有两种基本的类型：相同货币浮动利率和固定利率的互换；相同货币以某种利率为参考的浮动利率与以另一种利率为参考的浮动利率的互换。

除了可降低成本以外，利率互换还可以使筹资者进入本来对其关闭的市场，比如说由于资信问题或者由于在特定市场中缺乏知名度等原因而无法进入某些市场的公司。同样，私人公司也能够在无须遵守公示原则、资信等级和其他形式要求的情况下进入某些特定市场。

4. 票据发行便利

票据发行便利，又称票据发行融资安排，是一种兼具银行贷款与证券筹资的融资方式，借款人通过循环发行短期票据，达到中期融资的效果。

票据发行便利是一种具有合法约束力的中期承诺。在这一承诺下借款人能够以自己的名义发行短期票据以筹措资金，而作出包销承诺的银行，有购买任何一张借款者卖不出去的票据的责任。典型的包销承诺期限是 5～7 年，而在循环基础上发行的短期票据最普遍的期限是 3 个月或 7 个月，也有长达 1 年，短为 7 天或零星几天期限的，但不多见。票据的包销者必须为借款者短期资金使用过渡到中期资金使用的衔接提供保证，因此，票据发行便利实际是用短期票据取得了中期信贷。持票人在他们的资产负债表中把票据列为一项资产，而银行的包销承诺通常不在资产负债表中列示，因此票据发行便利属于表外业务。

票据发行便利的优越性在于把传统的欧洲银行信贷的风险由一家机构承担，转变为由许多家机构分担。这项业务对借款人和承购银行双方都有好处，借款人据此可以稳定地获得连续的资金来源，而承购包销的银行则无须增加投资就增收了佣金。

5. 远期利率协定

远期利率协议是一种远期合约，买卖双方商定将来一定时间段的协议利率，并指定一种参照利率，在将来清算时按规定的期限和本金数额，由一方向另一方支付协议利率和届时参照利率之间差额利息的贴现金额。20 世纪 80 年代后，国际金融市场上利率变化无常而又波动剧烈，这给金融机构带来了更大的风险，正是在此形势下，一些信誉卓著的大银行开始尝试订立远期利率协议。

远期利率协议建立在双方对未来一段时间利率的预测存有差异的基础上。以远期利率协议的买方为例，由于担心预测未来一段时间内利率上升，他希望现在就把利率水平确定在自己愿意支付的水平——协议利率上。如果未来利率上升，他将以从卖方获得的差额利息收入来弥补实际筹资所需增加的利息费用；如果未来利率下降，他在实际筹资中所减少的利息费用也将为支付给卖方的差额利息所抵消，但无论如何，都可实现固定未来利率水平的愿望。远期利率协议的卖方的操作则相反。可见，远期利率协议是一种双方通过预先固定远期利率来防范未来利率波动，实现稳定负债成本或资产保值的一种金融工具。

远期利率协定主要用于银行机构之间防范利率风险，它可以保证合同的买方在未来的时间内以固定的利率借取资金或发放贷款。其作用就在于将未来的利率锁定，这与利率期货合同的作用很相似，但前者的优越之处就在于客户能够根据自己需要的期限和利率种类来签订合同，而期货合同都是标准化的。另外，远期利率协议交易的本金不用支付，利率是按差额结算的，所以资金流动量较小，这就给银行提供了一种管理利率风险而无须改变其资产负债结构的有效工具。

与金融期货、金融期权等场内交易的衍生工具相比，远期利率协议具有简便、灵活、无须支付保证金等优点。同时，由于远期利率协议最后实际支付的只是利差而非本金，所以其风险也较为有限。

本章小结

1. 金融市场是指货币资金的供需双方进行资金融通的交易场所。如果资金融通活动超越了国界，该市场就称为国际金融市场。

2. 国际金融市场有广义和狭义之分。广义的国际金融市场包括货币市场、资本市场、外汇市场和黄金市场。狭义的国际金融市场，仅指在国际间进行资金借贷的市场，即国际资金市场，包括国际货币市场和国际资本市场。

3. 货币市场又称短期资金市场，是指以短期金融工具为媒介进行的期限在一年以内的融资活动的交易市场。根据其业务活动的不同，货币市场具体可以分为银行短期信贷市场、贴现市场和短期证券市场。

4. 国际资本市场是指资金借贷期限在 1 年以上的中长期资金市场。通常 1～5 年为中期，5 年以上为长期。资本市场的业务活动，按照融资方式的不同分为银行中长期信贷市场和证券市场。

5. 欧洲货币市场又称离岸国际金融市场或境外金融市场，是指在货币发行国境外进行该国货币存贷活动的市场。从业务构成上看，欧洲货币市场包括欧洲货币短期信贷市场、欧洲货币中长期信贷市场和欧洲债券市场。

6. 金融创新的概念从广义上可以包括三个方面：新的金融工具，如浮动利率债券和票据、大额可转让存单的发行；新的市场，如金融期货和期权交易市场的产生和发展；新的交易技术，如票据发行便利(NIFs)、互换(Swap)、远期利率协议(FRAs)的产生。

7．金融衍生工具是指其价值派生于基础金融资产(包括外汇、债券、股票和商品)价格及价格指数的一种金融合约。金融衍生工具种类繁多，且在不断发展，对其的分类方法也有多种方式。按衍生工具交易方式，衍生工具可以分为交易所交易和柜台交易；按衍生工具所依靠的基础资产，可以分为利率类、汇率类、股指类和商品类；按交易的性质，可以分为远期类和期权类等。

复习思考题

1．成为国际金融中心需要什么条件？

2．欧洲债券有什么特点？

3．简述国际金融创新的利弊。

4．金融期货和金融期权都有哪些主要种类？

例题解析

(一) 单项选择题

中国在新加坡发行日元债券，属于(　　)。

A．外国债券　　　　B．欧洲债券

C．国内债券　　　　D．上述说法都不正确

答案解析：B。此题考查对国际债券种类的区分，参见 5.2.2 节。

(二) 多项选择题

金融期货包括(　　　　)。

A．贷款期货　　　　B．商品期货

C．货币期货　　　　D．利率期货

E．股票指数期货

答案解析：CDE。此题考查金融期货分类，参见 5.4.3 节。

(三) 判断题

目前的国际金融市场大多属于有形市场。

答案解析：错误。此题考查国际金融市场的基本概念，参见 5.1.1 节

(四) 简答题

1．欧洲货币市场有何特点？

答案解析：此题考查对欧洲货币市场的理解，参见 5.3.1 节。

2．金融衍生工具有何特点？

答案解析：此题考查对金融衍生工具的了解，参见 5.4.2 节。

知识链接

1．登录国际货币基金组织官方网站(http://www.imf.org)，可以了解国际货币基金组织提供的有关金融市场的信息和统计资料。

2．登录世界银行集团官方网站(http://www.woldbank.org)，可以了解世界银行集团提供的金融市场动态信息和统计资料。

3．登录国际清算银行官方网站(http://www.bis.org)，可以了解国际清算银行提供的国际金融市场统计资料。

4．登录欧洲银行集团官方网站(http://www.eurobank.org)，可以了解欧洲货币市场以及国际金融市场发展的有关信息。

5．登录世界汇金网(http://www.globefinance.net)，可以查询国内外金融市场、金融机构动态，以及金融市场监管、证券外汇交易等领域的相关资料。

第 6 章

国际资本流动

学习索引

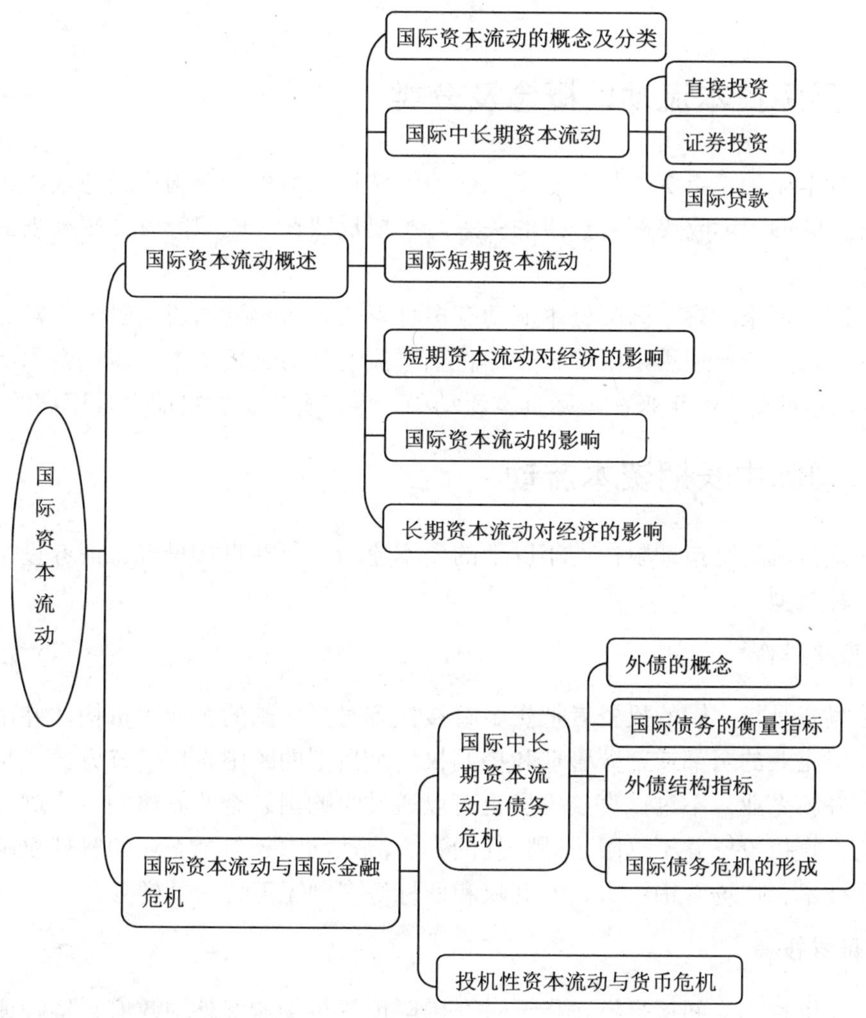

学习目标

掌握国际资本流动的概念及分类，掌握国际短期资本流动和中长期资本流动的内容和经济影响，领会国际资本流动同国际金融危机之间的关系。

重点难点

国际资本流动的概念　　国际中长期资本流动的内容
国际短期资本流动的内容　　国际资本流动对经济的影响

6.1　国际资本流动概述

6.1.1　国际资本流动的概念及分类

国际资本流动是指资本从一个国家或地区转移到另外一个国家或地区。国际资本流动与一国的国际收支有着直接的关系，主要反映在一国国际收支平衡表的资本与金融账户中。

从不同角度来考察，国际资本流动有多种形式。考察资本流动时最为常见的分类方法，是按照资本使用期限的长短，将资本流动分为长期资本和短期资本两种类型。值得注意的是，近年来在国际资本流动中，存在着资本长短期界限模糊的趋势。

6.1.2　国际中长期资本流动

长期资本流动是指期限在一年以上的资本流动，包括直接投资、证券投资和国际贷款三种类型。

1. 直接投资

直接投资是指一国的投资者把资金直接投到对另一国的企业等机构，并由此而获得对投资企业的全部或部分管理和控制权。最典型的跨国直接投资方式，是在其他国家创办新企业。不过，直接投资也可以通过收购国外企业股权的方式进行，即跨国并购。直接投资并不仅限于国际间的资金流动，它还包括企业的管理权限和方法、生产技术、市场营销渠道、专利权和商标等多种无形要素的转移。

2. 证券投资

证券投资也称为间接投资，指通过在国际债券市场购买外国政府、银行或工商企业发行的中长期债券，或者在国际股票市场上购买外国公司股票来实现的投资。

证券投资与直接投资的区别在于证券投资者对于投资对象并无实际控制和管理权，即使是购买股票的投资也没有达到能够控股的比重，所以证券投资者只能收取债券或股票的利息或红利；而直接投资者则持有足够的股权来管理经营投资对象，并承担企业的经营风险和享受企业的经营利润。另外，有些证券投资者购买债券、股票的目的并不在于收取利息或红利，而是出于投机的动机，企图从有价证券的买卖差价中获得利润。

3. 国际贷款

国际贷款是指一国政府、国际金融组织或国际银行对非居民(包括外国政府、银行、企业等)所进行的期限为一年以上的放款活动。主要有政府贷款、国际金融机构贷款、国际银行贷款和出口信贷。

(1) 政府贷款

这是一个国家政府向另一个国家政府提供的贷款，其目的是促进本国商品劳务的出口、企业对外投资等。政府贷款的利率较低，期限也长，其资金来自国家预算资金，但是政府贷款的数额一般不大。政府贷款一般是有条件，或者是指定用途的，比如规定必须用于购买贷款国企业的出口商品，或者用于指定开发援助项目。政府贷款多为发达国家向发展中国家提供的。

(2) 国际金融机构贷款

这是国际金融机构向其成员国政府提供的贷款。国际金融机构贷款也不以直接盈利为目的，具有援助的性质。贷款利率视其资金来源以及贷款接受国的国民收入水平而定，通常要比私人金融机构的贷款利率低，期限也相对较长。国际金融机构贷款也是专项贷款，即与特定的建设项目相联系，手续非常严格。

(3) 国际银行贷款也是国际资本流动的重要组成部分

国际银行贷款不限定用途，借款人可以自由运用资金，而且贷款资金的数额也不受限制，可以很大。国际银行贷款的期限也可以很长，但是与其他类型的国际贷款相比，国际银行贷款的利率高，不带有任何援助性质，是以直接盈利为目的的。

(4) 出口信贷

这是与国际贸易直接相关的中长期信贷。它是出口国商业银行对本国出口商，或者外国进口商及其银行提供的贷款，其目的是解决本国出口商的资金周转困难，或者是满足外国进口商对本国出口商支付货款的需要。

小资料 6-1 出口信贷的形式

出口信贷主要有买方信贷、卖方信贷、福费延、信用安排限额、存款安排和混合贷款几种形式。

6.1.3 国际短期资本流动

短期资本流动是指期限在一年或一年以下的各种金融资产，包括现金、活期存款以及第 5 章论及的所有货币市场金融工具。短期资本流动可以迅速、直接地影响到一国的货币供应量。现金、活期存款是货币供应量的组成部分，其他短期金融工具，如国库券、大额可转让存单、商业票据、银行承兑票据等，也都有很强的流动性，这一点与长期资本流动有所不同。

1．银行经营性短期资本的流动

银行经营性短期资本的流动是指各国经营外汇的银行和其他金融机构，出于正常的业务经营需要，日常进行的短期资本交易。如承办短期融资而引起的资金转移；跨国银行总部与分支机构之间、各分支机构之间进行的资金余缺调拨；正常的套汇、套利、掉期、头寸调拨以及银行同业间短期拆借等。

2．保值性资本流动

保值性资本流动是指金融资产的持有者为了资金的安全或保持其价值不降而进行资金调拨转移形成的短期资本流动。促使保值性资本流动的原因有：某国家或地区政治局势不稳，资本没有安全保障，可能引起其国内资本或国内的外国资本外逃；一国经济情况不好，国际收支状况恶化，那么其货币必定趋于贬值，于是其国内资金会向币值稳定的国家流动；另外，国家如果宣布实行外汇管制，限制资金外流或增加某些征税时，也可能引起大量资本外逃，形成突发性的大规模短期资本移动。

3．投机性资本流动

投机性资本流动是指投资者在不采取抛补性交易的情况下，利用汇率、金融资产或商品价格的波动，伺机买卖，牟取高利而引起的短期资本流动。这种资本流动完全是以获取差价为收益目的的。投机者能否盈利全凭对形势的预期或判断是否正确，若预期错误，必然遭受损失。国际市场上能引起投机性资本流动的因素很多，除贵重金属及证券价格的剧烈波动能引起投机者极大兴趣以外，国际市场上某些重要商品的大幅涨落也能诱使投机者不断买进卖出，这都形成短期资金市场上投机性的资本流动。

4．贸易结算性资金流动

贸易结算性资金流动是指国际间进出口贸易往来而引起的国际资本流动。一般出口商或出口方银行总是对进口商提供短期贸易信用，如延期付款、银行承兑汇票等。除了成套设备等资本性商品出口提供中长期贷款外，一般短期商业信用和银行信用的资金融通不超过 180 天期限。

6.1.4 国际资本流动的影响

1. 短期资本流动对经济的影响

短期资本流动速度快，变化期限短，对经济的影响十分复杂，主要表现在以下几个方面：

(1) 对一国货币政策的影响

短期资本的流动性强，并且对货币政策的变化反应灵敏，因此它会大大降低各国货币政策的效力。当一国试图通过提高利率实行紧缩政策时，国外短期资本会受高利率的诱使大量涌入，导致该国国内货币供应量增加，降低实行紧缩货币政策的力度。而当一国试图降低利率以推行扩张政策的时候，利率的大幅下跌又会诱发大量的资本外流，进而导致国内货币供应量的减少，削弱了宽松货币政策的效果。总体来看，短期资本的频繁流动不利于维护各国货币政策的独立性，不仅加大了各国货币当局实施货币政策的难度，也增加了在各国间经济政策协调的难度。

(2) 对国际资本市场的影响

短期资本尤其是投机性资本在国际间迅速和大规模地流动，会造成各国利率与汇率的大幅波动，加剧国际金融市场的动荡局面。20 世纪 90 年代以来，国际金融市场上时刻充斥着数万亿美元的游资，它们脱离于生产领域，在各国金融市场开放的环境下，流动频繁，随时可能对各国的资本市场、证券市场、外汇市场等形成强烈冲击。

(3) 对国际贸易的影响

国际间短期资本的流动，包括预付货款、延期付款、票据贴现和短期信贷等，是有利于贸易双方获得必要资金以及进行债权债务结算的，从而保证国际贸易的顺利进行。但是，国际短期资本流动大多是通过欧洲货币市场进行的，当短期资本流动由一些短期性因素引起，而并不反映各国经济发展的客观要求时，往往会加剧国际信贷活动的不规则变动，这又促使利率和汇率频繁变动，最终导致国际贸易中的风险增加。

(4) 对世界经济波动的影响

当一国发生经济衰退时，国内有利可图的投资机会减少，该国的资本就会流向那些尚未发生经济衰退的国家，由此那些国家的生产也会很快出现饱和并陷入衰退。这种短期资本流动还会对全球性的国际金融局势产生重大影响，特别是那些为了投机盈利目的而发生的短期资本流动，在一定程度上加速了世界经济波动的传递，扰乱了正常的国际金融秩序。

2．长期资本流动对经济的影响

长期资本，尤其是直接投资，期限长，金额数量大，对当事国及世界经济的长期稳定和持续发展有较大的影响。

(1) 对资本输出国经济的影响

长期资本流动对输出国经济会产生积极和消极两个方面的影响。

从积极方面看，一是可以提高资本的收益。资本输出国一般资本比较充裕，其资本边际收益呈递减趋势，将这些预期收益率较低的资本投到资本相对稀缺的国家或地区，就能够提高资本的边际收益，增加投资的总收益，进而为资本输出国带来额外的利润。

二是可以带动商品出口。长期资本输出是包括货币资本、技术设备和管理经验及知识产权等相关要素的整体输出，因而会对输出国的商品出口起到推动作用，增加出口贸易的利润收入，刺激国内经济增长。如某些国家采用出口信贷方式，使对外贷款与购买本国的成套设备或某些产品相联系。

三是可以绕过贸易壁垒。当今国际市场竞争加剧，贸易摩擦频繁发生，许多具有一定经济实力的国家，都把向海外输出长期资本，到国外进行长期投资，作为克服贸易保护主义、规避贸易制裁、巩固海外市场份额的有效手段。

同时，长期资本流动对输出国也会产生一定的消极影响。首先是必须承担资本输出的经济和政治风险。当今世界经济和世界市场竞争激烈，情况复杂，资本投资方的错误决策就会产生经济风险。此外，还得承担投资的政治性风险。资本输入国发生政治变革或动乱，就有可能实施不利于资本输出的法令法规，如没收投资资本甚至拒绝偿还外债等。其次，资本输出意味着本国的投资下降，从而减少国内的就业机会，降低国内的税收收入，进而影响国内的经济发展。

(2) 对东道国经济的影响

长期资本的流入对东道国的影响也有积极和消极两个方面。积极的影响有：

首先，可以解决东道国资金短缺的问题。一个国家获得间接投资，则通过市场机制或其他渠道流向资金缺乏的部门和地区；一个国家获得直接投资，则在一定程度上弥补了国内某些产业的空白，其结果既解决了资金不足的问题，也促进了经济结构的调整和升级。

其次，可以引进先进技术设备和获得先进的管理经验。直接投资的特点就是能给输入国直接带来技术、设备，甚至是出口市场。因此，资本输入特别是引进国际直接投资，无疑会提高劳动生产率，增加经济效益，加速本国经济的发展进程。

第三，可以增加就业机会，增加国家财政收入。资本输入的目的在很大程度上是用来创建新企业或改造老企业，这有利于增加就业机会，越来越提高国民生产总值，进而越来越增加国家税收收入，提高国民生活水平。

第四，可以改善国际收支。输入资本，建立外向型企业，实现进口替代和出口导向，有利于扩大出口，增加外汇收入，进而起到改善国际收支的作用。

如果资本输入不当，对资本输入国的消极影响也是不容忽视的。

首先，可能引发债务危机。输入国如果利用国际贷款和间接证券投资过多，超过本国的承受能力，则可能出现无法偿还外债的情况，导致债务危机爆发。

其次，可能使本国经济陷入被动境地。输入资本过多又管理不善，而使本国经济不能获得应有的发展的话，东道国就会对外产生越来越强的依赖性。一旦外国资本停止流入或抽回资本，本国经济发展就会陷入被动的局面，甚至威胁到本国的经济和政治主权。

再次，加剧国内市场的竞争。大量外国企业如果利用资本流动来扩大对东道国的出口和销售，必然使国内市场竞争加剧，从而约束甚至遏制国内企业的发展。

6.2 国际资本流动与国际金融危机

利用外部融资是一国国际收支调节的重要手段之一。20 世纪 60 年代以来，越来越多的发展中国家走上了利用外资发展本国国民经济的道路，外部资金的注入促成了许多发展中国家的经济腾飞。但是另一方面，国际资本流动有时也会触发或加剧国际金融市场的动荡。

6.2.1 国际中长期资本流动与债务危机

国际中长期资本的流动在资金的让渡与偿还之间存在着相当长的期限，所以这一流动机制中的核心问题是清偿风险问题。下面介绍一些指标，这些指标用来衡量一个国家的外债问题。

1. 外债的概念

外债是指在任何特定的时间，一国居民对非居民承担的已拨付尚未清偿的具有契约性偿还义务的需要偿还的本金及需支付的利息。

这一概念应主要从以下方面来理解：首先必须是居民与非居民之间的债务；其次要有契约性偿还义务的债务；最后必须是某一时点的全部债务，这里的全部债务表示以本币和外币表示的债务和实物形态构成的债务。

2. 国际债务的衡量指标

(1) 债务率

债务率是指一国当年外债余额与国民生产总值(GNP)的比率，通常应低于 20%。

(2) 负债率

负债率是指一国当年外债余额与商品和劳务出口收入的比率，通常应低于100%。

(3) 还本付息与总产值之比

还本付息与总产值之比是指一国每年还本付息总额与国内生产总值之比。一般不应超过5%。

(4) 偿债率

偿债率是指每年还本付息总额与年商品和劳务出口收入之比。一般不应超过20%，最高不得超过25%。

以上四个指标中，第一和第二个指标反映一国的外债承受能力，第三和第四个指标反映一国的外债偿还能力。其中，偿债率被认为是衡量一国债信和偿付能力的最直接、最重要的指标。

3. 外债结构指标

(1) 外债期限结构

外债期限结构是指一国对外负债中，短期债务(偿还期在一年以内)与中长期债务(偿还期在一年以上)的构成比例。世界银行认为，短期外债水平一般不应超过三个月的进口额，长期贷款的偿还期应与项目回收期一致。国际上通常认为一个国家的短期债务占全部外债比率的经济线为25%。

(2) 外债类型结构

外债类型结构是指一国对外负债总额中各种不同类型外债的构成比例。从债务类型看，外债有外国政府贷款、国际金融组织贷款、国际商业银行贷款和其他形式的借款四大类。其中商业银行贷款易受国际金融市场波动的影响，一般认为占外债总额的比重以低于60%为宜。

(3) 外债的币种结构

外债的币种结构是指一国对外负债总额中货币币种的构成比例。为了减少和避免对外借款由于汇率变化而引起的损失，应使主要通货保持一定比例，这样可以在一定程度上抵消汇率变化引起的盈亏。

(4) 外债利率结构

外债利率结构是指一国对外负债总额中浮动利率债务与固定利率债务的构成比例。按照国际经验，一个合理的利率结构是以固定利率计算的债务额占外债总额的比重为70%~80%，而浮动利率的外债比重应在20%~30%为宜。

4. 国际债务危机的形成

当一国的外债指标过大，并且没有能力偿还债务，则会爆发债务危机。20世纪80年代初，有许多发展中国家出现了偿债困难。随着墨西哥停止继续为其债务还本付息，发展中国家债务危机爆发了。这场债务危机就是在国内外多种因素的影响下，由于国际资本流动出现问题而导致的。

(1) 债务危机的爆发

20 世纪 70 年代，发展中国家利用国际金融市场大量举借外债，外债总额迅速增加。发展中国家的债务余额占 GNP 的比重不断提高，许多国家达到 30%以上，偿债率也不断上升，债务负担已经十分沉重。

1982 年，墨西哥率先宣布无力偿还到期的西方国家商业银行 195 亿美元的外债本息。随后，其他拉美国家也纷纷宣布无力偿还外债，第二次世界大战以来范围最广、程度最深的债务危机由此爆发。此次债务危机涉及的国家特别多，债务规模特别大，债务负担特别集中。这些重债务国基本上丧失了主动从国际金融市场融资的能力，经济发展受到沉重的打击。

(2) 债务危机爆发的原因

20 世纪 80 年代国际债务危机的形成原因，应从债务国国内的政策失误和世界经济外部环境的冲击两方面来分析。债务国国内经济发展战略的失误和对外债管理的不当，使外债规模超过了国民经济的承受能力，这是债务危机爆发的内因；而世界经济的衰退，以及储备货币国宏观经济政策的多变所引起的国际金融市场动荡，则是诱发债务危机的外部原因。

(3) 债务危机的影响与解决

债务危机给世界带来了巨大冲击。债务国的外债绝大多数是从西方尤其是美国的商业银行中获得的，债务不能按期偿付立刻使这些商业银行的正常运营出现困难，并且也因之威胁到了国际金融市场的稳定。在债务危机中，受损害最大的还是债务国自己。它们承受着巨大的还本付息负担，基本上丧失了主动从国际金融市场上筹措资金的能力，迫使这些国家不得不进行全面的经济紧缩。在这些国家里，国民收入、实际工资都下降了，失业率居高不下，通胀猖獗，社会动荡。受债务危机的影响，大多拉美国家人均 GNP 倒退 10 年以上，不少非洲国家甚至倒退到 20 世纪 60 年代的水平。对债务危机寻求及时与合理的解决方法，成为 20 世纪 80 年代国际金融领域最重大的事件。

从 80 年代初开始，对债务危机的解决方案历经了一个演变的过程。对债务危机的解决方案的变化，是同对债务危机性质认识的不断深化相联系的。

第一，最初解决方案(1982—1984 年)。债务危机爆发后，美国等国家与国际货币基金组织共同制定了紧急援助计划。这一解决方案的核心是将债务危机视为发展中国家暂时出现的流动性困难，因此只是采取措施使它们克服这一资金紧缺。这一方案要求债务国实行紧缩的国内政策，以保证债务利息的支付，因此对发展中国家来说还是比较苛刻的。

第二，贝克计划(1985—1988 年)。对债务危机的最初解决方案并没有使债务国摆脱债务负担，这使得人们发现债务危机不仅仅是一个暂时的流动性困难问题，而是由于债务国现有的经济状况不具有清偿能力，债务危机的解决必须与发展中国家经济的长期发展相结合。1985 年 9 月，美国财政部长詹姆斯·贝克提出了反映这一思想的新方案。这一方案重点是通过安排对债务的新增贷款，将原有债务的期限延长等措施来促进债务国的经济增长，同时也要求债务国调整其国内政策。

第三，布雷迪计划(1989 年以后)。1986 年石油价格的下跌，使得严重依赖于石油出口收入的债务国的经济受到严重打击，对外债的偿付又出现困难。在金融市场上，许多银行已对不良债务失去了信心，已准备接受债务不可能全部得到清偿的现实。1989 年，美国财政部长布雷迪制定了新的债务对策，承认现有的债务额还是大大超过了债务国的偿还能力，因此要在自愿的、市场导向的基础上，对原有债务采取各种形式的减免。布雷迪计划不仅减轻了债务国的债务负担，更为重要的是，它提高了债务国的信用，增强了市场对这些国家的信心。到了 1992 年，债务危机已基本宣告结束。

小资料 6-2　欧洲债务危机

欧洲债务危机是始于希腊的债务危机，2009 年 12 月 8 日全球三大评级公司下调希腊主权评级，成为了欧洲债务危机的导火线。2010 年起欧洲其他国家也开始陷入危机，希腊已非危机主角，整个欧盟都受到债务危机困扰。包括比利时这些外界认为较稳健的国家，及欧元区内经济实力较强的西班牙，都预报未来三年预算赤字居高不下。伴随德国等欧元区的龙头国都开始感受到危机的影响，因为欧元大幅下跌，加上欧洲股市暴挫，整个欧元区正面对成立十一年以来最严峻的考验。但是欧洲各国在援助希腊问题上迟迟达不成一致意见，4 月 27 日标普将希腊主权评级降至“垃圾级”，危机进一步升级。希腊财政部长称，希腊在 5 月 19 日之前需要约 90 亿欧元资金以度过危机。欧盟成员国财政部长 10 日凌晨达成了一项总额高达 7 500 亿欧元的稳定机制，避免危机蔓延。有专家称，欧洲正处在三阶段危机的第二个阶段：在第一个阶段，投资者认为希腊的问题可控；第二个阶段，担忧情绪扩散到比利时等此前人们认为不太会受影响的其他国家；而在第三个阶段，德国等欧洲核心国家“开始感受到”债务危机的影响。

目前，欧洲债权危机的影响一直都在，对整个欧洲的影响甚至对世界经济的影响都是不容忽视的。

6.2.2　投机性资本流动与货币危机

20 世纪 80 年代以来，随着世界经济一体化进程的加快，国际资本流动的规模增大，速度加快，蕴含的风险也越来越大。国际资本流动的这些新特征使得国际金融市场受到投机性冲击，金融动荡因此频繁发生，且冲击的力度和持续时间不断增加。1997 年爆发的亚洲货币危机表明，由投机性冲击造成的货币危机有可能进一步演化为全面的金融危机和深刻的经济危机，并引发政局更迭与社会动荡。

投机性资本也称游资，是指那些没有固定投资领域、为追逐高额利润而在各市场间频繁移动的资本，投机性资本以短期资本为主，具有规模大、流动性高、风险偏好强等特点。

国际投机性资本对一国金融市场的冲击主要表现在外汇市场上。在固定或有限灵活盯住汇率制度下，国际投机资本借助一些突发性经济金融事件冲击一国货币汇率，通过大量抛售该货币，压低其货币汇率，动摇货币持有者对货币汇率稳定的信心，最后引发货币持有人把该货币资产全面转成外币资产。因此，投机性资本对一国货币的冲击表现为国际金融市场上投机力量与被冲击国的中央银行围绕一个相对固定的汇率水平或一个确定的汇率波动幅度的较量。国际投机资本引发的金融危机往往是货币危机。

货币危机有广义与狭义两种含义。从广义上看，一国货币的汇率变动在短期内超过一定幅度，就可以称为货币危机。就其狭义来说，货币危机是与对汇率波动采取限制的缺乏弹性的汇率制度相联系的，主要发生在固定汇率制下，指市场的参与者通过外汇市场对某国货币进行抛售等操作，最终导致该国固定汇率无法维持，外汇市场动荡不安。近二十年来，投机性资本对一国汇率的冲击频繁发生，由此引起的货币危机成为国际金融领域最引人注目的现象。

货币危机一般是由投机性资本带来的投机性冲击引起的。传统的投机者只是简单地利用即期或远期交易赚取汇差，而近年来，随着投机者资金力量的日益雄厚，投机性冲击策略也日益成熟和复杂，投机者利用各种金融(衍生)工具进行投机；投机性资本冲击的也不仅仅限于外汇市场，还涉及证券市场；不仅仅限于现货市场，还涉及期货市场和各种衍生品交易市场。

在金融市场一体化的条件下，一国爆发货币危机之后，往往迅速蔓延到其他国家，那些与危机发生国经济联系密切、经济结构和发展特征相似以及严重依赖外资的国家最容易受到波及。

小资料 6-3　什么是“热钱”？

热钱又称作投机性短期资本，是根据汇率的变动差额来取得利益的一种行为。由于热钱纯属买空卖空的投机行为，故与套汇不同。在外汇市场上，由于汇率的变动是很平常的事，所以只要预期的心理存在，就会存在热钱。唯有让升值的货币大幅波动或实行外汇管制，才能阻止这种投机性资金的流动。追求高收益是热钱在全球金融市场运动的最终目的。当然，高收益往往伴随着高风险，因而热钱赚取的是高风险利润，这也使其具备承担高风险的意识和能力。热钱是信息化时代的宠儿，对一国或世界经济金融现状和趋势，对各个金融市场汇差、利差和各种价格差，对有关国家经济政策等高度敏感，并能迅速作出反应。基于高信息化与高敏感性，有钱可赚它们便迅速进入，风险加大则瞬间逃离，表现出极强的短期性、甚至超短期性，在一天或一周内迅速进出。说热钱是一种投资资金，主要指它们投资于全球的有价证券市场和货币市场，以便从证券和货币的每天、每小时、每分钟的价格波动中取得利润，即“以钱生钱”，对金融市场有一定的润滑作用。如果金融市场没有热钱这类风险偏好者，风险厌恶者就不可能转移风险。

(资料来源：中证网，2010-11-10)

小资料 6-4　东南亚货币危机

1997 年 5 月，泰国外汇市场出现大量抛售泰铢、买入美元的风潮。为维护固定汇率制，泰国央行采取行动，用有限的外汇储备买入本币、抛出美元，但终因外汇储备耗尽而未达到目的，不得不于 7 月 2 日宣布放弃实行 14 年之久的本币与美元挂钩的相对固定汇率制度。以后几个月内，危机迅速蔓延至周边国家及地区。7~10 月，菲律宾、马来西亚、印度尼西亚等国及中国香港和台湾地区均受到冲击；11 月，危及波及韩国、日本，演变成为全地区性危机；甚至传导至欧洲和美洲，造成 10 月底全球股市下跌。自 1997 年 7 月至 1998 年 1 月，东南亚国家和地区的汇率下跌幅度为：印尼盾 80.6%，泰铢 54.1%，韩元 42%，林吉特 41.9%，菲律宾比索 36.5%，新加坡元 16.7%，新台币 17.6%。此次危机导致东南亚国家经济严重衰退，政局不稳和社会动荡，国家经济主权受到冲击，世界经济受到沉重打击。

(资料来源：侯高岚.国际金融.北京：清华大学出版社，2005)

本章小结

1. 国际资本流动是指资本从一个国家或地区转移到另外一个国家或地区。国际资本流动与一国的国际收支有着直接的关系，主要反映在一国国际收支平衡表的资本与金融账户中。从不同角度来考察，国际资本流动有多种形式。考察资本流动时最为常见的分类方法，是按照资本使用期限的长短，将资本流动分为长期资本和短期资本两种类型。

2. 长期资本流动是指期限在一年以上的资本流动，包括直接投资、证券投资和国际贷款三种类型。短期资本流动是指期限在一年或一年以下的各种金融资产，包括现金、活期存款以及第 5 章论及的所有货币市场金融工具。短期资本流动可以迅速、直接地影响到一国的货币供应量。

3. 外债是指在任何特定的时间，一国居民对非居民承担的已拨付尚未清偿的具有契约性偿还义务的需要偿还的本金及需支付的利息。当一国的外债指标过大，并且没有能力偿还债务，则会爆发债务危机。

4. 投机性资本也称游资，是指那些没有固定投资领域、为追逐高额利润而在各市场间频繁移动的资本，投机性资本以短期资本为主，具有规模大、流动性高、风险偏好强等特点。国际投机资本引发的金融危机往往是货币危机。

5．货币危机有广义与狭义两种含义。从广义上看，一国货币的汇率变动在短期内超过一定幅度，就可以称为货币危机。就其狭义来说，货币危机是与对汇率波动采取限制的缺乏弹性的汇率制度相联系的，主要发生在固定汇率制下，指市场的参与者通过外汇市场对某国货币进行抛售等操作，最终导致该国固定汇率无法维持，外汇市场动荡不安。

6．在金融市场一体化的条件下，一国爆发货币危机之后，往往迅速蔓延到其他国家，那些与危机发生国经济联系密切、经济结构和发展特征相似以及严重依赖外资的国家最容易受到波及。

复习思考题

1．简述国际资本流动的主要类型。
2．国际资本流动对经济有哪些影响？
3．为什么会发生国际债务危机？衡量一国外债水平的指标有哪些？
4．何谓“货币危机”？货币危机如何进行传导？

例题解析

(一) 单项选择题

1．可能会引起资本外逃的短期资本流动是(　　)。

A．银行经营性短期资本流动

B．保值性资本流动

C．投机性资本流动

D．贸易结算性资本流动

答案解析：B。此题考查对短期资本流动的理解，参见 6.1.3 节。

2．由一个国家政府向另一个国家政府提供的贷款是(　　)。

A．国际金融机构贷款

B．政府贷款

C．国际银行贷款

D．出口信贷

答案解析：B。此题考查的是国际贷款的分类，参见 6.1.2 节。

(二) 多项选择题

长期资本流动包括(　　　　)。

A. 直接投资

B. 储备资产

C. 证券投资

D. 国际贷款

E. 保值性资本流动

答案解析：ACD。此题考查长期资本流动的内容，参见 6.1.2 节。

(三) 简答题

何谓“投机性资本”？它与金融危机有何关系？

答案解析：此题考查投机性资本的概念以及与金融危机的关系，参见 6.2.2 节。

知识链接

1. 可以登录中华人民共和国商务部官方网站(http://www.mofcom.gov.cn)查询中国利用外资政策及中国当前吸引外资情况。

2. 可以登录国家外汇管理局官方网站(http:/www.safe.gov.cn)查询中国外债情况。

第 7 章

汇 率 政 策

学习索引

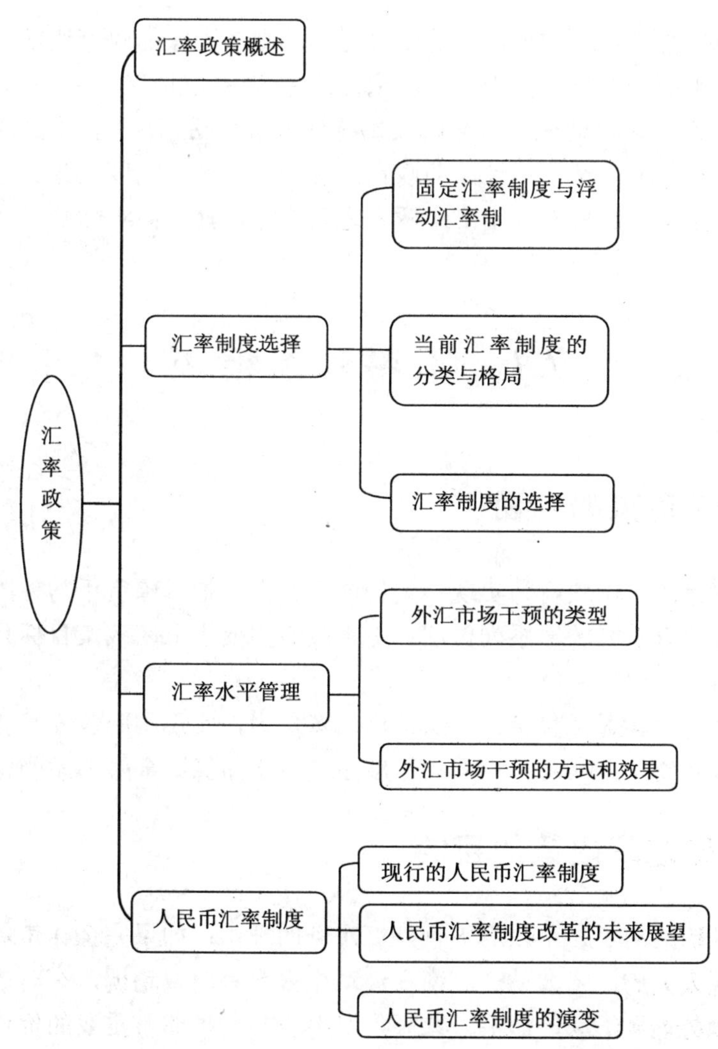

学习目标

熟悉和掌握汇率政策的内涵，掌握汇率制度的概念、类型和内容，能够对不同的汇率制度进行比较，重点掌握固定汇率制度与浮动汇率制度各自的优势与缺陷。理解当前汇率制度的格局，深入理解影响汇率制度选择的各种因素。了解汇率水平管理的基本方式，熟悉人民币汇率制度的历史演变过程。

重点难点

汇率政策的内涵　汇率制度的种类　浮动汇率制度与固定汇率制度的比较
影响汇率制度选择的主要因素　当前的人民币汇率制度

由前几章的分析可以知道，无论是好是坏，很多国家的政府通常都不仅仅让私人市场去决定汇率，相反，各国政府都通过汇率政策或外汇管制政策而干预外汇市场。政府采取的汇率政策有一些会直接影响外汇价格(汇率)，有关汇率本身的政策通常按照它所允许的汇率灵活性，即政策允许的汇率波动幅度而分类。最为简单的情况是，政府在浮动汇率与固定汇率两者之间进行选择，但实际情况往往比这要复杂得多。

7.1 汇率政策概述

7.1.1 汇率政策的内涵

汇率政策是指一国政府为实现一定的政策目标，把本国货币与外国货币的比价确定或控制在适度水平的一系列做法。汇率政策主要由汇率政策目标和汇率政策工具组成。

汇率政策的目标通常包括：①保持出口竞争力，实现国际收支平衡与经济增长的目标；②稳定物价；③防止汇率的过度波动，从而保证金融体系的稳定。

7.1.2 采取汇率政策的目的

前面的分析给出了一个政府干预外汇市场的理由：如果完全让市场决定汇率，有时就会出现太大的汇率波动。汇率在波动中很容易出现超调，有时还要受到投资者或投机者顺势追风活动的影响。此外，汇率也是一种非常重要的价格——它会对一国所有的国际市场交易产生影响。

政府对外汇市场的干预往往还出于其他一些理由。政府可能想要阻止本币升值或促使其贬值，进而将本币汇率保持在较低水平，这会使本国的某些经济活动或集团，包括本国出口者和进口替代品的生产者受益；或者，在另外一种场合，一国政府可能想要做相反的事情：阻止本币贬值或促使其升值，进而使本币汇率保持在较高水平，而这样就可以使另外一些经济集团，例如进口品的购买者受益。这样做还可以通过减少进口品价格竞争力而降低本国的通货膨胀率。此外，政府还可以通过各种政策而实现其他一些相对不具有经济性的目标。例如，有时候政府可能会认为，通过保持本币汇率的稳定或使本币坚挺，可以维护国家的荣誉。

在经济全球化背景下，随着各国对外开放程度的提高，汇率逐渐成为经济运行中的核心变量，汇率政策的重要性也越来越明显。同时，由于汇率变动会带来一国商品同外国商品相对价格的变化，汇率政策的制定不仅关乎本国的经济运行，也影响到本国与他国的经济关系。

汇率政策的内容主要包括汇率制度的选择、汇率水平的确定以及汇率水平的变动和调整。本章的其他章节将对这几方面的内容展开详细的讲解。

7.2 汇率制度选择

汇率制度的选择是汇率政策的核心内容。

汇率制度，也称汇率安排，是指一国货币当局对本国汇率水平的确定、汇率的变动方式等问题所作的一系列安排或规定。

由于汇率的特定水平及其调整对经济有着重大影响，并且不同的汇率制度本身也意味着政府在进行宏观经济调节的过程中需要遵循不同的规则，所以选择合理的汇率制度是一国乃至国际货币制度面临的非常重要的问题。

传统上，按照汇率变动的方式，汇率制度可分为固定汇率制与浮动汇率制这两个基本类型。从历史发展上看，自19世纪后期金本位制在西方主要国家确立以来，一直到1973年，世界各国的汇率制度基本上属于固定汇率制，而1973年以后，世界主要工业国家实行的是浮动汇率制。

7.2.1 固定汇率制与浮动汇率制

1．固定汇率制

固定汇率制度是指一国将本币与外币之间的比价基本固定，并且将汇率波动幅度限制在一定范围之内的汇率制度。

(1) 国际金本位制下的固定汇率制

在国际金本位制下，汇率取决于两种货币的铸币平价，汇率的涨跌是有一定限度的，这个限度就是黄金输送点。在国际金本位制下，黄金的价格是稳定的，因此各国货币的汇率也基本固定。而在黄金输送点的作用下，汇率的调整是自动进行的而非人为操作，由于黄金输送的费用与所运送的黄金价值相比很小，所以市场汇率的波动也就很小。金本位制下的固定汇率制是比较典型的固定汇率制度，它为促进国际贸易的发展提供了有利的条件。

(2) 布雷顿森林体系下的固定汇率制

该制度是第二次世界大战结束后，以美国为首的各国为稳定和规范国际金融秩序而建立的。在这一制度下，各国规定货币的含金量，使美元与黄金直接挂钩，各国货币通过与美元直接挂钩，从而间接与黄金挂钩。为此，各国承认美国 1934 年 1 月规定的黄金美元含金量 0.888 671 克，即 35 美元等于 1 盎司黄金的黄金官价。各国根据本国货币与美元的含金量之比确定本国货币与美元的汇率，即法定汇率。各国货币对美元的汇率一般只能在法定汇率±1%的范围内波动。各国政府有义务对外汇市场进行干预，以保证汇率的波幅不超过这一范围。当出现各国无力干预并难以维持法定汇率时，在国际货币基金组织的认可下，可以改变或调整其货币同美元的法定平价，调整幅度一般不超过 10%。而一旦确定了新的平价，各国仍然要履行维持固定汇率的义务。

(3) 两种固定汇率制度的比较

相对于金本位制下的完全固定汇率而言，可调整的布雷顿森林体系下的固定汇率制度具有一定的灵活性。但是这种固定汇率制度的维持和调整完全是人为的，汇率的波动幅度和调整幅度也明显大于金本位制下的幅度。

布雷顿森林体系下的固定汇率制度，与国际金本位制下的固定汇率制度有本质上的区别：第一，国际金本位制下的固定汇率是自发形成的，布雷顿森林体系下的固定汇率制则是通过国际间的协议人为建立起来的。第二，在国际金本位制下，各国货币的铸币平价一般不会变动，而在布雷顿森林体系下，各国货币的法定金平价则可以调整，其汇率制度又被称为“可调整的盯住汇率制度”。

布雷顿森林体系下的固定汇率制度运行了 20 多年，由于制度本身的缺陷和美国经济实力的变化而渐渐难以维持。1973 年以后，各国纷纷放弃固定汇率制，采用了浮动汇率制。

小思考 7-1　醉醺醺地赚大钱——跨国喝啤酒之谜

在一个位于墨西哥和美国交界处的镇子上，存在着一种奇妙的汇率制度。在墨西哥，1 美元仅值墨西哥的 90 分，而在美国，1 墨西哥比索(=100 分)却仅值 90 美分。

一天，一位牛仔走进一家墨西哥小酒吧要了 10 美分的啤酒，他付了 1 墨西哥比索，吧台服务员找给了他在墨西哥值90美分的一个美元。喝完啤酒后，这位牛仔又跨过边界，走进一家美国酒馆要了10美分的啤酒，他付了刚刚得到的1美元，被找给一个墨西哥比索(在美国值90美分)。他不断地重复这一过程，进而高高兴兴地喝了一整天啤酒。到晚上，他兜里的钱仍是早晨时候的一个比索。

(资料来源：托马斯 A.普格尔. 国际金融. 北京：中国人民大学出版社，2005)

问题是：实际上谁为他付了啤酒钱？

(除解释谁为啤酒付了钱外，请讨论这种情况中的外汇问题。要使这种情况能够长期维持下去，需要哪些必要条件？又有何种因素可以阻止其进行下去？这种情况对美国和墨西哥国内经济会有何种影响？)

2. 浮动汇率制

浮动汇率制是指政府对汇率不加以固定，也不规定上下波动界限，听任外汇市场根据外汇供求状况自行决定本国货币对外国货币的汇率。

小资料7-1 浮动汇率制的由来

早在金本位制时代，一些殖民地、附属国，特别是实行银币本位制的国家，其货币汇率曾长期不稳定，这实际上就是最早的浮动汇率。第一次世界大战后，法国、意大利、加拿大等国和亚、非、拉的一些发展中国家，也曾实行过浮动汇率制度。但直到1976年1月，国际货币基金组织(IMF)才正式承认浮动汇率制，1978年4月，基金组织理事会通过了《基金章程的第二次修正案》，宣布了浮动汇率制的合法地位，国际货币制度进入了牙买加体系。

(资料来源：托马斯 • A.普格尔. 国际金融. 北京：中国人民大学出版社，2005)

在现实中，从不同的角度，浮动汇率制度可以分为多种类型，如图7-1所示。

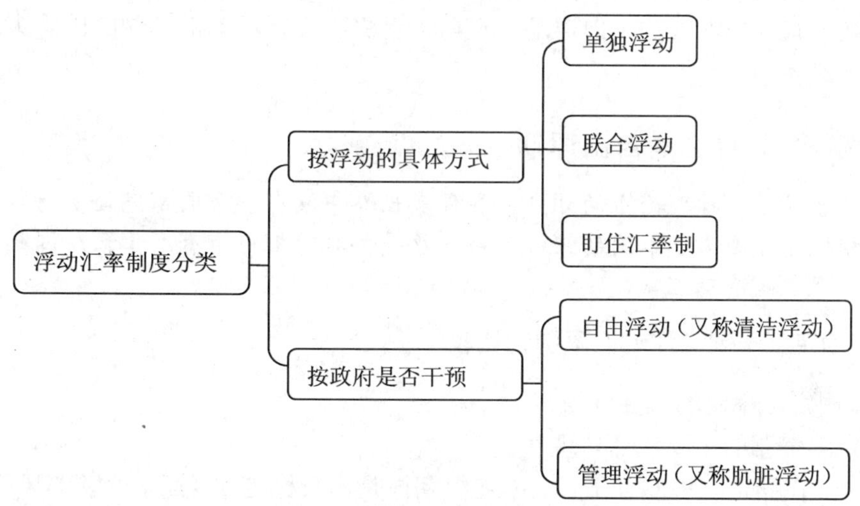

图7-1　浮动汇率制度的分类

(1) 按浮动的具体方式分类

按浮动的具体方式可分为单独浮动、联合浮动和盯住汇率制。

单独浮动是指一国货币不与其他国家货币发生固定联系，其汇率根据外汇市场的供求变化而自动调整。如美元、英镑、日元等货币均属单独浮动。

联合浮动又称共同浮动或集体浮动，指几个国家为了发展相互经济关系的需要而达成协议，建立稳定的货币区，在货币区成员国之间实行固定汇率制，对非成员国的货币实行同升同降的浮动汇率。最典型的例子是欧洲经济共同体于 1979 年 3 月所建立的欧洲货币体系。

盯住汇率制，又可分为盯住单一货币和盯住“一篮子货币”，是指一国货币的汇率随着另一种或另一组货币汇率的波动而上下波动的汇率制度。盯住汇率制是当今一些发展中国家实行的独具特色的汇率制度。这些国家由于历史地理等方面的原因，其对外经济往来主要集中于某一工业发达国家，或主要使用某一外国货币。为使这种贸易、金融关系得到稳定发展，免受相互间汇率频繁变动的不利影响，这些国家通常使本国货币盯住该工业发达国家的货币。在盯住汇率制下，实施盯住国家的货币和被盯住的货币之间的汇率相对固定，但是由于被盯住货币是浮动的，盯住国的货币相对于其他货币的汇率也是浮动的。

(2) 按政府是否干预分类

按政府是否干预可以分为自由浮动和管理浮动。

自由浮动又称清洁浮动，是指货币当局对汇率上下浮动不采取任何干预措施，汇率完全听任外汇市场供求变化而自由涨落，自由调节。这是纯理论上的划分，而实际经济运行过程中，各国政府为了本国的经济利益，往往直接或间接地对外汇市场进行干预，不加干预的情况是很少见的。

管理浮动又称肮脏浮动，是指一国货币当局对外汇市场采取一定的干预措施，使本币朝着有利于本国的方向浮动。目前，世界上实行浮动汇率制的国家大都采用管理浮动汇率制。

小资料 7-2　什么是自由浮动

自由浮动是一种理论上的划分，在现实世界中没有一个国家完全实行自由浮动汇率。相反，各国为了本国的经济利益，总是要对外汇行市有所干预。因此，管理浮动才是现实的浮动汇率制度。

3. 固定汇率制与浮动汇率制的比较

(1) 固定汇率制的主要优缺点

固定汇率制的主要优点体现在：

第一，在固定汇率制度下，汇率在短期内是比较稳定的，汇率变动的风险较小，这样有利于国际贸易和国际投资的发展，便于进出口商品成本的核算，可以减少汇率变动的风险，对世界经济的发展起到一定的促进作用。

第二，实行固定汇率制的国家为了维护既定的汇率水平，在货币政策的实施上具有较强的纪律性，不会贸然采取扩张的货币政策，因此可以避免引发通货膨胀进而带来汇率贬值的压力。

固定汇率制度的主要缺点是：首先，在固定汇率条件下，要保持汇率稳定，在出现国际收支失衡时，就无法灵活运用汇率手段进行调整，政府只能通过其他政策组合来解决外部失衡的问题，本国经济往往需要付出较大的调整代价。此外，由于需要通过货币政策来控制汇率水平，货币政策无法兼顾国内经济目标，政策的独立性将受到影响。有关不同汇率制度下的国内政策效力，我们在其他章节已做详细讲述，此处不再赘述。

(2) 浮动汇率制的主要优缺点

浮动汇率制度的优点主要体现在以下几个方面：

首先，对国际收支失衡的调节具有自发性。在浮动汇率制下，只要一国的国际收支出现失衡，货币就会自动地贬值或升值，从而对国际收支与整个经济进行自发调节，不需要任何专门的政策乃至于强制措施。

其次，具有本国经济政策的自主性。在浮动汇率制下，一国可以听任本币在外汇市场上上浮或下跌，从而把国内的货币政策和财政政策解放出来，政府可以采取一系列措施，尽量维护内部平衡和外部平衡的同时实现。

第三，浮动汇率制能在一定程度上抵御国外经济波动对本国经济的冲击，浮动汇率犹如一堵堤坝，可以减少国外物价上涨对本国的压力，也有利于消除其他国家经济不景气对本国经济的影响。

第四，浮动汇率制下，一国无须保有太多的外汇储备，可使更多的外汇资金用于经济发展。由于浮动汇率制度下，一国无义务维持汇率稳定，就不需要在固定汇率制下保有那么多外汇储备，这部分节约下来的外汇资金，可用来进口更多的国外资本品，增加投资，促进经济增长。

浮动汇率制的主要缺点是：第一，汇率频繁与剧烈的波动，使进行国际贸易、国际信贷与国际投资等国际经济交易的经济主体难于核算成本和利润，并使它们面临较大的外汇风险，从而对世界经济发展产生不利影响。第二，浮动汇率制为外汇投机提供了条件，助长了外汇投机活动，这必然会加剧国际金融市场的动荡与混乱。

固定汇率制与浮动汇率制各有利弊，因此一国选择什么样的汇率制度，还要从本国国情出发。

7.2.2 当前汇率制度的分类与格局

牙买加体系下浮动汇率制度并不像金本位下固定汇率制度以及布雷顿森林体系下可调整的汇率制度那样，是一个基本统一与完整的汇率制度。实际上，各国都是从本国现实的经济状况和内外部经济制度环境出发来选择汇率制度。现实中各国汇率制度选择的差异性决定了牙买加体系下多种汇率制度形式的相互并存。因此，传统的"固定与浮动"二分法已越来越难以反映各国汇率制度的实际情况，于是从1982年起，国际货币基金组织开始依据各国官方公布的汇率安排对各成员国汇率制度进行分类。1999年1月1日，考虑到原有汇率制度分类方案的缺陷以及欧元诞生等新情况，国际货币基金组织开始实行新的汇率制度分类方法，新的分类方法依据的是各国实际汇率制度而不是官方宣布的名义汇率安排。

目前国际货币基金组织的分类方法将汇率制度主要分为八类，分别为无独立法定货币的汇率安排、货币局制度、传统的可调整盯住、区间盯住、爬行盯住、爬行带内浮动、不事先宣布汇率路径的管理浮动和独立浮动，如图7-2所示。

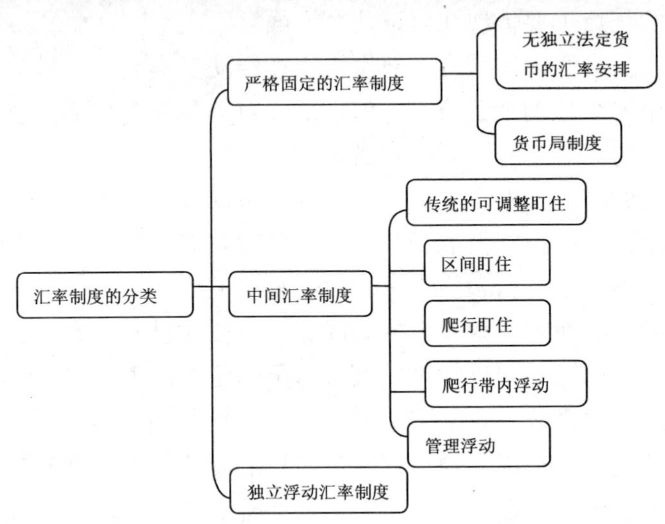

图7-2 国际货币基金组织汇率制度分类

在这八种类型中，前两类属于严格固定的汇率制度。虽然有程度上的差别，但都带有固定汇率制度的典型特征，因此固定汇率制度的优势与缺陷在这几种形式上都有集中体现。第一类无独立法定货币的汇率安排，主要包括美元化和货币联盟两种情况。美元化是指一国或地区采用"锚货币"(主要是美元)逐步取代本币并最终自动放弃本国货币和金融主权的过程。货币联盟是指联盟成员国共有同一法偿货币。目前的欧元区就是典型的例子。

第二类货币局制度，是指在法律中明确规定本国货币与某一外国可兑换货币保持固定的交换率，并且对本国货币的发行作特殊限制以保证履行这一法定义务的汇率制度。目前中国香港采取的"联系汇率制"就属于货币局制度。实行货币局制度的国家或地区还有黎波里、阿根廷、波黑、保加利亚、爱沙尼亚、立陶宛等。

小资料 7-3　完全美元化的国家

目前实现完全美元化的国家有巴拿马、波多黎各、利比里亚等。实施美元化的国家可以借助于“锚货币”的信用降低外汇交易成本和汇率风险，降低通货膨胀及通胀预期，有利于本国经济的稳定及与世界经济的融合。但同时，实施美元化也意味着本国货币当局丧失独立的货币政策，无法担当最后贷款人的角色，本国也无法获得发行货币的铸币税收入。

第三类到第七类通常被称为中间汇率制度，因为这几种形式的汇率制度介于极端固定和极端浮动之间，采用这几种制度的国家或地区也是为了能够兼顾固定汇率制度和浮动汇率制度的优势。按照顺序，从第三类到第七类，汇率制度的灵活性是逐渐增加的，第三类比较接近固定汇率制，而第七类则与典型的浮动汇率制非常近似。

上述各种汇率制度各自都有一定的优势，又都存在固有的缺陷。各国在选择汇率制度的时候，往往根据自身的情况选择比较适宜的汇率制度，也根据条件的变化对汇率制度进行调整。因此，牙买加体系下呈现出多种汇率制度形式并存与相互转换的局面。根据国际货币基金组织新的汇率制度分类，其成员国的具体汇率制度选择和变动如表 7-1 所示。

表 7-1　国际货币基金组织成员国(地区)汇率制度详细分类

汇率制度		成员数目						
		1999 年 1 月 1 日	1999 年 12 月 31 日	2000 年 12 月 31 日	2001 年 12 月 31 日	2003 年 4 月 30 日	2005 年 12 月 31 日	2006 年 12 月 31 日
严格固定	1. 无独立法定货币	37	37	38	40	41	41	41
	2. 货币局	8	8	8	8	7	7	7
中间汇率制度	3. 传统的可调整盯住	39	45	44	41	42	45	52
	4. 区间盯住	12	6	7	5	5	6	6
	5. 爬行盯住	6	5	5	4	5	5	5
	6. 爬行区间	10	7	6	6	5	0	0
	7. 管理浮动	26	26	32	42	46	53	51
独立浮动	8. 独立浮动	47	51	46	40	36	30	25

资料来源：国际货币基金组织，International Financial Statistics，Exchange Rate Arrangement and Exchange Restrictions 有关各期资料。

小资料 7-4　国际货币基金组织的中间汇率制度

中间汇率制度通常包括以下几类。

传统的可调整的盯住，是指货币当局通过干预来维持固定汇率，但是必要的时候仍可以调整汇率水平。具体可分为盯住单一货币、盯住货币篮子等。与盯住单一货币相比，盯住货币篮子的波动性相对较小，但是盯住货币篮子可能比盯住单一货币缺乏透明度。

区间盯住，是指汇率被保持在官方承诺的汇率带内浮动，其波幅大于其他传统的盯住制，即要超过中心汇率的±1%。

爬行盯住，是指汇率按照固定的、预先宣布的比率经常地定期做小幅度的调整。爬行盯住在20世纪六七十年代盛行于拉美，被用作控制加速通胀的政策工具。但是，在爬行盯住制度下，货币平价按既定的幅度和频度调整，这往往滞后于实际均衡汇率的变化，达不到调整的目的。

爬行带内浮动，又称汇率目标区，指汇率围绕着中心汇率在一定幅度内上下浮动(例如中心汇率的上下各 10%)，同时中心汇率按照固定的、预先宣布的比率做定期调整。

管理浮动则是指货币当局通过在外汇市场上积极干预来影响汇率的变动，但不事先宣布汇率的路径。

7.2.3　汇率制度的选择

世界上没有十分完善的汇率制度，通过贸易和资本的流动，世界各国已经日益紧密地联系到一起。在这样的背景下，一国汇率制度的选择已经成为经济政策制定的一个关键因素。选择什么样的汇率制度是一国政府的政策行为，也是一个非常复杂的问题。从实践看，各国总是根据本国经济发展状况和所处的国际环境来选择适合本国的汇率制度。通常各国在做出汇率制度的选择时要考虑以下四个方面的因素。

(1) 经济规模

一国的经济规模越大，越倾向于采用浮动汇率制；反之，则倾向于采用固定汇率制。这是因为，大国多为发达国家，经济较为独立，资本管制少，如果实行固定汇率制，必须放弃货币政策的独立性；而且，大国的对外贸易依存度通常低于小国，因而往往更少从汇率角度出发考虑经济问题；此外，大国的对外贸易多元化，很难选择一种基准货币实施固定汇率。而对于经济规模较小的国家，经济结构往往较为单一，许多消费品和投资品需依赖进口，出口的多是初级产品，这会大大削弱浮动汇率的有效性；而且，小国维持经济内外均衡的能力较弱，为了防止汇率变动对经济带来的冲击，采用固定汇率是一种有效的办法。

(2) 经济开放程度

经济开放程度高的国家更倾向于选择固定汇率制度。这是因为一方面一国的开放程度越高，贸易品价格在整体物价水平中所占的比重越大，汇率变动对国家整体价格水平的影响也就越大，选择固定汇率制度能在最大程度上稳定国内价格水平；另一方面，经济开放度较高的国家经济规模往往较小，抵御外部冲击的能力较弱，为了防止汇率变动对经济带来的冲击，往往采用固定汇率制。

(3) 贸易伙伴国的集中程度

主要与一国发生贸易关系的国家通常选择盯住该国货币，这样在进出口收入上可获得很大的稳定性；而对于贸易伙伴国较分散的国家，则倾向于选择浮动汇率制。

(4) 特定的政策意图

对于面临高通货膨胀的政府来说，通过与低通货膨胀国家组成货币同盟，实行固定汇率制度，可有效地控制通货膨胀，而如果采取浮动汇率制度往往会产生恶性循环现象，使通货膨胀更加严重和不断持续。但是如果为了防止从国外输入通货膨胀，则宜于选择浮动汇率制度，这将使该国货币政策自主性加强，从而拥有选择适合本国的通货膨胀的权利。

7.3 汇率水平管理

将本国汇率维持在合理水平，避免汇率过度波动，这是一国汇率政策的核心内容之一。对汇率水平的管理，在固定汇率制度下，通过改变法定汇率来实现；在浮动汇率制度下，通过干预外汇市场来实现。干预外汇市场的主要目的是：阻止短期汇率发生波动，避免外汇市场混乱；减缓汇率的中长期变动，调整汇率的发展趋势；促进国内货币政策与外汇政策的协调。

7.3.1 外汇市场干预的类型

各国货币当局一般通过直接参与外汇市场交易的方式来干预汇率水平，从形式上看，对外汇市场的干预主要有以下几种类型。

(1) 按干预手段可分为直接干预与间接干预

直接干预是指货币当局直接到外汇市场买卖外汇，改变市场上的供求格局，从而改变汇率水平。间接干预是指货币当局不直接进入市场，而是通过其他方式干预汇率，主要做法有两种：一是改变利率等国内金融变量，通过影响不同货币资产的收益率影响汇率；二是通过公开宣告的方式影响市场预期，进而影响汇率。

(2) 按照是否引起货币供应量的变化，可分为冲销式干预与非冲销式干预

这种分类方式是货币当局对外汇市场进行干预的最重要分类。冲销式干预是指货币当局在外汇市场上进行交易的同时，通过其他货币政策工具(主要是在国债市场上的公开市场业务)来抵消外汇市场操作对货币供应量的影响，使货币供应量维持不

变的外汇市场干预行为。非冲销式干预则是指货币当局在干预外汇市场的同时，不采取相应的抵消操作，引起了一国货币供应量的变动。

(3) 按参与干预的国家数量，可分为单边干预与联合干预

单边干预是指一国独自对本国货币与某外国货币之间的汇率变动，没有相关的其他国家配合。联合干预是指两国乃至多国联合行动，对汇率进行干预。

(4) 按照干预的方向可分为稳定性干预和侵略性干预

稳定性干预是指干预方向与汇率波动方向相反，也就是所谓的“逆风而行”。例如，当外汇市场上外汇需求大于外汇供给、外汇汇率上升时，一国货币当局卖出外汇，增加外汇供给，以维持外汇市场稳定。与此相对的是干预方向与汇率波动方向相同的干预，即当外汇市场上外汇供给大于需求时，政府再增加供给，以便使汇率波幅增大。这种干预为国际货币基金组织所反对，通常被称为侵略性干预。

7.3.2 外汇市场干预的方式和效果

一国货币当局若要在外汇市场进行干预，则需保有一定数量的能在外汇市场进行买卖的外国货币，这类货币称为干预货币。干预货币通常为国际上被广泛使用和接受的货币，并且是国际外汇市场的主要买卖对象。

通常，政府干预对汇率的引导作用通过两条途径得以实现。一是直接效果，即干预直接改变外汇及其他各种金融资产的供求状况，这可称为“资产调整效应”。二是间接效果，即通过干预行动对市场参与者的心理产生影响，进而影响外汇供求，这可称为“信号效应”。有时仅仅是口头干预，或是披露干预的意图，并没有干预行为，也可能同样达到目的。

政府的干预行动能否取得预期效果，一般认为，当市场对汇率走势的预期较为一致时，也就是根据对各种因素特别是基本经济条件的分析，市场参与者普遍认为汇率将上升或下跌时，政府干预往往难以扭转汇率走势，因为此时政府干预所引起的外汇供求量远远小于市场上的交易总量。如果市场参与者由于汇率前景不明朗而在走向预测上产生分歧，干预常常可以引导市场，会收到较好的干预效果。即政府的干预行动效果取决于市场参与者对汇率前景的分析。

小资料 7-5 什么是汇率操纵

汇率调整属一国主权范畴，但汇率操纵却为国际货币基金组织和 WTO 明确禁止。按照一般的理解，如果某个国家人为控制本国汇率，使其故意偏离本国经济正常水平，从而使本国获得了不正当的竞争优势，那么这种行为就可被称为汇率操纵(Currency Manipulation)。目前，判断汇率操纵的主要依据是国际货币基金组织的相关法律文件，另外，世界贸易组织的部分法律文件也有所涉及。

判断一国是否操纵汇率，应从主客观两个层面分析。主观要件，是指一国是否

存在着“汇率操纵”的主观意图，即影响汇率的目的是产生阻碍其他成员国对国际收支的有效调整的结果，或者不公平地取得优于其他成员国的竞争地位。客观要件有两个层次。一是进行调控和影响的条件，即是否存在汇率操纵行为；二是指行为的结果，指实施这些政策是否给其他国家的正当利益造成负面影响。

(资料来源：杨长江，姜波克. 国际金融学. 北京：高等教育出版社，2008)

7.4 人民币汇率制度

7.4.1 现行的人民币汇率制度

人民币汇率又称人民币汇价，是人民币与外国货币的比价，是人民币对外价值的表现。目前，人民币实行以市场供求为基础、参考一篮子货币进行调节、有管理的浮动汇率制度。

人民币汇率制度是中国经济政策体系中的重要组成部分，它规范了人民币的运动方式。制定人民币的对外汇率是中国对外金融工作的重要内容之一。中国人民币汇率由国家外汇管理总局制定、调整并公布，一切外汇买卖和对外结算，除另有规定外，都必须按国家外汇管理总局公布的汇率计算。

人民币汇率采用直接标价法，是以 100 元、1 万元、10 万元外币单位为标准，折算为相应数额的人民币。多数情况下以 100 单位外币为标准折合成人民币若干元，个别单位价值较低货币例外，如日元以 100 000 为单位，意大利里拉、比利时法郎以 10 000 为单位。人民币汇率实行外汇买卖双价制，现汇卖出价与买入价之差不超过当日交易中间价的 1%，且卖出价与买入价形成的区间包含当日交易中间价即可。人民币汇率分为中间价、现汇买入价、现钞买入价、卖出价。现钞卖出价与现汇卖出价相同。

7.4.2 人民币汇率制度的演变

1948 年 12 月 1 日，中国人民银行成立，并发行统一货币——人民币。人民币对西方国家的汇率于 1949 年 1 月 18 日首先在天津产生。全国各地区以天津口岸的汇率为标准，由中国人民银行公布。1979 年 3 月 13 日，国务院批准设立国家外汇管理总局，统一管理国家外汇，公布人民币汇率。纵观人民币汇率制度的演变历程，可以将改革开放作为人民币汇率制度发展的分水岭，由此可以分为两个阶段。

1. 改革开放前的人民币汇率制度

新中国成立后至改革开放前，在传统的计划经济体制下，人民币汇率由国家实行严格的管理和控制。根据不同时期的经济发展需要，改革开放前中国的汇率体制经历了新中国成立初期的单一浮动汇率制(1949—1952 年)、五六十年代的可调整固定汇率制(1953—1972 年)和布雷顿森林体系后的盯住“一篮子货币”时期(1973—1978 年)。

(1) 单一浮动汇率制(1949—1952 年)

这一时期，人民币汇率以美元为基础，因国内通货膨胀严重而不断贬值，共调整过 52 次，贬值了 525 倍。后来由于国内经济情况好转而逐步回升。这一时期人民币汇率政策的基本框架就是：盯住美元实行浮动，汇率调整的基本依据是按国内物价和国外物价相对水平的变化，同时也考虑调节进出口贸易与鼓励侨汇的需要。

(2) 可调整的固定汇率制(1953—1973 年)

这一阶段正处于布雷顿森林体系时期，各国货币普遍盯住美元，汇率基本固定。人民币汇率也实行了固定汇率。在这种体制下，人民币汇率水平长期固定不变，而且日趋高估。

(3) 布雷顿森林体系后的盯住“一篮子货币”时期(1973—1978 年)

1972 年 3 月，布雷顿森林体系崩溃，西方国家普遍实行了浮动汇率制，各国汇率变动十分剧烈和频繁。中国对人民币汇率的调整原则作了新的规定。在计算人民币汇率时，采用了盯住“一篮子货币”的办法，篮子中的货币都是在中国对外贸易计价中所占比重较大的外币。

2. 改革开放后的人民币汇率制度

党的十一届三中全会以后，中国进入了向社会主义市场经济过渡的改革开放新时期。这一时期中国的人民币汇率制度经历了三个重要发展阶段。

(1) 官方汇率与贸易外汇内部结算价并存阶段(1979—1984 年)

1981 年 1 月 1 日，中国出现了公开牌价(1 美元合 1.5 元人民币)与贸易内部结算价(1 美元合 2.8 元人民币)并存的局面，此举是为了适应当时国内外价格体系上存在的巨大差异，旨在保护非贸易外汇收入，同时适当刺激外贸出口。

(2) 官方汇率与外汇调剂市场汇率并存的双重汇率阶段(1985—1993 年)

1985 年 1 月 1 日，中国取消贸易内部结算价，恢复了单一汇率。但是由于外汇调剂市场汇率的存在，形成了官方汇率与外汇调剂市场并存的局面。这一阶段，人民币的官方汇率经过了几次较大幅度的下调，到 1992 年 8 月，大致徘徊在 1 美元合 5.73 元人民币的水平上。外汇调剂市场的调剂价则维持在 1 美元合人民币 8.1 美元左右的水平。

(3) 有管理的浮动汇率制度阶段(1994—2005 年)

1993 年 12 月，中国进行了大规模的外汇体制改革，具体内容包括：实现人民币官方汇率和外汇调剂价格并轨；建立以市场供求为基础的、单一的、有管理的浮动汇率制；取消外汇留成，实行结售汇制度；建立全国统一的外汇交易市场等。

1994 年 1 月 1 日，人民币官方汇率与外汇调剂价格正式并轨，中国开始实行以市场供求为基础的、单一的、有管理的浮动汇率制。企业和个人按规定向银行买卖外汇，银行进入银行间外汇市场进行交易，形成市场汇率。中央银行设定一定的汇率浮动范围，并通过调控市场保持人民币汇率稳定。

1997 年以前，人民币汇率稳中有升，国内外对人民币的信心不断增强。但此后由于亚洲金融危机爆发，为防止亚洲周边国家和地区货币轮番贬值使危机深化，中国收窄了人民币汇率浮动区间。虽然人民币汇率名义上仍然实行有管理的浮动汇率制，但从实际操作和汇率的实际变动来看，人民币汇率波幅很小，对美元的汇率一直保持在相对稳定的状态。正因为如此，国际货币基金组织于 1999 年将中国的汇率制度列入“传统的可调整盯住”之列，人民币汇率制度实际上已经演变成为盯住美元的可调整盯住制度。

随着亚洲金融危机的影响逐步减弱，中国经济持续、平稳较快发展，经济体制改革不断深化，金融领域改革取得了新的进展，外汇管制进一步放宽，外汇市场建设的深度和广度不断拓展，为中国进一步改革人民币汇率制度创造了条件。

3. 2005 年的人民币汇率制度改革

为建立和完善中国社会主义市场经济体制，充分发挥市场在资源配置中的基础性作用，自 2005 年 7 月 21 日起，中国开始实行以市场供求为基础、参考一篮子货币进行调节、有管理的浮动汇率制度。这是中国 1994 年汇率制度改革以来，经多次政策微调之后，人民币汇率制度的一次重大变革。

此次人民币汇率改革的核心内容包括三个方面：

一是汇率的调控方式。人民币不再盯住单一美元，而是参照一篮子货币、根据市场供求关系来进行浮动。货币篮子是按照中国对外经济发展的实际情况，选择若干种主要货币，赋予相应的权重组成[1]。

二是中间价的确定方法。中国人民银行于每个工作日闭市后公布当日银行间外汇市场美元等交易货币对人民币汇率的收盘价，作为下一个工作日该货币对人民币交易的中间价格。

三是初始汇率的调整。2005 年 1 月 21 日 19 时，美元对人民币交易价格一次性升值 2%，调整为 1 美元兑 8.11 元人民币，作为次日外汇市场上外汇指定银行之间交易的中间价。

---

1. 根据中国人民银行公布的货币篮子的组成原则，篮子货币的选取以及权重的确定主要是考虑我国国际收支经常项目的主要交易国家、地区及其货币。目前货币篮子中主要包括美元、欧元、日元、韩元。此外，新加坡、英国、马来西亚、俄罗斯、澳大利亚、泰国、加拿大等国与中国的贸易比重也较大，它们的货币对人民币汇率也很重要。

从长期看，这次汇率制度改革对中国经济的长远发展意义重大，对中国贯彻以内需为主的经济可持续发展战略，增强货币政策的独立性，促使企业转变经营机制，增强自主创新能力，改变外贸增长方式，都有积极的推动作用。由于汇率调整幅度和时机选择适当，前期准备充分，这次人民币汇率形成机制改革实施状况平稳。改革方案实施后，人民币汇率波动体现了国际主要货币之间汇率的变化，弹性逐渐增强。

7.4.3 人民币汇率制度改革的未来展望

人民币汇率改革的总体目标是，建立健全以市场供求为基础的、有管理的浮动汇率体制，保持人民币汇率在合理、均衡水平上的基本稳定。从长远来看，人民币汇率制度的改革方向是增加汇率的弹性和灵活性，扩大汇率的浮动区间，以有效地发挥汇率在国际收支调节中的杠杆作用，并且保持中国货币政策的独立性。而从近期和中期来看，人民币汇率制度改革不应以完全自由浮动为目的，而是重归真正的以市场供求为基础的有管理的浮动汇率制度。

未来中国需要继续完善人民币汇率形成机制，进一步健全面向市场、更加具有弹性的汇率制度。但是，人民币汇率制度改革涉及面广，影响深远，仍需要做大量的准备工作，创造有利条件和环境，使各方面能够承受可能带来的影响。

2005 年 6 月 26 日，国务院总理温家宝在第六届欧亚财长会议上提出关于人民币汇率改革的原则，即汇率改革必须坚持主动性、可控性和渐进性三原则，并强调中国将以负责任的态度和做法推进改革。人民币汇率制度的改革，必将遵循这三项原则稳步向前推进。主动性，就是主要根据我国自身改革和发展的需要，决定汇率改革的方式、内容和时机。汇率改革要充分考虑对宏观经济稳定、经济增长和就业的影响。可控性，就是人民币汇率的变化要在宏观管理上能够控制得住，既要推进改革，又不能失去控制，避免出现金融市场动荡和经济大的波动。渐进性，就是根据市场变化，充分考虑各方面的承受能力，有步骤地推进改革。

小思考 7-2　谁是世界最大的汇率操纵国？

美国操纵汇率的手段和方式比较隐蔽。美国一直在通过间接的方式操纵着美元汇率。例如，它常常通过带有欺骗性的投行报告、专家研究结果等向市场释放诱导信息而使美元升值或贬值。美国通过操纵美元汇率还使中国等发展中国家的美元储备和美元资产大幅缩水，以化解自己庞大的外债压力，同时利用“估值效应”提升自己的对外资产价值。

最显著的例子就是在美联储的主动操纵下，1985 年《广场协议》签订后，美元狂贬逾 40%，2001 年后，美元相对主要货币又持续贬值超过 30%。相应的，2001—2006 年，美国对外总负债虽然增加 3.856 万亿美元，但净负债却减少 1 990 亿美元，即净赚资本收益4.055万亿美元，其中，操纵美元贬值贡献8 920亿美元，压迫别国货币升值、制造资产价格变动净赚3.163万亿美元。

当经常账户急剧飙升或者对外负债急剧增加时，为了促进出口、改善国际收支、降低对外净负债，美联储则采取入市干预或迫使别国汇率升值等手段，操纵美元贬值；而当国际社会对美元信用有所质疑、资金流入美国速度大幅放缓之时，美国政府则会高唱强势美元，甚至主动入市推高美元汇率。

美元走势总是与美国经济复苏的节奏巧妙吻合，美元周期恰恰与经济复苏周期相对应，这也是美国操纵汇率的一个表现和结果。美元策略调整具有强烈的利己主义和单边主义色彩，美元看似毫无规律的涨跌其实是与美国的经济策略密切合拍的。

2010年3月，美国国会议员选在美国即将举行中期选举之际不断炒作人民币汇率问题，其目的就是试图迫使美国政府将中国界定为所谓的“汇率操纵国”。而相比较美国的做法，中国采取继续推进人民币汇率形成机制的改革，在合理和均衡的水平上保持人民币币值的基本稳定的做法，这不仅有利于中国，也有利于世界经济。因此，中国不是“汇率操纵国”，美国才是真正的“汇率操纵国”。

(资料来源：新华网)

问题：根据材料，结合相关理论分析说明为什么中国不是“操纵国”，而美国是真正的“汇率操纵国”？

本章小结

1. 汇率政策是指一国政府为实现一定的政策目标，把本国货币与外国货币的比价确定或控制在适度水平的一系列做法。汇率政策主要由汇率政策目标和汇率政策工具组成。

2. 汇率制度是指一国货币当局对本国汇率水平的确定、汇率的变动方式等问题所作的一系列安排或规定。选择合理的汇率制度是一国乃至国际货币制度面临的非常重要的问题。

3. 传统上，按照汇率变动的方式，汇率制度可分为固定汇率制与浮动汇率制这两个基本类型。这两种汇率制度都是优点与缺点并存。

4. 目前国际货币基金组织的分类方法将汇率制度主要分为八类，各种汇率制度各自都有一定的优势，又都存在固有的缺陷。各国在选择汇率制度的时候，往往根据自身的情况选择比较适宜的汇率制度，也根据条件的变化对汇率制度进行调整。

5. 将本国汇率维持在合理水平，避免汇率过度波动，是一国汇率政策的核心内容之一。为了防止汇率变动对国内经济活动和涉外经济交易产生不良影响，各国都会对外汇市场进行干预。政府干预对汇率的引导作用通过两条途径得以实现，一是直接效果，即干预直接改变外汇及其他各种金融资产的供求状况。二是间接效果，即通过干预行动对市场参与者的心理产生影响，进而影响外汇供求。然而，如果某个国家人为控制本国汇率，使其故意偏离本国经济正常水平，从而使本国获得了不正当的竞争优势，那么这种行为就可被称为汇率操纵。

6. 人民币汇率制度是中国经济政策体系中的重要组成部分。人民币汇率制度的演变可以总体上分为改革开放前的人民币汇率制度和改革开放后的人民币汇率制度两大阶段。目前，人民币实行以市场供求为基础、参考一篮子货币进行调节、有管理的浮动汇率制度。

复习思考题

1．汇率政策的内涵及其主要目标是什么？

2．货币局制度与美元化有何区别？

3．一国如何选择合理的汇率制度？

4．一国对外汇市场的干预通常有哪些类型？

例题解析

(一) 单项选择题

1. 一国将本币与外币之间的比价基本固定，并且将汇率波动幅度限制在一定范围之内的汇率制度是(　　)。

A. 可调整的盯住制

B. 固定汇率制度

C. 浮动汇率制度

D. 盯住水平汇率带

答案解析：B。此题考查汇率制度的基本分类，参见 7.2.1 节。

2. 在法律中明确规定本国货币与某一外国可兑换货币保持固定的交换率，并且要求货币发行必须以一定的(通常是百分之百)该外国货币作为准备金的汇率制度是(　　)。

A．货币联盟

B．货币局制度

C．爬行盯住

D．固定但可调整的盯住制

答案解析：B。此题考查当前汇率制度的分类，参见 7.2.2 节。

(二) 多项选择题

1. 政府进行外汇市场干预的目的在于(　　)。

A. 维持外汇市场上的均衡汇率

B. 保证国际收支均衡

C. 阻止短期汇率发生波动，避免外汇市场混乱

D. 减缓汇率的中长期变动，调整汇率的发展趋势

E. 促进国内货币政策与外汇政策的协调

答案解析：CDE。此题考查外汇市场干预的基本概念，参见7.3.2节。

2. 判断一国是否操纵汇率，可以从(　　)方面判断。

A. 影响汇率的目的是产生阻碍其他成员国对国际收支的有效调整的结果

B. 进行调控和影响的条件

C. 实施这些政策是否给其他国家的正当利益造成负面影响

D. 该国汇率发生大幅度升值

E. 该国汇率发生大幅度贬值

答案解析：ABC，此题考查汇率操纵的基本概念，参见7.3.2节。

3. 改革开放后的人民币汇率制度经历了三个重要发展阶段，分别为(　　)。

A. 官方汇率与贸易外汇内部结算价并存阶段

B. 官方汇率与外汇调剂市场汇率并存的双重汇率阶段

C. 有管理的浮动汇率制度阶段

D. 单一浮动汇率制

E. 可调整的固定汇率制

答案解析：ABC。此题考查人民币汇率制度的演变，参见7.4.2节。

(三) 简答题

试对固定汇率制度与浮动汇率制度进行比较。

答案解析：参见7.2.1节。

知识链接

1. 中国的汇率政策及人民币汇率制度的具体内容，可以登录中国人民银行网站(http://www.pbc.gov.cn/)查阅。

2. 人民币基本汇率变动情况以及中国外汇市场的管理法规，可以登录国家外汇管理局官方网站(http://www.safe.gov.cn)查询。

3. 可以登录中国银行网站(http://www.boc.cn/)查阅人民币汇率报价。

4. 国际货币基金组织各成员的汇率制度安排可登录其官方网站(http://www.imf.com)查阅。

第 8 章

外汇管制与货币自由兑换

学习索引

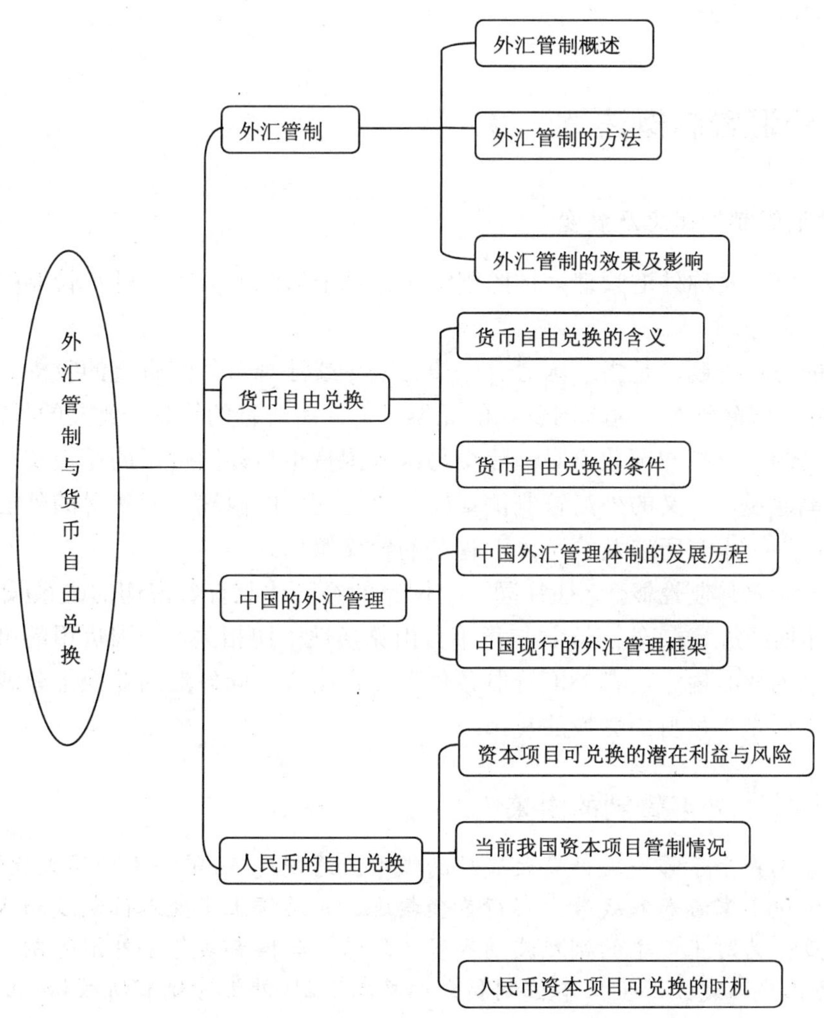

学习目标

掌握外汇管制的概念，了解外汇管制的目的、管理机构、对象、类型、内容及方法，掌握外汇管制的效果及影响；掌握货币自由兑换的有关概念及所需要的条件，了解中国外汇管理体制的发展历程、中国现行的外汇管理框架；熟悉人民币自由兑换问题。

重点难点

外汇管制的概念、类型　　　　货币自由兑换的概念及所需要的条件

8.1 外汇管制

8.1.1 外汇管制概述

1. 外汇管制的概念及演变

外汇管制，又称外汇管理，按照国际货币基金组织的分类，外汇管制的概念有广义和狭义之分。

广义的外汇管制，是指一国通过法律、法令或法规对外汇资金的收支、买卖、借贷、转移及国际结算，对本国货币的兑换及汇率所进行的管理。狭义的外汇管制，又称外汇限制，是指一国政府对国际交易或本国货币与外国货币的兑换实行的严格限制。简单地说，广义的外汇管制侧重的是“管理”的内涵，而狭义的外汇管制更偏重“限制”。本节所涉及的是外汇管制的狭义概念。

外汇管制是体制性概念，往往同一个国家的经济体制有着密切的联系(如战时管理经济、计划经济等)。外汇管制与货币自由兑换性密切相关，一国货币的可兑换性是外汇管制的核心内容。在外汇管制条件下，本国货币同外汇的兑换部分或全部受到限制，本币是不可自由兑换的货币。

小资料 8-1　外汇管制的由来

外汇管制产生于第一次世界大战后的纸币流通制度下。第一次世界大战爆发后，世界主要发达国家都卷入战争，实行黄金禁运，先后停止了金本位制度而代之以纸币流通制度，为防止汇率的剧烈波动和资本外流，各国都实行了外汇管制。“一战”结束后，各国先后建立了金块本位制和金汇兑本位制，外汇管制有所放松。但在 1929

—1931年的世界经济危机期间，国际货币制度崩溃，各国又开始使用外汇管制手段。第二次世界大战爆发后，外汇管制更加严格。战后，遭受战争重创的西欧国家和发展中国家仍实行外汇管制。

由于经济的复兴，到1958年，西欧各国都不同程度恢复了货币自由兑换。20世纪80年代以后，随着全球经济、金融一体化趋势的加强，加之国际货币基金组织的极力倡导，取消外汇管制成为一种明显的发展趋势。但由于种种原因，大多数外汇资金还不宽裕的国家，仍然实行程度不同的外汇管制。

(资料来源：托马斯·A.普格尔.《国际金融》.北京.中国人民大学出版社，2005年)

2．外汇管制的目的和管理机构

外汇管制的主要目的是平衡国际收支，维护本币对外汇率的稳定，限制资本外逃和外汇投机，以及避免受国际市场价格较大变动的影响，稳定国内物价。

执行外汇管理的机构一般是由主权国家政府授权的中央银行，但也有些国家另设专门管理机构，如外汇管理局，中国进行外汇管理的机构就是国家外汇管理局；还有的国家是由财政部施行外汇管制，如英国的财政部、日本的大藏省。

3．外汇管制的类型

事实上，完全不受管制的自由外汇交易是不存在的。世界上所有国家都实行某种程度的外汇管制，各国之间的区别只是管制松紧程度的不同。外汇管制的类型一般分为三种。

第一种类型是实行严格的外汇管制。即对国际收支的所有项目，包括经常项目、资本项目和金融项目都实行严格控制，而且不实行自由浮动的汇率制度。这类国家和地区多是发展中国家，经济不发达，出口能力弱，外汇资金匮乏，不得不实行严格的外汇管制。20世纪80年代末以前，多数发展中国家都是这种类型。

第二种类型是采取部分外汇管制。即原则上对经常项目不加管制，但对资本项目的收支进行不同程度的管制，一般实行浮动汇率制。这种类型既有工业国，也有发展中国家，一般经济比较发达，对外贸易规模较大，经济金融状况较好。许多国家在20世纪90年代从严格的外汇管制过渡到经常项目可兑换，如印度、巴西、中国等。在国际货币基金组织的180多个成员中，这类成员已经达到150多个。

第三种类型是基本放弃外汇管制的国家。即准许本国和本地区货币自由兑换成其他国家和地区的货币，对经常项目和资本项目的收支都不加限制。一些工业发达国家和一些国际收支盈余的石油生产国属于这个类型。此外，一些经济发展较快，或者外汇收入充裕的新兴市场国家也相继放弃了资本项目的管制。

8.1.2　外汇管制的方法

外汇管制的方法分为数量管制和成本管制两种。数量管制主要就是对外汇交易的数量进行限制，通常采用进出口结汇、外汇配给、进口许可证等方式对国际收支账户的各个项目进行管理。成本管制主要就是汇率管理，一般采用复汇率制和本币高估的做法。

1. 对外汇资金输出入的管制

按照国际收支账户来分类，数量性外汇管制的主要项目包括贸易外汇、非贸易外汇、资本输出入、黄金等。

(1) 贸易外汇

贸易外汇收支在一国国际收支中所占比例最大，往往是外汇管制的重点。对贸易外汇管制的措施分为对出口收汇的管理和对进口付汇的管理。具体而言，对出口收汇的管理，按规定所有出口商必须将他们所得的外汇结售给指定银行。出口商必须向外汇管理机构申报出口商品价款、结算所使用的货币、支付方式和期限，出口收汇后要按某种汇价将全部或部分外汇结售给指定银行。对进口付汇的管理，由外贸管理当局签发进口许可证，获得许可证才有资格申请使用外汇，经过批准后方能购买进口所需外汇。

(2) 非贸易外汇

非贸易外汇收支一般数量不大，但范围较广，贸易收支以及资本输出入以外的收支均属非贸易外汇收支，包括运输费、保险费、佣金、利息、股息、专利费、许可证费、版税、稿费、特许权使用费、技术劳务费、奖学金、留学生费用、旅游费用等。其中对进出口从属费用，基本按贸易外汇管理办法处理，一般无须再通过核准手续。对其他各类非贸易外汇收支，都要经过外汇管理当局的审核批准。

(3) 资本输出入

由于资本进出对外汇收支的影响比贸易收支更为直接，世界各国都高度重视资本和金融项目的外汇管理。资本项目管制的措施是：限制本国资本输出；规定资本输出入的额度、期限与投资部门；国外借款必须存放在外汇指定银行；银行从国外借款不能超过其资本与准备金的一定比例；规定接受外国投资的最低额度等。一些工业发达国家为了避免本国货币汇率过分上浮，有时也采取一些限制资本输入的措施，如规定银行吸收非居民存款要交纳较高的存款准备金，规定银行对非居民存款不付利息或倒收利息，限制非居民购买本国的有价证券等；或者鼓励资本输出，如鼓励居民购买外国有价证券和投资于外国的不动产。

2. 对黄金和本外币现钞输出入的管制

实行外汇管制的国家一般都禁止私人输出或输入黄金，对输出本国的现钞也规定了最高限额。对输入本国的现钞，有的国家规定限额，有的虽不加限制，但规定输入的现钞必须用于指定的用途。对输入本国的现钞如果规定限额，一般与输入限额相同。

3. 对汇率的管制

上面所述的管制措施，偏重于数量管制。而对汇率的管制，实际上是一种成本管制，汇率管制措施分为两种：一种是施行复汇率制度；一种是制定单一的官方汇率，往往是高估本币。

复汇率制是指一国实行两种或者两种以上汇率的制度，包括双重汇率制、多重汇率制。通常是外汇管理部门根据不同的外汇交易规定不同的汇率，对需要鼓励的交易规定优惠的汇率，对需要限制的交易规定不利的汇率。

复汇率制按照其表现形式可以分为公开的和隐蔽的两种。公开的复汇率制就是政府明确公布针对不同交易应采用不同的汇率。最常见的就是贸易汇率和金融汇率的区分，前者适用于经常账户交易，而后者适用于资本和金融账户的交易。此外，还可以根据进出口商品种类的不同来规定不同的汇率，如进口生活必需品和奢侈品所适用的汇率不同。在现实中，有的国家的汇率甚至可以多达几十种。

隐蔽的复汇率制可以有多种表现形式。例如，对进出口商品按类别课征不同的关税或给予不同的财政补贴，导致实际汇率不同；再如，可以采用影子汇率，即附在不同类别进出口商品之后的不同的折算系数。例如，假设某商品的国内平均生产成本为 7.3 元人民币，国外售价为 1 美元，而官方汇率为 1 美元对 5.7 元人民币，按照官方汇率只能弥补该产品的 5.7 元生产成本。为鼓励出口，可在该类产品的官方汇率之后附加一个 1.2 的折算系数。则该产品出口后 1 美元可换到 6.84 元 $(5.7\times1.2=6.84)$人民币。

采取不同的外汇留成比例也是一种隐蔽的复汇率制。也就是对不同的企业或出口商品实行不同的收汇留成比例，允许企业将其外汇留成在市场上以高于官方价格的汇率进行交易。

小资料 8-2　本币高估

本币高估，是指一国政府为了实现其汇率政策目标，超过本币的实际价值或国内与国外通货膨胀差异的幅度而人为地提高本币的汇率。

8.1.3 外汇管制的效果及影响

外汇管制作为一种经济政策，在实施过程中，既有一定的积极作用，又有一定的消极作用。

从总体上看，外汇管制可以隔绝外国的冲击，使一国经济少受或不受外来因素的影响，还可以达到稳定经济、改善国际收支状况、稳定币值等目的，对抑制物价上升、促进产业结构改善也能起到一定的作用。

但是与此同时，外汇管制的实施对本国经济和世界经济也会带来许多不利影响，具体表现在：

(1) 阻碍国际贸易的正常发展，降低资源的配置效率

实行外汇管制，限制了外汇的自由买卖与支付，这无疑会阻碍国际贸易的顺利进行和规模的扩大。另外，外汇管制人为地割裂了国内市场和国外市场的联系，使生产和贸易脱节，国际贸易无法按照比较利益原则来进行，资源的有效配置机制被破坏。

(2) 外汇市场机制的作用得不到充分发挥

在没有管制的自由外汇市场上，由于市场机制的作用，在外汇供求之间，远期汇率和利率之间，存在一定的内在平衡机制。而在外汇管制下，汇率由政府决定，外汇的供求也受到严格的控制，因此这种内在联系被破坏。而且在外汇市场上不能进行多边交易，资本也不能自由流动，这就造成国际金融市场被人为分割。

(3) 导致不公平竞争

复汇率实际上是一种变相的财政补贴，使得不同企业处在不同的竞争地位，不利于公平竞争关系的建立和透明的市场关系的形成。本币高估必然形成外汇黑市，使外汇市场陷入混乱状态，并导致社会分配的不公平。

(4) 带来额外的管理成本

实行复杂的外汇管制，势必涉及大量的人力成本。管理人员知识上的缺陷，信息的不完全，都有可能导致管理措施的错误运用，使经济的运行效率下降。

(5) 无助于外汇失衡的消除和国际收支问题的根本解决

除非配套采取其他改善经济结构的政策措施，进行管制是“治标不治本”的措施，只能临时性地缓解矛盾，必须要辅之以根本性的改革措施才能彻底解决问题。

8.2 货币自由兑换

8.2.1 货币自由兑换的含义

货币自由兑换是针对外汇管制而言的。实行严格外汇管制的国家，外汇这种稀缺资源同本国货币之间的联系被严格地隔离开来，本国货币便成为不可自由兑换货币。

所谓货币自由兑换，是指在外汇市场上，能自由地用本国货币购买(兑换)某种外国货币，或用某种外国货币购买(兑换)本国货币。

在实践中，由于国际经济环境不同，各国经济发展程度和社会经济金融条件不一样，不同国家或同一国家的不同时期都采取了各种各样的措施和手段对货币的自

由兑换进行限制，从而形成了不同含义的货币自由兑换。根据产生货币可自由兑换需要的国际间经济交易的性质不同，货币自由兑换可分为经常项目下的货币自由兑换和资本项目下的货币自由兑换。

1. 经常项目下的货币自由兑换

经常项目下的货币自由兑换是指一国对经常项目下的对外支付解除了限制或管制。国际货币基金组织在其章程第八条的二、三、四款中，规定凡是能实现不对经常性支付和资金转移施加限制，不实行歧视性货币措施或多重汇率，能够兑付外国持有的在经常性交易中所取得的本国货币的国家，该国货币就是可兑换货币。可见，国际货币基金组织所指的可兑换实际上是经常账户下的货币可兑换。实现了经常账户可兑换的国家也即承担了国际货币基金组织第八条款所规定的义务，成为国际货币基金组织的“第八条款国”。

根据国际货币基金组织《汇率安排与外汇管制：2007年年报》，目前在其186个成员中，已有166个接受了第八条款。中国于1996年12月1日正式成为国际货币基金组织第八条款国。

2. 资本项目下的货币自由兑换

资本项目下的货币自由兑换，即资本与金融账户可兑换，是指对资本流入和流出的兑换均无限制。目前大多数国际货币基金组织的成员国都在对资本与金融项目实行不同程度的限制。在已实行资本项目自由兑换的成员中，绝大多数是发达国家，发展中国家和地区所占比例很少。

3. 货币的全面可兑换

如果一国货币在经常项下和资本金融项下都实现了自由兑换，则该国货币就实现了全面可兑换，该国货币就可被称为“充分可兑换货币”。

要实现货币的全面可兑换，一国往往要经历不能自由兑换、经常项目有条件自由兑换、经常项目自由兑换、经常项目自由兑换加上资本项目的有条件可兑换，直至资本项目自由兑换，这其实是外汇管制不断放松的过程。通常，经常项目下的可兑换是货币自由兑换的第一步，也是最为基本的一步，它往往成为各国货币自由兑换实践的突破口。

8.2.2 货币自由兑换的条件

一国货币自由兑换之后，商品与资本的跨国流动就会对该国的宏观经济形成一定的冲击，而一国的企业也将面临来自国外激烈的竞争。所以在考虑实现货币自由兑换之前，需要对本国经济抵抗冲击的能力进行评估，一国能否成功地实行自由兑换，需要基本满足一些条件。

1．健康的宏观经济状况

一国经济运行应处于正常有序状况，既没有严重通货膨胀等经济过热现象，也不存在大量失业等经济萧条问题，同时还应具备有效率的市场体系。此外，政府还要能熟练有效地运用各种宏观政策工具对经济进行调控。

2．健全的微观经济主体

这要求企业必须应具备现代企业制度，自主经营，自负盈亏；以市场为导向，能够对市场信号的变动做出及时反应；具备较强的竞争能力，能够应对外来的挑战。

3．较强的国际收支调节能力

一国实现货币自由兑换后，政府很难再以直接管制方式强有力地控制各种国际间经济交易，因此要特别关注国际收支平衡维持，避免外汇短缺的出现。外汇短缺的消除从根本上讲取决于本国企业的国际竞争力，同时该国还应具有充足的国际储备。

4．恰当的汇率制度与汇率水平

恰当的汇率水平不仅是货币自由兑换的前提，也是货币自由兑换后保持汇率稳定的物质基础，而汇率制度的选择直接关系到汇率水平的恰当调整和合理水平的保持。一般来说，在资本可以自由流动时，选择具有更多浮动汇率特征的汇率制度更为合适。

8.3 中国的外汇管理

中国是一个发展中国家，经济实力相对较弱，根据中国的国情，中国长期实行较严格的外汇管理。中国的外汇管理对于保持中国国际收支的基本平衡和汇率的基本稳定起到了很大的作用，有效地促进了国民经济的持续稳定和健康发展。

改革开放以前，中国实行高度集中的计划经济体制，由于外汇资金短缺，中国一直实行比较严格的外汇管制。1978 年实行改革开放战略以来，中国的外汇管理体制由高度集中的外汇管理体制有序地向与社会主义市场经济相适应的方式转变。新中国成立后，中国的外汇管理体制大体经历了三个阶段。

8.3.1　中国外汇管理体制的发展历程

1．计划经济时期的中国外汇管理体制(1949—1978 年)

这一时期具体包括国民经济恢复时期(1949—1952 年)和高度计划经济时期(1953—1978 年)两个阶段。

新中国建立以后，中国的外汇资金曾经在比较长的时间内十分紧缺，国家实行了严格的外汇管制，实行“集中管理、统一经营”的管理制度。这种外汇管理体制与当时高度集中的指令性计划经济体制相适应，有利于国家集中有限的外汇资源，对当时实现国际收支平衡和汇率稳定起了重要的作用。然而，这种外汇管理体制在许多方面过分依赖行政管理手段来解决经济问题，从而忽略了国际市场的变化和市场价值规律的作用。

2．经济转型时期的中国外汇管理体制(1979—1993 年)

1979 年后，中国外汇管理进行了重大改革。经国务院批准，国家外汇管理局成立，统一负责中国的外汇管理工作；建立了外汇留成制度，以调动企业的创汇积极性；建立外汇调剂市场，以满足各企业调剂外汇余缺的需要；允许多种金融机构经营外汇业务，改变了原有的由中国银行“统一经营”外汇业务的格局。

上述改革措施顺应了中国改革开放的形势，但是由于外汇调剂市场和官方外汇市场并存，形成了两个市场、两个汇价并存的局面，这不符合国际货币基金组织的有关规定，不利于中国加入世界贸易组织。

3．社会主义市场经济体制下外汇管理体制框架的初步建立(1994—2000 年)

1994 年以来，中国推行了一系列的外汇管理体制改革措施，以适应中国改革开放不断深入的宏观背景。1994 年的外汇体制改革实现了预期的主要目标，人民币实现经常项目可兑换的条件日益成熟。1996 年年底以前，中国达到了国际货币基金组织协定第八条款的要求，可以实现人民币经常项目可兑换。虽然实现经常账户完全可兑换，但对经常账户下的外汇收支的管理仍然存在。与此同时，中国还对资本与金融账户实行较严格的管制。

4．外汇管理体制改革的进一步深化(2001 年至今)

2001 年 12 月，中国加入世界贸易组织，相应地，中国的外汇管理体制为顺应进一步开放的形势，继续推出了一系列改革措施。

第一，进一步完善经常项目外汇管理，提高境内机构保留经常项目外汇收入的比例，便利居民和企业的用汇需求。第二，积极培育和发展外汇市场，完善有管理的浮动汇率制。第三，稳步推进资本项目可兑换，拓宽资金流出入渠道。放宽境外投资外汇管理限制，大力实施“走出去”战略。第四，加强资金流入管理，积极防范金融风险。

8.3.2 中国现行的外汇管理框架

如今，中国已经告别外汇短缺时代，外汇管理的主要目标转变为通过对外汇资金流入和流出的均衡管理，促进国际收支平衡、维护国家金融安全和服务经济发展。中国现行的外汇管理框架基本内容主要包括以下几方面。

1. 经常项目管理实行真实性审核

中国已于1996年实现人民币经常项目可兑换。因此，只要购付汇是真实用于货物贸易、服务贸易等经常项目用途，国家均不作限制，予以满足。由于目前中国仍实行资本项目部分管制，为区分经常项目和资本项目交易，确保资本项目管制的有效性，中国经常项目外汇管理的核心目标和原则为真实性审核，防止无贸易背景或违法资金等非法流出入。

2. 逐步实现资本项目可兑换

由于经济结构、市场机制、监管能力等方面的原因，中国没有完全放开资本项目管制，而是依据世界各国尤其是新兴市场经济国家的基本经验，对资本项目的管制采取在有效防范风险前提下，有选择、分步骤放宽对跨境资本交易活动的限制。与经常项目管理不同的是，资本项目外汇管理原则上不完全是真实性审核，一些风险较大、管制较多的项目，如证券投资等，即便确实是投资证券市场，也可能不被允许。

3. 加强对金融机构外汇业务的监督和管理

中国对金融机构外汇业务的监管由外汇管理、银行业监督管理等部门分别负责。银行在办理结售汇业务中，必须严格按照规定审核有关凭证，防止资本项目下的外汇收支混入经常项目结售汇。

4. 强化国际收支统计监测

中国对跨境交易资金流动进行统计，实行国际收支统计申报制度。对于较难通过交易主体申报采集的数据，中国还建立了国际收支统计专项调查制度，如贸易信贷、运输、保险项下调查制度等。

5. 健全和完善人民币外汇市场

1994年外汇体制改革后，中国形成了外汇零售市场与外汇批发市场。2005年7月21日人民币汇率形成机制改革后，人民币汇率初具弹性，外汇市场发展迅速，交易方式、时间、品种、清算等各个方面不断丰富完善。

6．逐步建立科学有效的外汇管理法规体系

2008年8月1日，中国修订了《中华人民共和国外汇管理条例》。新条例的重要变化是取消了中国自1994年外汇体制改革以来实行的强制结汇制度，允许国内企业将外汇收入存放于境外，同时允许境外企业在国内发行证券。这为人民币自由兑换作出了基础性的过渡准备。

小资料8-3　QFII与QDII

QFII是Qualified Foreign Institutional Investors(合格的境外机构投资者)的英文简写形式，QFII机制是指外国专业投资机构到境内投资的资格认定制度。

QFII是一国在货币没有实现完全可自由兑换、资本项目尚未开放的情况下，有限度地引进外资、开放资本市场的一项过渡性的制度。这种制度要求外国投资者若要进入一国证券市场，必须符合一定的条件，得到该国有关部门的审批通过后汇入一定额度的外汇资金，并转换为当地货币，通过严格监管的专门账户投资当地证券市场。

QDII是Qualified Domestic Institutional Investors(合格的境内机构投资者)的英文缩写形式。它是在一国境内设立，经该国有关部门批准，从事境外资本市场的股票、债券等有价证券投资业务的证券投资基金。

QDII的概念由香港政府于2001年最早提出，是与QFII反方向操作的一种投资制度。QDII也是一种过渡性措施，是资本项目未开放条件下的一种保护性措施。QDII制度的实质是对境内资本投资境外资本市场进行额度管理。

中国于2003年7月1日开始实行QFII制度，2006年开始实施QDII制度，至此，中国资本市场已经实现了有限度的双向开放。

(资料来源：国家外汇管理局网站)

8.4　人民币的自由兑换

实现资本项目可兑换是一个国家经济发展到一定阶段，参与世界合作与竞争所必须面临的问题。从1996年12月1日起，中国实现了人民币经常项目可自由兑换，但是仍然对资本项目的外汇收支实行严格的管制。人民币何时实现资本项目可兑换，实现什么样的可兑换，怎样实现资本项目可兑换，都是值得深入思考的问题。

8.4.1　资本项目可兑换的潜在利益与风险

实现资本项目可兑换后，经济的对外开放度进一步提高，资本流动更加自由，这种较为开放的资本流动能带来许多潜在的利益。这些潜在的利益能否变成现实的利益还取决于各国的具体情况。

一方面，实现人民币资本项目可兑换给一国带来潜在经济利益。主要体现在：可以促进社会资源的合理配置；有利于吸引国外资本；可以推动中国金融市场的发育和完善，提高金融服务的竞争力和经济效率；提高中国的国际经济地位，推动人民币的国际化等。

另一方面，实现人民币资本项目可兑换也孕育着许多潜在风险。主要体现在：本国容易遭受国际投机资本的攻击；资本大量外流可能会使国际收支和贸易条件恶化；资本的频繁流动会影响国内金融市场的货币数量、信贷规模、利率水平和价格水平；严重抑制外汇需求关系，扭曲人民币汇率。

8.4.2 当前中国资本项目管制情况

虽然中国在不断放松经常项目外汇管制的同时，一再强调对资本项目实施严格的管理，但是由于管理政策上的松紧不同，或由于有的管理手段缺乏力度，事实上，对资本账户具体项目的管制已经比较有限。

中国目前对资本项目管制的大致情况是：对风险大的资本账户子项目管制较严(如证券投资)，对风险小的子项目管制较松(如直接投资)；对资本流出管制较严，对资本流入管制较松；对短期投资(如短期借贷、证券投资)管制较严，对长期投资(如借款、直接投资)管制较松。

近年来资本项目外汇管理在国际收支形势发展变化、国内国际经济形势发生变化的情况下也进行了一系列的改革，这些改革主要围绕三个方面进行：从“宽进严出”管理转向跨境资本流出入“均衡”管理；引导外汇资金合理有序地流出，促进投资便利化；健全和完善资本项下跨境外汇资金流出入的统计监测与预警机制。

8.4.3 人民币资本项目可兑换的时机

目前，中国在微观经济基础、金融体系稳定和金融监管上还有很多不足，因此，人民币资本项目可兑换应伴随着这些矛盾的化解而逐步实现。

实现人民币资本项目可兑换是中国外汇管理体制改革以至整个经济体制改革的长远目标。近年来，根据经济发展和改革开放的客观需要，中国在深化外汇管理体制改革，稳步推动资本账户开放方面采取了一系列措施，取得了积极进展。

目前中国实现人民币资本项目可兑换的总体思路是：从中国实际出发，借鉴国际经验，以放松资本项目交易限制、引入和培育资本市场工具为主线，在风险可控的前提下，依照循序渐进、统筹规划、先易后难、分步推进的原则，分阶段、有选择地逐步推出资本项目开放措施。

在经济全球化不断深入的背景下，对于中国目前的发展阶段而言，实现人民币的完全可自由兑换仍然有很长的路要走，而且必将是一个自主、渐进的过程。

本章小结

1．外汇管制，又称外汇管理，按照国际货币基金组织的分类，外汇管制的概念有广义和狭义之分。狭义的外汇管制，又称外汇限制，是指一国政府对国际交易或本国货币与外国货币的兑换实行的严格限制。

2．外汇管制一般分为实行严格的外汇管制、采取部分外汇管制和基本放弃外汇管制三种类型。外汇管制的方法分为数量管制和成本管制两种；外汇管制主要包括对外汇资金输出入的管制、对黄金和本外币现钞输出入的管制、对汇率的管制。

3．所谓货币自由兑换，是指在外汇市场上，能自由地用本国货币购买(兑换)某种外国货币，或用某种外国货币购买(兑换)本国货币。根据产生货币可自由兑换需要的国际间经济交易的性质不同，货币自由兑换可分为经常项目下的货币自由兑换和资本项目下的货币自由兑换。

4．一国能否成功地实行货币自由兑换，需要满足的条件主要包括健康的宏观经济状况、健全的微观经济主体、较强的国际收支调节能力和拥有恰当的汇率制度与汇率水平。

5．历经多个阶段的发展，中国现行的外汇管理框架基本完善。

6．从 1996 年 12 月 1 日起，中国实现了人民币经常项目可自由兑换，但是仍然对资本项目的外汇收支实行严格的管制。

复习思考题

1．何谓货币自由兑换？货币自由兑换需要哪些条件？

2．国际货币基金组织对“可兑换货币”有哪些规定？

例题解析

(一) 单项选择题

1．对国际收支的所有项目，即经常项目和资本与金融项目都实行严格控制，而且不实行自由浮动的汇率制度，这属于(　　)。

A．严格外汇管制

B．部分外汇管制

C．取消外汇管制

D．上述说法都不对

答案解析：A，此题考查外汇管制的类型，参见 8.1.1 节。

2．一国货币实现完全可兑换往往要分阶段进行，第一个阶段通常是(　　)。

A．经常账户的有条件可兑换

B．经常账户自由兑换

C．经常账户自由兑换加上资本与金融账户的有条件兑换

D．完全的自由兑换

答案解析：A，此题考查货币自由兑换的内涵，参见 8.2.1 节。

(二) 多项选择题

1．通常一国外汇管理的政策目标包括(　　)。

A．维持本币汇率稳定

B．平衡本国国际收支

C．限制资本外逃和外汇投机

D．增加外汇储备

E．稳定国内物价

答案解析：ABCE，此题考查外汇管理的内涵，参见 8.1.1 节。

2．实现货币自由兑换的条件包括(　　)。

A．宏观经济政策健全且经济发展稳定

B．国内金融体系完善

C．汇率制度安排合理且汇率形成机制有效

D．企业具备市场竞争能力

E．金融监管能力强而有力

答案解析：ABCDE，此题考查货币自由兑换的条件，参见 8.2.2 节。

(三) 简答题

1．何谓外汇管制？有几种类型？

答案解析：此题考查外汇管制的概念和类型，参见 8.1.1 节。

2. 资本项目可兑换的潜在利益与风险是什么？

答案解析：此题考查资本项目可兑换的利益与风险，参见 8.4.1 节。

知识链接

1. 中国外汇管理方面的政策法规和最新动态，可以查阅国家外汇管理局官方网站(http://www.safe.gov.cn)了解。

2. 国际货币基金组织对外汇管制和货币自由兑换的相关规定，可以查阅其官方网站(http://www.imf.org)了解。

第 9 章

国际储备政策

学习索引

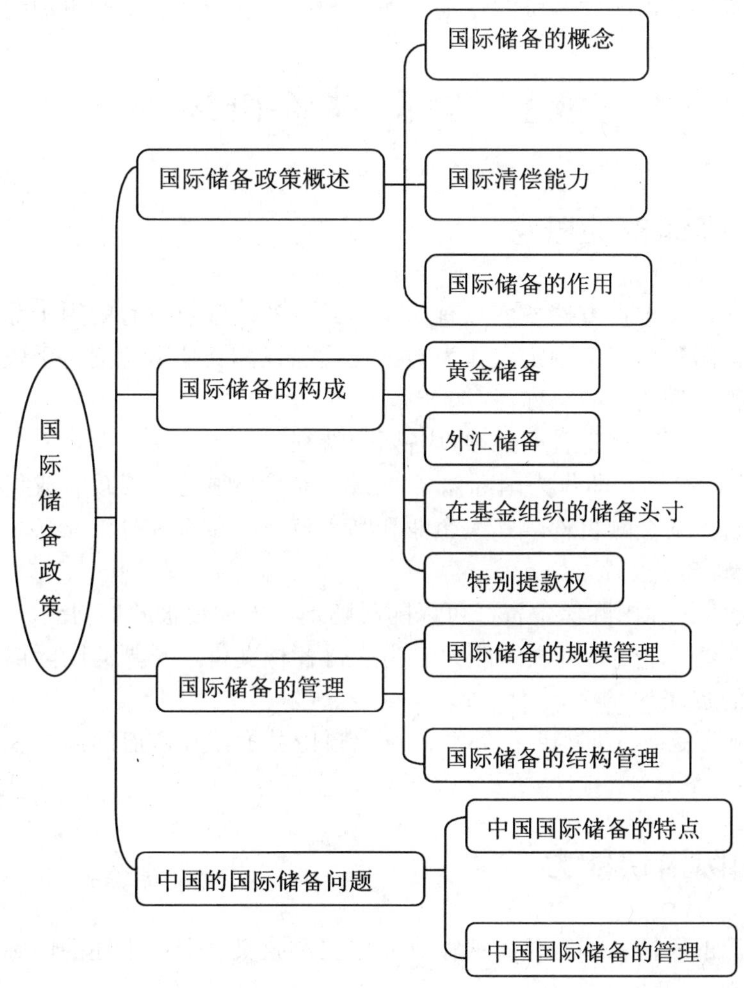

学习目标

掌握国际储备的概念、作用及其构成，掌握国际储备的规模管理和构成管理，了解中国国际储备的有关特点和状况。

重点难点

国际储备与国际清偿能力的概念及比较　国际储备的作用　国际储备的构成　国际储备的规模管理与结构管理　中国国际储备的特点及管理

在一个国家的国际收支中，经常会出现失衡的状况，这样会带来国际收支的差额。如果出现顺差，会导致该国的黄金外汇储备增加：而出现逆差，该国必须用外汇资金来弥补，这些资金的来源一般有两种：该国的外汇储备和向外国借款。而一个国家能向外国借入多少资金很大程度上又受到该国外汇储备的影响。因此，外汇储备对一个国家进行正常的国际贸易和金融活动有着非常重要的作用。对一国而言，外汇资金起着短期内缓冲融资的作用，而在开放经济中，作用则更加明显。

9.1　国际储备概述

9.1.1　国际储备的概念

国际储备，又称官方储备或自有储备，是指各国政府持有的用于弥补国际收支逆差，保持该国货币汇率稳定，作为对外还债保证和其他紧急支付手段的国际间普遍接受的各种流动资产的总称。

按照定义，国际储备资产必须具备四个特征：

(1) 官方持有性。即作为国际储备的流动资产必须是一国政府或货币当局持有的资产，非官方的金融机构、私人企业和私人持有的黄金和外汇储备并不算作该国的国际储备资产。

(2) 可得性。即国际储备资产可以随时随地、方便地被政府得到。

(3) 流动性。即变为现金的能力，为应付各种支付，一国的国际储备必须是随时可以动用的资产。

(4) 普遍接受性。即能否在外汇市场上自由兑换或在政府间清算收支差额时被普遍接受。

9.1.2　国际清偿能力

根据来源的不同，国际储备的概念有广义和狭义之分，上述的国际储备是人们通常所说的国际储备，是狭义的外汇储备，即自有储备。

广义的国际储备是指一国的国际清偿能力，即一国平衡国际收支和干预外汇市场的总体能力。更确切地说，是一国官方所能动用的一切储备资产的总和，包括该国的自有储备和借入储备，除了上述的自有储备外，还包括该国向外国的临时借款，如该国向国际货币基金组织的借款、向外国政府和银行的借款。

国际储备是一个国家具有的现实的对外清偿能力，而国际清偿能力是现实的对外清偿能力和可能的对外清偿能力的总和，是一个国家地位和对外资信的重要标志。在通常情况下，我们用国际储备来判断一国的对外支付能力，而用国际清偿能力来判断一个国家的国际经济地位、金融资信和长期对外支付能力。

9.1.3　国际储备的作用

从全球范围看，国际储备的作用主要体现在促进国际商品流动和推动世界经济发展；而对于个别国家来说，国际储备的持有虽然会牺牲资产的运用机会，但是一国储备会给国家带来一定的利益，这体现在一国储备资产的作用。

1．弥补国际收支差额，维持对外支付能力

在一国的对外经济交往中，不可避免地会在短期内产生贸易差额，这种差额不管是顺差还是逆差，长久以往都会对一国的国内经济和对外经济造成不利的影响。因此一国的政府必须采取一定的措施来平衡国际收支。如果这种差额是短期的、偶然的，就可以通过国际储备的流入流出调节；如果这种差额是长期的、结构性的，那么在政府采取新的中长期经济措施改变这一状况以前，国际储备可以作为缓冲国际收支不平衡对经济的冲击。

2．干预外汇市场，稳定本国货币汇率

当今经济全球化形势下很多国家采取了浮动汇率的方式，浮动汇率虽然更加灵活自由，但汇率的大幅变动会对经济产生不利影响，短期内的汇率大幅变动甚至会造成严重的经济危机。而在国际储备中作为“外汇平准基金”的部分可以很好地调节外汇市场的影响。外汇平准基金由黄金、外汇和本国货币构成。当外汇市场产生的波动超过政府预定的合适范围时，政府可以通过购入储备放出本币的方法来降低本国货币的升值压力，反之可以用放出储备购入本币的方法来限制本国货币的贬值。在这里需要注意的是，国际储备对于汇率的调节也只是短期的，并且要以发达的外汇市场和本币自由兑换为条件，具有相当的局限性。

3．充当信用保证

国际储备能反映一个国家经济实力和金融实力的强弱，国际储备充足可以保证一国对外债务的偿还能力，表明一国政府的对外资信，同时还能增强本国货币价值

稳定的信心，提高本国货币在国际市场上的信誉。

9.2 国际储备的构成

在历史不同时期，国际储备的构成也是不一样的。在国际金本位时期，黄金当仁不让地成为国际储备的主流，而随着英国经济地位的提高，英镑的资信也随之提高，成为国际储备中黄金之外的另一种重要构成，形成了黄金—英镑储备体系。“二战”以后，英国的国际经济地位逐渐下降，而美国经济迅速发展，根据布雷顿森林会议建立的国际货币基金组织的协议，美元以官方价格直接兑换黄金，被赋予了国际储备货币的特殊地位，从而取代英镑形成了黄金—美元储备体系。20 世界 70 年代，布雷顿森林体系崩溃，美元虽然凭借世界第一货币的地位继续充当储备货币的角色，但由于美元不再与黄金固定比例兑换，汇率不再稳定，给以美元作为国际储备的国家带来了一定的风险，因此各国纷纷采取持有几种相对稳定的货币作为外汇的方法作为国际储备，国际储备的多元化也由此形成。

9.2.1 黄金储备

黄金储备，是指各国货币当局持有的作为金融资产的货币性黄金。

作为国际储备资产的最初形式，黄金是历史最悠久的储备资产。在充当国际货币的同时，一直作为国际支付手段、流通手段和储藏手段。国际金本位时期，黄金也是各国平衡国际收支的最后手段。布雷顿森林体系建立后，黄金仍然是国际货币和国际储备的基础，地位不曾动摇。但随着布雷顿森林体系的瓦解，国际储备多元化的开始，黄金储备在国际储备中的比例不断下降，而其地位下降的主要原因是由于布雷顿森林体系瓦解以后，黄金从直接弥补国际收支差额变为备用的二级储备，即黄金需要先卖成外汇然后才能弥补国际收支逆差。

自 1976 年起实施的《牙买加协议》中规定，黄金和国际货币制度分离，但是在计算各国的国际储备时依然将黄金算入其中，这是因为黄金作为一种传统的货币其价值决定于本身贵金属的独特性质，并被世界范围普遍接受，国际上发达的黄金市场又可以使黄金方便地转变为外汇以弥补逆差。因此黄金的储备地位在一定时间内还会持续下去。

黄金作为国际储备其优缺点都十分明显：黄金的保值能力超过任意一种货币，并且不会变质，体积小，价值高，易于储存，普遍被各国接受；而其缺点是浪费了本身的使用价值并且还要付出一定的保险费用。

9.2.2 外汇储备

外汇储备是指一国货币当局持有的对外流动性资产，主要包括外国银行存款和外国政府债券。国际货币基金组织将其定义为一种在国际收支中可用的债权。外汇储备又被称为储备货币，是国际储备中最重要、最活跃的部分，也是国际储备资产管理的主要对象。

外汇储备在国际储备中的地位是随着黄金储备地位的下降而提高的。在金本位和布雷顿森林体系下都是处于从属地位，直到布雷顿森林体系崩溃以后，在 1970 年，外汇储备终于超过黄金储备而成为国际储备中的主要部分。目前世界各国的外汇储备都处于主要地位，并且在实际操作中使用的最多，作用最大。

外汇储备是国际储备中的主体，就全球而言，外汇储备的供应量直接影响着世界经济和世界贸易的发展。外汇储备供应过少，各国依靠外汇储备调节汇率的能力就会下降，各国会被迫采取其他措施来限制外汇市场，如外汇管制和贸易保护措施等；而如果外汇储备的供应量过大，则会在全球范围内带来通胀的压力，同样不利于世界经济的发展。

在第一次世界大战以前，英镑一直是外汇储备的主体。直到 20 世纪 30 年代，美元崛起与英镑共同分享这一地位。到“二战”之后，美元由于是唯一的以固定比例兑换黄金的货币而成为外汇储备的最主要部分，世界多数国家都以美元作为外汇储备。然而在 60 年代以后，美元危机频发，地位下降，而日本、西德等国在世界经济中的地位不断上升，各国政府开始在国际储备中加入日元和德国马克等货币作为平衡，应对美元危机，从此外汇储备多元化开始，当今美元在国际储备中虽然仍是第一货币，但地位已经不可和当年相提并论。

国际货币基金组织成员外汇储备的货币构成如表 9-1 所示。

表 9-1　国际货币基金组织成员外汇储备的货币构成

年份 货币	1973	1980	1990	1995	2000	2004	2009	2010 第三季度
美元	84.6%	68.6%	50.6%	59.0%	70.5%	65.9%	62.1%	61.3%
英镑	7.0%	2.9%	3.1%	2.1%	2.8%	3.3%	4.3%	4.0%
日元	—	4.3%	8.1%	6.8%	6.3%	3.9%	3.0%	3.6%
欧元	—	—	—	—	18.8%	24.9%	27.4%	26.9%
马克	5.8%	14.9%	17.3%	15.8%	—	—	—	—
法郎	1.0%	1.7%	2.3%	2.4%	—	—	—	—

资料来源：国际货币基金组织有关年报

9.2.3 在基金组织的储备头寸

基金组织的储备头寸也称普通提款权，是国际货币基金组织给各会员国提供的一项贷款。在加入国际货币基金组织时，各国会按规定向国际货币基金组织交纳一定的基金股份，并按照规定的比例向基金组织提用的一项最基本的贷款。但是储备头寸的用途只限于平衡国际收支，而不能用于会员国贸易的经常项目。

在基金组织的储备头寸作为普通提款权也有一定的“特别”之处，如贷款的方式是成员国向基金组织申请用本国货币换购所需的外币，而还款则是成员国用外汇回购本国货币，并且贷款对象仅限于各国政府和政府的财政金融部门，并且随着贷款额度的增大，基金组织对贷款的要求也越来越严格，利率也会越来越高。

9.2.4 特别提款权

特别提款权(Special Drawing Rights，SDRs)是国际货币基金组织创设的按比例无偿分配给各会员国用以补充现有储备资产的一种国际储备资产，用于弥补会员国的国际清偿能力不足,是会员国在普通提款权以外获得的一种特殊使用资金的权利，故名特别提款权。

特别提款权作为国际储备资产的补充有其独立于其他储备的特别之处：首先，特别提款的获得很容易,特别提款权由货币基金组织按照各成员国的摊额进行分配，并不需要签署任何的协议和审查；其次，普通提款权需要按期偿还，而特别提款权不需要偿还；再次，特别提款权是一种虚拟的账面资产，不会因为任何一国政府的影响而贬值，具有相对的稳定性，但是只能用于弥补会员国之间的国际收支逆差或作为计价单位，而不能作为国际贸易和非贸易的直接支付手段，也不可以兑换为黄金和外汇。

小资料 9-1　特别提款权的定价

1969 年特别提款权最先提出时以黄金作为价值单位，一个特别提款权等于 1/35 盎司黄金，和当时的美元相等，即一个特别提款权等于一个美元。但是随着美元危机带来的美元贬值，特别提款权改为由 16 种货币的价值定价。但是由于这种方法过于复杂，且浮动汇率使得特别提款权的定价更难计算，1981 年起特别提款权采用五种货币定价，分别是美元、德国马克、日元、英镑和法国法郎，并且经常根据各国的对外贸易进行调整。2001 年欧元代替了德国马克和法国法郎，定价货币也改为了四种。币种与权重如表 9-2 所示。

表 9-2　特别提款权计算权数变化表(1981—2011 年)

时间 \ 货币	美元	德国马克	欧元	日元	英镑	法国法郎
1981 年 1 月 1 日	42%	19%	—	13%	13%	13%
1986 年 1 月 1 日	42%	19%	—	15%	12%	12%
1991 年 1 月 1 日	40%	21%	—	17%	11%	11%
1996 年 1 月 1 日	39%	21%	—	18%	11%	11%
2001 年 1 月 1 日	45%	—	29%	15%	11%	—
2006 年 1 月 1 日	44%	—	34%	11%	11%	—
2011 年 1 月 1 日	42%	—	37%	9%	12%	—

资料来源：根据国际货币基金组织网站资料整理

9.3　国际储备的管理

从一国的角度来看，国际储备的管理主要包括两个方面的内容，即国际储备的规模管理和结构管理。前者是对国际储备进行“量”的管理，就是决定一国的国际储备应该保持在什么数量才能既达到国际储备的目标而又不造成资源的闲置浪费；而后者是对国际储备“质”的管理，就是研究国际储备应该如何构成，各种构成的比重是多少才能最大限度地避免风险和获得收益。

9.3.1　国际储备的规模管理

国际储备的规模管理是指各国根据本国国内经济发展需要以及对外经济发展要求而确定的本国储备资产总量的管理过程。

国际储备的规模管理影响着一国的经济发展。如果一国的储备规模过小，在国际贸易发生突然变化时会出现支付危机和汇率大幅度波动，不利于经济的稳定与发展。同样，如果一国的国际储备规模过大，因为过大的国际储备规模意味着国内的的大量资本资产被抽出存入外国银行或购买外国的证券，这种方式通常不会有较大的收益，由此带来了资源的闲置浪费；同时大量的国际储备也意味着需要发行大量的货币，会给国内带来通货膨胀的压力。

总体上，决定一国国际储备规模的因素主要有以下几点。

1．国民经济发展水平

理论上，适合的国际储备规模应该是该储备水平的边际成本等于边际收益，简单地说，即国际储备在这个水平上无论增加还是减少都会引起净利润的减少。但在实际中，这个规模是没有办法准确测度的。因此，考察一国的储备水平最直接的办法是用实际经济指标为参照，国民经济水平就是一个常用的标准，而这个标准通常用国民生产总值来表示。一般来说，国民生产总值越高的国家，国际储备越多，反之国民生产总值越少的国家就越低。

2. 进口规模与进出口差额波动幅度

国际储备一般与一国的年进口额相联系，有时候用一国年进口额的百分比来确定。这种方法虽然简单，但是非常实用，计算方便，至今仍是非常常用的一种。但是随着国际资金流动越来越频繁，这种确定方法的局限性也体现出来。因此，通常还要考虑进出口差额，进口仅仅表明了一个国家单方面的资金流动，而进出口差额则表明了一个国际资金双向流动对国际储备的需求。但是这个差额一般情况下并不是固定不变的，而波动的幅度直接决定着一个国家外汇储备的需求量。波动越大，对国际储备的需求量就越大。

3. 汇率制度

国际储备的重要作用之一是通过本币和外汇的买入卖出来调节汇率，因此一国的汇率制度也是影响该国国际储备的重要因素。如果一国采用固定汇率制度，那么当市场上出现较大的波动导致该国出现逆差时，外汇市场上就会出现过量的外汇需求，本币有贬值的压力，需要货币当局抛售外汇维持本币的稳定，需求的国际储备也就越多。但是如果实行的是浮动汇率制度，就不需要这种调节，国际储备的需求自然就小。而对于有管理的浮动汇率制度，也是需要一定的外汇储备来调节市场的，其需求量在完全浮动的汇率制度和固定汇率制度之间。

4. 国际收支自动调节机制和调节政策的效率

一国的国际收支出现长期严重的不平衡会对该国的经济发展带来不利的影响，这种影响单凭国际储备的调节是不够的，还必须用一定的财政货币政策来调节，必要时还会采取行政手段。这些手段的调节效率与效果同样影响着国际储备的规模管理，如果调节机制和调节政策的效率高，需要动用的国际储备就少，反之则需要大量的国际储备。另外，采取各种政策来调节国际收支会引发一系列的不确定后果，政策的制定者和实行者要把对这些后果的承担能力考虑进去以决定调节的力度，这同样会影响国际储备的需求。

5. 持有国际储备的成本

持有国际储备是以牺牲一部分资本资产的增值价值为代价的，同时保持一部分的国际储备还会造成一定的管理与保存成本，而过多的国际储备造成的通货膨胀压力同样也可以算作一部分成本，决定国际储备规模时必须要考虑到这些成本问题。

6. 国际融资能力与金融市场发达程度

前面第 9.1 节介绍过一国的清偿能力包括该国的国际储备和对外借款能力。当一国出现大量的国际储备需求时，如果一个国家对外融资能力很强，如同外国货币当局和国际货币金融机构有良好的合作关系，签订有较多的互惠信贷和备用信贷协议，能够迅速从国际资本市场筹得大量外汇，那么该国的国际储备需求就相对较低，而反之国际融资能力较差的国家只能依靠国际储备，需求当然较高。并且如果该国金融市场发达，能提供更多的其他储备，那么对国际储备的需求也会较低。

此外，还有国际资金流动状况、该国对外依赖程度以及该国在国际货币的地位等因素也同样影响着该国的国际储备水平。总之，影响一国国际储备水平的因素多种多样，不能单凭一个因素就确定该国的储备水平，需要多方面考虑，各国需要根据实际国情确定合适的国际储备规模。

9.3.2 国际储备的结构管理

一国的国际储备除了在总量上保持在合理水平外，在结构上也要合理，以规避风险，保护收益。结构管理包括国际储备在构成上保持合理，即黄金储备、外汇储备、普通提款权和特别提款权之间保持合理的比例，并且调整其主体的外汇储备中各种外汇的比例，形成最佳的合理布局。

国际储备的构成包括黄金储备、外汇储备、普通提款权和特殊提款权，这四部分在国际储备中应该保持什么比例，是随着国际货币制度的演变而不断变化的。金本位时期，国际储备的唯一构成只有黄金储备，因为黄金是当时唯一公认的国际货币，是国际结算的唯一手段。后来由于黄金的非货币化，不再使用黄金作为支付手段，让黄金储备在外汇储备中的比例严重下降。但是由于黄金本身的价值特征，作为最保值储备的黄金始终在国际储备中占据一席之地。而英镑则在“一战”后“二战”前成为国际储备中的外汇部分，“二战”后美元的崛起又取代了英镑的地位，直到 20 世纪 70 年代前，各国的外汇储备都是由美元构成的。20 世纪 70 年代后，固定汇率制被管理的浮动汇率制代替，国际货币制度发生了巨大的变化，储备货币中的单一美元变成了美元、英镑、马克、日元(后来欧元加入，代替了马克)等多种货币取代。由于各种主要的外币汇率相对并不稳定，保持合理的币种构成就更显得重要，恰当地分配各种货币可以规避风险，获得收益，而币种管理应该遵循以下原则。

第一，币值的稳定性。外汇储备选用的货币首要的条件就是货币的稳定性，也就是货币的保值性。由于政治、经济等多方面因素的影响，部分货币有可能在非常短的时间内大量贬值，这种货币当然不适合作为外汇储备。而作为国际储备的几种主要货币，也不是汇率就完全不变的，但一种货币的贬值必然会有另一种货币升值。

外汇储备的管理可以利用这两种货币汇率的变化对冲贬值带来的风险，同时根据汇率和通货膨胀率的变化随时更换不同币种的比重，以实现收益最大或损失最小。

第二，盈利性。外汇储备的盈利水平主要是用利率减去通货膨胀率来表示的，通过对利率和通货膨胀率的预测不断调整币种以实现收益最大化，同时外汇储备的投资方向也决定了盈利的利率，更高的利率也可能意味着更高的风险，这都是需要管理者考虑的。

第三，国际经贸往来的方便性。由于外汇储备的支付作用，需要管理者考虑贸易往来国家的货币和接受的货币种类，这种影响在当今发达的国际货币市场下已经弱化，但依然是不能忽视的一个重要原则。

此外，在基金组织的储备头寸和特别提款权由于已经有基金组织按照一定的份额固定分配，所以一般不会出现大的变动，加之使用的有限性，所以比重并不算太高。

9.4 中国的国际储备问题

9.4.1 中国国际储备的特点

1980 年 4 月 17 日，中国恢复了在国际货币基金组织的合法席位，次年中国公布了黄金外汇储备政策，从此中国的国际储备走入正轨。和世界其他国家一样，中国的国际储备也分为黄金储备、外汇储备、普通提款权和特殊提款权四部分。

根据 1981 年中国公布的黄金外汇储备，中国以国家黄金库存中的 400 吨黄金作为黄金储备，以国家外汇库存和中国银行的外汇结存组成外汇储备，1993 年起将外汇储备改为仅指国家外汇库存。

由于历史等方面的一些原因，中国外汇储备具有以下特点。

(1) 黄金储备量较小

由于国民党统治集团在逃离大陆时带走了大量的黄金储备到台湾，新中国刚成立时几乎没有任何的黄金储备。新中国成立后中国黄金生产逐步复苏，但是由于改革开放以来中国一直实行稳健的黄金储备政策，黄金储备一直没有大幅度的增长。中国的黄金储备在外汇储备中所占的比例仅有不足 2%，远低于国际通行的 5%～10%水平，更远低于发达国家的 40%～60%。

(2) 外汇储备作为中国储备的主体增长迅速

1979—1992 年，中国的外汇储备一直由两部分构成，即国家外汇库存和中国银行的外汇结存。在 1979 年，外汇总额仅有 8.4 亿美元，1993 年中国将外汇储备口径改为仅有国家外汇库存，当时有 194.43 亿元。此后中国外汇储备迅速增长，到

2006 年超过日本成为世界外汇储备最多的国家。此后每年中国都有大约 2 000 亿美元的外汇储备增加量，到 2010 年底，中国外汇储备达到 28 473.38 亿美元(详见国家外汇管理局网站)。目前外汇储备在中国国际储备中所占比例已经超过 95%。

(3) 在国际货币基金组织的头寸和特别提款权所占比例不大

中国在国际货币基金组织中的份额并不大，这导致中国的普通提款权和特别提款权并不大，虽然近些年份额有一定的增长，但普通提款权和特别提款权增速并不及外汇储备的增长，比例并没有增加。

小思考 9-1　美国的定量宽松政策与中国的国际储备

2010 年，为摆脱经济危机对美国经济的影响，刺激美国经济复苏，美联储宣布推出了第二轮“定量宽松计划”。所谓定量宽松计划，是指央行直接向市场注资的一种手段。而一些经济学家认为，所谓的定量宽松计划，实际上就是开动印钞机发行货币的一种委婉说法。美国此举对国内的经济促进作用还留有争论，但对于世界经济的影响却十分不利，尤其对于中国巨额的外汇储备。

问题：请根据本章节内容分析美国定量宽松政策会对中国的外汇储备资产产生怎样的影响，同时中国为此应该采取怎样的措施？

9.4.2 中国国际储备的管理

1. 中国国际储备的规模管理

中国国际储备的规模管理，主要是确定中国的外汇储备的数量。当前中国的外汇储备水平处于一个非常高的水平，这给中国的经济发展带来了不小的促进作用，同时也给中国经济带来了不小的压力。中国是出口大国，出口商品主要依靠价格取得国际竞争力，这种地位其实并不牢固，而中国金融系统建立时间较短，抵御冲击的能力较弱，并且人民币汇率管理的压力也比较大，这都要求中国必须有一个高水平的外汇储备作保证。但是由于外汇水平较高，中国面临的汇率风险也较高，同时高储备带来了较高的通货膨胀压力，人民币对外则面临较大的升值压力，这些都是高储备水平带来的问题。

造成中国巨额外汇储备的原因是很多的，主要原因是中国对外贸易经常项目和资本项目双顺差，由于中国的出口制造业发达，大量的出口带来的顺差是构成中国巨额外汇储备的主要力量，同时中国改革开放后大量外资进入中国投资，造成的资本顺差更增加了外汇储备。而中国的汇率制度规定除个别账户外，企业和个人不能持有外汇，必须到银行结算，造成外汇在中国官方的大量堆积，而人民币升值的预期又加剧了外资流入，加速了外汇储备的积累。

应对中国快速增长的外汇储备，我们在促进外汇对经济发展拉动作用的同时，应该采取一定的措施应对巨额外汇储备带来的压力：首先，我们应该转变经济增长的模式，从出口拉动型向内需拉动型增长转变，推动中国产业结构升级，促进经济平稳发展；其次，中国应该逐步建立更有弹性的人民币汇率制度，发挥汇率在平衡国际收支中的作用，加强监管应对国际投机；再次，转变外资利用战略，实现内外同等待遇，避免盲目的重复建设；第四，实行藏汇于民的策略，逐步放宽民间持有外汇的限制，改变国家持有为主的外汇政策；最后，还要拓宽外汇用途，将单纯的金融用途转变为金融实务用途相结合的方式。

2. 中国国际储备的结构管理

由于中国的国际储备绝大部分是外汇储备，中国国际储备的管理主要是外汇储备的结构管理。国际储备的机构管理首先要遵循安全性、流动性和盈利性的原则。即在资产存放过程中保证不受损失，同时要能够根据需要随时提取和存入，灵活方便，并使资产在存放中尽量增值。在保证这三个前提的情况下，国际储备的结构管理还需要注意：货币种类的多样化，资产投向组合合理，货币种类方便借入、使用、偿还等。

目前中国的外汇储备与 GDP 比值过高，货币主要以美元为主，使中国承担着巨大的美元汇率风险，同时中国外汇储备投资结构单一，缺乏流动性，这都加大了中国外汇储备面临的风险。为加强中国外汇储备的结构管理，应该从两方面着手：优化外汇储备的币种构成，利用合理的货币结构对冲不同货币汇率变动带来的风险；合理搭配投资组合中有价证券和其他金融资产的组合，及时评估有价证券发行者的资产状况，优化投资结构，以避免风险，获得收益，保证中国外汇资产的安全。

本章小结

1. 国际储备，又称官方储备或自有储备，是指各国政府持有的用于弥补国际收支逆差，保持该国货币汇率稳定，作为对外还债保证和其他紧急支付手段的国际间普遍接受的各种流动资产的总称。国际储备资产必须具备四个特征：官方持有性、可得性、流动性、普遍接受性。根据来源的不同，国际储备的概念有广义和狭义之分，人们通常所说的国际储备是狭义的外汇储备，即自有储备。广义的国际储备是指一国的国际清偿能力，国际清偿能力是指一国平衡国际收支和干预外汇市场的总体能力。

2. 国际储备的构成包括黄金储备、外汇储备、在基金组织的储备头寸、特别提款权。国际储备的管理主要包括两个方面的内容，即国际储备的规模管理和结构管理。

3. 国际储备的规模管理是指各国根据本国国内经济发展需要以及对外经济发

展要求而确定的本国储备资产总量的管理过程。决定一国国际储备规模的因素主要包括国民经济发展水平、进口规模与进出口差额波动幅度、汇率制度、国际收支自动调节机制和调节政策的效率、持有国际储备的成本、国际融资能力与金融市场发达程度。

4. 国际储备的结构管理包括国际储备在构成上保持合理，即黄金储备、外汇储备、普通提款权和特别提款权之间保持合理的比例，并且调整其主体的外汇储备中各种外汇的比例，形成最佳的合理布局。币种管理应该遵循以下原则：币值的稳定性、盈利性、国际经贸往来的方便性。

5. 当前中国的外汇储备水平处于一个非常高的水平，这给中国的经济发展带来了不小的促进作用，同时也给中国的经济带来了不小的压力。应对中国快速增长的外汇储备，我们在促进外汇对经济发展拉动作用的同时，应该采取一定的措施应对巨额外汇储备带来的压力。

复习思考题

1. 国际储备的含义是什么？请比较国际储备和国际清偿能力。
2. 简述国际储备的构成。
3. 中国的国际储备存在着哪些问题？

例题解析

(一) 单项选择题

在国际金本位制时期，各国外汇储备的主要内容是(　　)。

A．美元

B．英镑

C．特别提款权

D．黄金

答案解析：D。此题考查国际储备的构成变化，参见9.2.1节。

(二) 多项选择题

1. 国际储备必须具备的特征包括(　　)。

A．盈利性

B．官方持有性

C．流动性

D．可得性

E．普遍接受性

答案解析：BCDE。此题考查国际储备的特征，参见 9.1.1 节。

2. 广义的国际储备包括(　　)。

A. 黄金储备

B. 外汇储备

C. 普通提款权

D. 特别提款权

E. 借入储备

答案解析：ABCDE。此题考查广义国际储备的概念，参见 9.1.2 节。

(三) 简答题

1. 国际储备与国际清偿力是怎样的关系？

答案解析：参见 9.1.2 节。

2. 影响一国国际储备适度规模的因素有哪些？

答案解析：参见 9.3.1 节。

知识链接

1.可登录http://www.imfstatistics.org/imf/网站查询各国特别提款权、储备头寸的分配持有情况，以及国际货币基金组织的金融统计数据。

2. 可登录 http://www.safe.gov.cn/model_safe/tjsj/网站查询中国历年国际收支和国际储备的年度、月度数据和最新数据，以及国家外汇管理局统计数据。

第 10 章

国际货币制度

学习案引

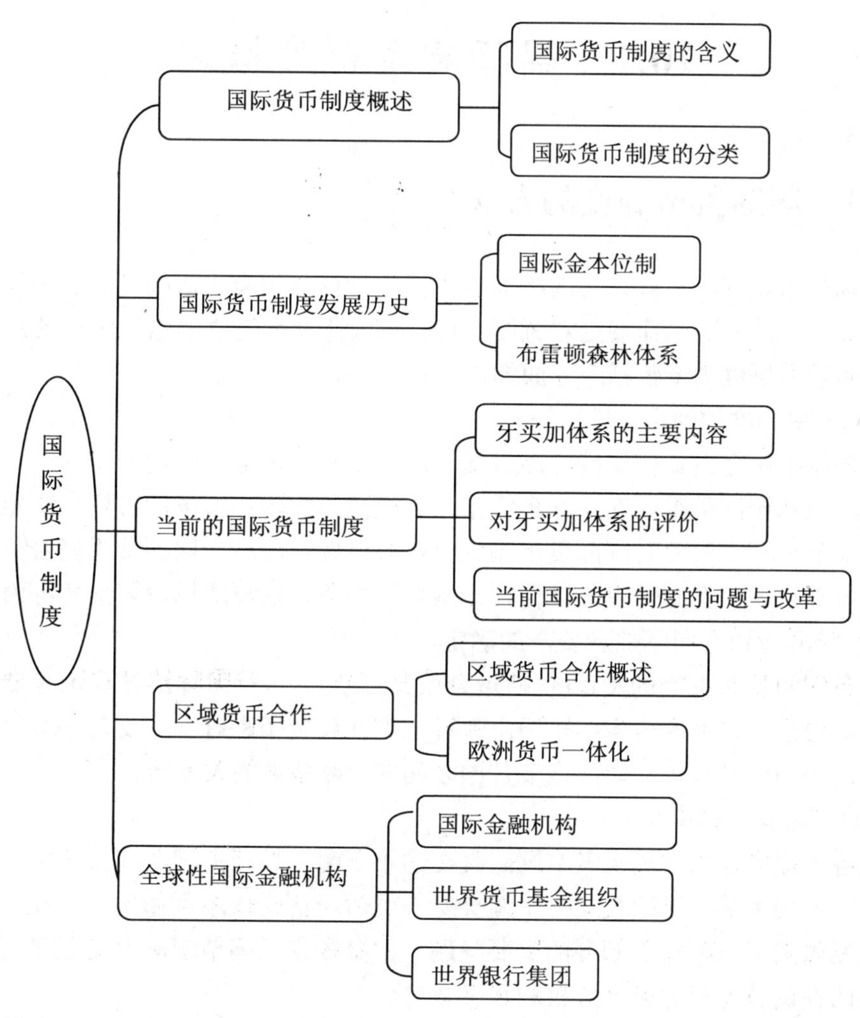

学习目标

掌握国际货币制度的概念，了解国际货币体系的发展历程；掌握布雷顿森林体系的主要内容和发展过程，掌握牙买加体系的建立及主要内容，了解国际货币基金组织和世界银行的基本情况，了解国际货币体系的改革及前景展望。

重点难点

国际货币制度概念　　国际货币制度的发展过程　　布雷顿森林体系
牙买加体系　　当前货币体系的问题　　国际货币基金组织的职能

10.1　国际货币制度概述

10.1.1　国际货币制度的含义

国际货币制度，又被称为国际货币体系，是指各国为了适应国际贸易和国际结算的需要遵守的有关法律规定和制度安排，以及为此而建立的组织机构的总称。

国际货币制度主要包括三方面的内容：

(1) 汇率制度的确定

即各国汇率之间如何维持，能否变动，自由变动还是有制约的变动。汇率是国内货币制度和国际货币制度相联系的结点，直接影响国际市场的价格，决定着各国之间利益的分配，因而是国际货币制度的核心问题，包括一国的货币能否兑换为外币，这种兑换是否受到约束，以何种比例兑换外币，这种比例如何维持等内容。

(2) 国际货币和国际储备资产的确定

指各国用什么种类的货币(包括黄金或某国货币)进行国际结算和国际储备的规定，主要包括三方面的内容：一国用哪种或哪几种货币进行国际支付和结算；国际储备资产的构成是什么；如何调节各国之间的国际储备的关系等。

(3) 国际收支的调节

即各国使用什么方式来调节国际收支的不平衡，以及各国之间的政策又是如何协调的。长期大量的国际收支不平衡会对一国的经济造成不利影响，因此国际收支调节机制就成了国际货币制度的主要问题，主要规定了调节国际收支不平衡的手段以及各国在调节过程中相应的权利和义务等。

10.1.2 国际货币制度的分类

国际货币制度根据不同的标准可以分为不同的类型。根据国际储备资产的类型划分，可以分为金本位制度、金汇兑本位制度和信用本位制度。金本位是指以黄金作为国际储备资产或国际本位货币；信用本位是指以外汇作为国际储备资产而与黄金无任何联系；金汇兑本位制度是同时以黄金和可直接自由兑换的货币作为国际储备资产。根据汇率制度则可以将国际货币制度分为弹性汇率制、固定汇率制以及介于二者之间的管理浮动汇率制。而有时也可以同时以国际储备货币和汇率制度共同作为国际货币制度分类的标准。例如金本位条件下的固定汇率制，以美元为本位的固定汇率制度，以黄金和外汇为储备的可调整的固定汇率制度或管理浮动汇率制度，以及完全不需要保有国际储备资产的纯粹自由浮动汇率制度等。

10.2 国际货币制度发展历史

10.2.1 国际金本位制

国际金本位制是历史上第一个国际货币体系，它是以英国、拉丁货币联盟、荷兰、部分北欧国家以及德国、美国实行的国际金本位为基础的国际金本位制。黄金作为一种单位体积价值极高的贵金属，是各国经济发展到一定阶段的必然选择，当各国都采用金本位货币制度后，世界范围内的国际金本位制也就自然形成。因此国际金本位制并不是各国相互协商的结果，而是一种带有自发性质的国际货币制度。1816 年，英国成为最现实性金本位制的国家，而后各国纷纷效仿，到了 1880 年，主要的欧美资本主义国家都实行了金本位制。在此情况下，黄金成为了世界公认的货币，执行着世界货币的职能。

1. 国际金本位制的分类

在金本位制度下，各国的货币都会以一定重量和成色的黄金来表示，各国都会规定货币的法定含金量。根据货币与黄金的联系不同，可以把金本位制分为金币本位制、金块本位制和金汇兑本位制三种类型。从金本位制建立之初到第一次世界大战以前，各国普遍实行的是金币本位制。在金币本位制下，金币在国内可以自由流通、自由兑换、自由铸造并且自由出入国境。因此各国货币之间的比价相对稳定。由于第一次世界大战导致黄金不能自由输出和兑换，各国开始实行金块本位制。在金块本位制下，货币单位虽然仍是含金量，但是金币不能再流通，负责流通作用的银行券必须按含金量计算，达到一定数量才能兑换成金块。20 世纪 30 年代初的经济大萧条以后，各国放弃了金块本位制，实行不兑现的信用货币制度。而在发达资本主义国家之外的殖民地和附属国家则普遍实行金汇兑本位制，这些国家将本国的货币同一些实行金本位制的国家相联系，建立固定比价，并将本国货币的一部分外汇和黄金储备存放在被联系国的中央银行作为准备金，国内则不许黄金流动，银行券也不能自由兑换为黄金。

2. 国际金本位制的运行与崩溃

国际金本位制的稳定性和流通性极大促进了当时世界经济的发展，然而在第一次世界大战时期，由于各国禁止黄金输出，并停止用银行券兑换黄金，导致金币本位制瓦解，各国汇率波动剧烈，国际金本位制实际上已经中断。战争结束后，各国希望恢复当年国际金本位制下的稳定与繁荣，于是纷纷重新建立金本位制。到1928年，战前实行金本位制的国家已经恢复了不同形式的金本位制，黄金可以在世界上流通，但此时的国际金本位制已经与战前有了较大的差异。实际上，恢复以后的国际金本位制是以美元、英镑和法郎为中心的国际金汇兑本位制。这是战前国际金本位制的变形，是以黄金为基础，各国货币同基准货币相联系的固定汇率制。

然而这种弱化的金本位制本身即存在着极大的不稳定性，纸币的发行不再以黄金作为准备，在国际间也缺少有效的国际收支调节机制，这种制度的崩溃是必然的。1931年，在经济危机的冲击下，英国政府难以维持黄金的兑换，最终宣布放弃金块本位制，其他国家也宣布放弃了金汇兑本位制，各国开始实行浮动汇率，国际金本位制终于走下舞台。

3. 对国际金本位制的评价

理论上，国际金本位制是一种非常完美的国际货币制度。该制度以黄金为货币价值基础，固定汇率，自动调节国际收支，各国银行必须固定货币的黄金价格，因此货币供给和货币需求自动保持一致，这种稳定和可预测性促进了当时世界经济和贸易的发展。

然而国际金本位制的崩溃确凿地证明着其本身有不可克服的缺陷，而总体来说就是国际金本位制过于稳定而形成的“刚性”。对于国家本身来说，固定的汇率和价格意味着国家失去了货币政策的自主性，无法通过扩张或紧缩的财政政策实现调控，这样就相当于牺牲了国内的均衡而去实现国际范围内的均衡；对于全球来说，黄金是本币，但黄金储备的增长依靠的是自然资源和挖掘冶炼技术，这并不能代表全球真实财富的增加，使得国际货币体系和全球财富脱钩，货币供应量也会出现不均衡。另外，国际金本位制下的国际收支调节需要各国的价格有着极高的弹性，利率也要非常敏感，这与事实并不完全符合，并且也会导致国内价格的波动，不利于国家利益。

10.2.2 布雷顿森林体系

金本位制度瓦解以后，资本主义国家普遍实行了信用货币制度，黄金与货币的比值不再固定，各国货币的汇率也处于不稳定的状态下，国际金融市场分为了以若干资本主义大国为中心的小集团，在集团内以中心国家的货币为储备和清算货币，集团内部对货币的兑换和清算有着严格的规定，对外则采取措施限制资金流动，各集团之间相互封锁、相互挤压、相互破坏，贸易战争和货币战争不断爆发，世界金融市场处于一片混乱和分裂状态，严重阻碍了国际贸易和经济的发展，因而各国建立一个统一的国际货币制度的愿望越来越强烈。

第二次世界大战之后，经过一系列的协商和谈判，联合国的44个成员国达成一致，共同建立了一个以美元为中心的国际货币体系，即布雷顿森林体系。

1. 布雷顿森林体系的主要内容

(1) 建立永久性的国际金融机构——国际货币基金组织

国际货币基金组织(International Monetary Fund，IMF)是各国就货币金融问题进行协商和合作的国际性机构。其主要职能是促进汇率的稳定，防止竞争性贬值，为会员国融通资金，以及调节国际收支的不平衡。国际货币基金组织是战后国际货币制度的核心，它的各项规定构成了国际金融领域的基本秩序。

(2) 储备货币与储备资产——以美元作为最主要的国际储备货币，实行美元黄金本位制

美元和黄金挂钩，规定1盎司黄金等于35美元的黄金官价。美国保证各国政府或中央银行随时可用美元向美国按官价兑换黄金；另外，其他国家根据自身情况确定其货币与美元的平价，这一平价一旦确定下来，就不得随意更改，各国有义务维持汇率稳定。这种安排使美元成为关键货币，取得了等同黄金的资格，同黄金一起共同构成各国的国际储备资产。

(3) 汇率制度——实行可调整的盯住汇率制

在布雷顿森林体系下的汇率制度实际上是两种汇率制度，即一国货币对美元的汇率和美元对黄金的汇率。各国政府使用美元按固定价格向美国购买黄金，各国政府有义务使本国货币对美元的汇率保持在固定水平，除非会员国出现根本性的国际收支失衡，否则不得随意大幅度地调整汇率。如果做出调整，幅度在10%以内的需要通知国际货币基金组织，超过10%的则需要国际货币基金组织的批准。

(4) 确定国际收支的调节机制

对于出现国际收支失衡的国家，如果失衡只是暂时性的，如出现逆差，那么国际货币基金组织将通过普通贷款账户向会员国提供贷款，用于弥补国际收支逆差，方法是会员国利用本国货币向国际货币基金组织购买一定数额的外汇，最多能买入

的数额决定于该国在国际货币基金组织的份额。如果失衡是长期性的，即“根本性不平衡”，国际货币基金组织允许会员国进行法定的汇率调整，但是究竟如何才是“根本性不平衡”，国际货币基金组织没有明确的规定，因此在实际中很难应用。

(5) 取消外汇管制

根据布雷顿森林体系的规定，各会员国不得干涉国际收支中经常项目的外汇买卖，不得采取歧视性的货币政策，但是可以对资本的移动实行外汇管制，对“稀缺货币”可以限制兑换，并制定了稀缺货币的条款。

布雷顿森林体系制定的美元与黄金挂钩、其他货币通过美元与黄金间接挂钩的制度使得美元等同于黄金，确立了美元在世界货币体系中的中心地位。各国通过美元进行国际清算，并由国家用美元作为主要的外汇储备，各国货币都要依附于美元。这种情况和之前所介绍的国际金本位制度非常相似，只是将集团的范围扩展到全部货币基金组织的会员国，这实际上是一种新的以美元为中心的国际金本位制度。

2．对布雷顿森林体系的评价

布雷顿森林体系的建立结束了战前国际金融市场分裂混乱的局面，维持了战后国际货币体系的发展，美国通过布雷顿森林体系向国外输出了大量的美元，扩大了全世界的购买力，这对于刚刚结束“二战”的世界经济而言是一种非常有效的促进。同时，由于实行可调整的盯住汇率制，世界上主要货币的汇率相对稳定，并且禁止国家政府干涉经常项目的外汇流动，促进了国际贸易的发展。

布雷顿森林体系的最重要产物——国际货币基金组织也对世界经济的繁荣起到了很大的促进作用。国际货币基金组织提供的短期贷款解决了很多国家因为战争而造成的黄金外汇储备枯竭、货币贬值造成的国际收支危机，许多国家的支付能力提高，提升了国家资信。随后成立的世界银行也向会员国提供了大量中长期贷款，解决了许多国家战后重建和恢复生产的问题，后来世界银行的贷款由战后恢复的发达国家转向发展中国家，对第三世界国家的经济发展也作出了一定的贡献。

然而布雷顿森林体系运行以后不久，其自身难以克服的问题也显现出来。尤其是随着美国经济地位的不断衰落和美国收支逆差的不断扩大，这些缺点更加凸显，给世界经济的发展带来了不小的阻碍。

第一，布雷顿森林体系的汇率调节制度过于僵化，难以按照实际情况进行调整。由于美元是基准货币，价值由黄金直接决定，汇率不会发生变动。其他顺差国的货币往往担心影响出口而不愿意升值，所以导致汇率调节不灵活，汇率僵化。

第二，国际收支调节不利，且调节责任不对称。由于美元是世界货币，美国发生国际收支赤字时只要增发短期债券，就可以弥补，而其他国家不得不通过内部经济政策的调整来维持国际收支的稳定，而这些政策很多都是不利于经济发展的。

第三，布雷顿森林体系以一国的货币作为主要储备资产具有很大的局限性。随着国际贸易的发展，国际储备的规模将不断扩大并且走向多元化，导致美国长期处于逆差，影响美元信用，导致美元危机。

第四，布雷顿森林体系下货币发行国和其他国家之间利益分配不公平。布雷顿森林体系下，美国可以通过向国外发行美元钞票牟取大量铸币税；此外，美国能长期保持国际收支赤字，可以用本币来清偿自己的外债，而不必采取国内经济政策去调整。而其他国家不得不积聚美元，这无异于为美国的对外开支提供资金。

3. 布雷顿森林体系的崩溃

布雷顿森林体系在运行之初，由于欧洲国家处于战后重建，需求大量的美元进行国际支付，造成美元供不应求。但是当欧洲各国走回正轨，对美国的贸易逆差逐渐变为顺差，美元逐渐泛滥成灾。1960 年，美元的发行量超过了美国的黄金储备，造成民众对美元的信任危机，大量抛售美元，收购黄金，美元危机就此形成。

20 世纪 60 年代的美元危机使美元兑换黄金的基础不断削弱，国际货币基金组织采取一系列措施来维持对美元的信心，维持体系运转。1971 年，美国第一次出现贸易收支逆差，导致抛售美元的风潮再次兴起，美元对黄金的固定兑换比例无法维持，最终美国政府正式宣布美元停兑黄金。各国一面让汇率保持浮动，一面寻求解决办法，经过商议决定重新调整美元的黄金官价，从 35 美元提高到 38 美元，各国货币平均对美元升值 8%；同时扩大汇率的波幅，由±1%上升到±2.25%。但是，此举仍无法挽回美元颓势，各国货币纷纷脱离美元自由浮动。1973 年 2 月，美元再度贬值 10%，黄金官价提高至 42.22 美元，但新的中心汇率也无法恢复人们对美元的信心。1973 年 3 月，维持固定汇率的国家放弃了努力，各国货币同美元脱钩，布雷顿森林体系彻底崩溃。

小资料 10-1　特里芬难题

1960 年，美国经济学家特里芬(R.Triffin)在其著作中提出了著名的“特里芬难题”。布雷顿森林制度是以一国货币作为单一的国际储备货币，黄金的产量一般保持稳定，国际储备的供应取决于美国的收支状况。美国的国际收支顺差，国际储备资产因缺少美元而不能满足需求；美国的国际收支逆差，国际储备会过剩，美元发生危机，导致国际储备制度混乱。这种难以调节的矛盾被称为“特里芬难题”，并被认为是最能体现布雷顿森林制度自身缺陷的理论。

10.3　当前的国际货币制度

布雷顿森林体系崩溃之后，国际金融市场处于极度的不稳定之中，各国政府都急于寻求一种新的制度来代替布雷顿森林体系，以结束这种混乱的局面。经过几年的谈判磋商，1976 年 1 月，国际货币基金组织成立的国际货币制度临时委员会在牙买加会议上达成协议，通过了牙买加协定，同年 4 月，国际货币基金组织理事会通过了《国际货币基金协定第二次修正案》，1978 年正式生效，自此，国际货币制度正式进入牙买加体系时代。

10.3.1 牙买加体系的主要内容

1. 承认浮动汇率的合法性

在布雷顿森林体系中实行的是可调整的盯住汇率制度，在实际运行中，基本上是固定汇率制的。在牙买加体系中，取消了原来有关的固定汇率条款，各国可以独立实行制定的货币政策，采用固定汇率与浮动汇率并存的形式。但是实行浮动汇率的国家必须接受国际货币基金组织的监控，防止该国利用贬值损人利己。而在以后合适的时机国际货币基金组织将会举行投票，经 85%会员国的同意，仍将实行稳定而可调整的汇率制度，即固定汇率制。

2. 降低黄金在国际货币体系中的地位

废除了原有的黄金条款，黄金不再作为各国货币的定价标准，废除黄金官价，以特别提款权替代黄金储备成为主要的储备资产，各国货币不再与黄金直接或间接挂钩，允许会员国自由地交易黄金。同时，基金组织将逐步处理库存的一部分黄金，出售所得款项将作为援助发展中国家的基金。

3. 增加并调整成员国的基金份额

由原来的 292 亿特别提款权单位增加到 390 亿特别提款权单位，增加 33.6%。各成员国应交份额所占的比重也有所改变。增加基金份额，可以提高基金组织的清偿能力，使特别提款权成为主要的国际储备资产。

4. 扩大特别提款权的使用范围

特别提款权将逐步取代黄金和美元成为国际储备的主要资产，并作为各国货币价值的标准。特别提款权可以进行自由交易，也可以用来偿还对基金组织的债务。基金组织中的资产将用特别提款权来表示，扩大特别提款权的适用范围。

5. 扩大对发展中国家的资金融通

用基金组织按市价销售的黄金所得资金超过官价的部分设立基金，以优惠条件向最贫穷的发展中国家提供贷款或援助，以解决它们的国际收支困难。扩大国际货币基金组织信贷部分贷款的额度，并放宽“出口波动补偿贷款”的额度。

10.3.2 对牙买加体系的评价

牙买加协定根据国际经济的发展和国际金融关系对原有的规定进行了根本性的修改，从而解决了布雷顿森林体系时期的一些难题。

首先，使各国汇率相互独立出来，摆脱了相互牵连的问题，降低了美元在国际货币体系中的地位，削弱了美元的特权，使国际储备资产更加多元化。各国可以独立地制定汇率制度，使汇率对于市场的反应更加敏感，货币政策的效果更加显著。

其次，改变了以前国际收支调节不力的弊病，采取多种调节机制相互补充的办法。除了依靠基金组织和汇率变动外，还通过利率机制及国际金融市场的媒介作用，国际商业银行的活动，有关国家外汇储备的变动以及债权债务、投资等因素来调节国际收支。这在一定程度上缓和了布雷顿森林货币体系调节机制失灵的困难，从而对世界经济的运转和发展起到了一定的积极作用。

最后，牙买加体系仍然继承了布雷顿森林体系时代的一些机构，如货币基金组织，并且它的作用还得到了进一步的加强，对国际货币合作和金融合作起到了一定的促进作用。

总之，牙买加体系是各国根据布雷顿森林体系运行中体现的问题而进行改革的产物，一定程度上解决了国际货币制度中的诸多问题，是国际货币制度进步的标志。

但是，牙买加协定对国际货币制度并没有进行根本性的改革，只是进行了一次修正和优化，因此它还存在着许多不足。

第一，浮动汇率制主要的混合汇率制度使汇率变动更加频繁，波动更剧烈，不利于国际贸易和国际收支调节。

第二，储备货币多样化和汇率浮动使国际金融危机和货币危机的来源更加广泛，局部的危机影响范围会相对扩大，但牙买加体系缺乏明显的预警指示，使危机防范无从着手。

第三，相对于布雷顿森林体系，牙买加体系只是一个协定的形式，没有建立稳定的货币体系和机构，也缺乏惩罚和制裁的方法，各国可以根据自己的利益有选择地履行自己的任务，并且签约后的三十多年来，世界货币体系并未像协议中规划的那样发展。

10.3.3 当前国际货币制度的问题与改革

1. 当前国际货币体系存在的问题

现行国际货币体系的特征是：以美元为中心的多元化储备体系，美元是最重要的储备货币；大多数国家实行有管理浮动汇率制度，以汇率浮动来调节国际收支；

资本流动基本不受限制；全球高度一体化国际金融市场形成，资本交易规模庞大。

根据以上特点，可以看出当前国际货币体系中存在的问题：

第一，国际汇率不稳定。由于牙买加协议承认了浮动汇率的合法性，但是各国采用的几乎都是管理的浮动汇率制，因此也就给了各国操纵汇率提供了机会，国际货币基金组织丧失了对各国汇率的监管和干预能力，国际汇率的波动影响了国际贸易的健康发展，引发贸易争端和动荡。

第二，国际收支的调节机制无法维持稳定和平衡。牙买加体系对国际收支的调节继承了布雷顿森林体系的原则，制度上并没有敦促逆差国家迅速恢复平衡的强制措施，贷款条件也比较严格，各国纷纷依靠短期资本流入缓解逆差压力，造成各国债务压力加大。

第三，国际社会过于依靠美元。尽管国际储备资产已经朝向多元化发展，但美元仍是其中的主流，尤其是一些发展中国家，美元储备占其储备资产的大多数。因此，当美元被人为贬值时，其他国家就要为此蒙受损失。各国制定政策时也会受到美元政策影响，缺少独立性。

第四，缺少强有力的机构和政策来保证国际货币体系的正常运行。相对于布雷顿森林体系，牙买加体系的制度更宽松，不能确保各国按照既定的计划发展，也不能协调各国的货币政策。并且对于牙买加体系最初提出的规划，国际货币体系并没有完全按其发展，以现在的情况来看，浮动汇率制还会持续相当长的一段时间不会改变。

2. 当今货币改革的主要方案

(1) 恢复金本位制

恢复金本位制并不是最近才提出的，早在20世纪60年代，就有学者呼吁恢复金本位制，美国还曾经成立了专门的委员会反复讨论这一问题，但最终还是否定了这样的方案。部分发展中国家希望通过恢复金本位制以对抗美国的金融霸权，还有人专门提出了“新金本位制”构想，即世界所有国家加入金本位制联盟，共同商定和改变货币与黄金的价格比，这样既保留了金融全球化的益处，又可以克服金融虚拟化的缺点。

但是货币体系的发展证明，金本位制自身有着不可克服的缺陷，回归金本位制也不能解决任何问题。首先，金本位制无法使全球避免通货膨胀和通货紧缩，因为在20世纪30年代大萧条时期就是金本位制；其次，金本位制浪费了大量的资源，黄金的储备意味着贵金属的闲置，并且由于经济发展，其数目会越来越大；最后，历史上几次回归金本位制的尝试也都惨淡收场。

(2) 恢复美元本位制

这一提案是由几位美国科学家提出的，他们主张美元不兑换黄金，由国际市场力量决定各国官方与私人所需要的美元数量；同时，为保持美元币值稳定，美国必须在国内执行稳定货币供应量的政策。其他国家(地区)的货币按照调整过的汇率仍然与美元挂钩并努力维持汇率稳定。

目前，欧元区以外的多数国家都采用这种方法，由于美元是国际上流动性最好的货币，将本币与美元挂钩可以获得一个稳定的贸易环境。但是这样做的缺点也很明显，除了同样出现的“特里芬难题”外，会受到美元汇率的影响，丧失一部分的货币政策自主性，同时将国际货币事务的主动权完全交给美国，这是许多发展中国家不希望的。

(3) 重建布雷顿森林体系

从 20 世纪 90 年代末开始，尤其是 2008 年金融危机爆发后，包括英国首相布朗和法国总统萨科奇在内的部分国家领导人与国际知名学者呼吁重新建立布雷顿森林体系，以改变 70 年代以来国际金融市场混乱无序的状态。以欧洲央行行长特里谢等为代表的一些欧洲官员提出，为了重塑世界金融体系，各国有必要重新制定类似于“二战”后布雷顿森林体系的相关原则。特里谢认为，近来的市场动荡不定，部分原因正是布雷顿森林协定中止后，市场上出现的失序。为重塑世界金融体系，各国的政策制定者应该努力向第二次世界大战后约束市场数十年的纪律回归。全球可能需要回归至最初的布雷顿森林体系，需要“重返纪律”。

然而这种提议却忽视了国际货币体系自身演变的历史必然性和进步性，金融全球化虽然带来了利益分配不公平的问题，但它确实促进了世界经济的发展和福利的增加。虽然不满于美元在当今国际货币制度中的特殊地位，但是还没有一种货币能取代美元成为世界货币，美元霸权在一定时间内仍不可撼动。

此外，还有创造多种货币为基础的世界货币以及改革世界基金组织与世界银行等多种方案，根据美国经济学家斯蒂格利茨的观点，世界货币体系的改革必须使储备货币与储备货币发行国的经常项目分离，约束经常项目顺差国，并寻找到一种能比美元更有效、更公平的价值载体。目前国际货币基金组织一直在努力扩大特别提款权的发放，期望能解决当今货币体系的问题。

上述构想的实质，反映了发展中国家对美元霸权、对发达国家主导国际货币体系的不安，希望发达国家更多地分摊货币危机的损失等。然而，货币体系背后实际上是国力的对比。对发展中国家而言，如何正确分享更多的对国际货币体系的引导和发言权，仍然是有待争取的长期目标。

10.4 区域货币合作

10.4.1 区域货币合作概述

区域货币合作是在两个或两个以上国家之间进行的关于维持汇率稳定和金融市场稳定发展的各种形式的合作。区域货币合作的目标是实现双边或多边汇率的稳定和金融体系的稳定发展，合作的手段包括货币政策、财政政策协调，共同干预市场等。

根据区域内货币合作的程度，可以将其划分为三个层次：

第一个层次是有关国家在货币问题上进行的协商、协调以至共同行动。这是货币合作的初级阶段，一般具有非制度性、非机制性和松散性等特征。合作方式通常是简单的信息交流、协商讨论。这一阶段最高的形态是成员国面临国际收支困难时，成员国之间的流动性支持安排，以及在监管原则和方法上的统一化。

第二个层次是汇率机制合作，即旨在稳定汇率的机制安排。这是真正具有实质意义的货币合作。在这个阶段，合作表现为多边性、有制度和组织机构保障。汇率机制合作通常采取汇率目标区的方式，一般有比较清晰的干预界限、干预责任，并设有基金，以保障市场干预的进行，基金也同时用于解决成员国的国际收支问题。

第三个层次是统一货币。这是货币合作的最高形式。在这个阶段，成员国政策协调的程度很高，合作区域内只存在一种货币，区域内由统一的中央银行实施统一的货币政策，成员国的财政政策也达到高度统一。

小资料 10-2　区域货币合作理论

最优货币区理论是由著名经济学家罗伯特·蒙代尔(R.A.Mundell)和麦金农(McKinnon)等学者在20世纪60年代创立的。他们认为，在结构相似、彼此联系密切的不同经济主体之间组成独立的货币区，是更为合理也是更有经济效率的。最优货币区是指这样一个区域：区域内各国的货币之间实行固定汇率，或实行单一的共同货币，对外则实行联合浮动。区内各国经济通过商品和服务贸易以及要素的流动紧密地联系在一起。所谓“最优”，是指实现内部平衡与外部平衡的宏观经济目标的最优权衡点。

单一指标法是判断最优货币区的常用方法之一。单一指标法通过区域指标的分析来确定该区域是否为最优货币区，这些指标包括要素流动性、经济的开放性、产品多样化、国际金融高度一体化和政策一体化。此外还有最优货币区的收益成本分析法，通过对加入最优货币区的成本收益分析确定是否加入最优货币区。

10.4.2 欧洲货币一体化

1. 欧洲货币一体化的产生与发展

关于欧洲经济与货币一体化的起源有着多种不同的说法，而其中最早可追溯到“二战”结束后成立的欧洲支付同盟。受到战争的影响，欧洲各国出现了不同程度的支付困难，在美国的支持和帮助下，欧洲 16 个国家组成支付同盟以解决货币兑换和支付问题。随着 20 世纪 50 年代欧洲经济的复苏，欧洲支付同盟成功地完成了历史使命，并为未来欧洲一体化奠定了基础。

1957 年欧共体成立，欧洲经济一体化加深。在欧共体的协调下，欧洲工农产品市场和资本劳动力市场逐步走向融合，而布雷顿森林体系崩溃后，欧共体成员国互相扶持，共同抵御美元危机带来的冲击。

1969 年末在海牙召开的欧洲首脑会议上，受惠于经济合作的欧洲各国开始寻求更深一步的融合，会上指定卢森堡总理兼财政部长皮埃尔·维尔纳组织委员会制定措施，消除内部汇率波动，创建货币同盟，这也是欧洲货币一体化的真正开端。1970 年 10 月，维尔纳正式提交《维尔纳报告》，提出了从稳定汇率到统一货币的计划，该报告计划用 10 年时间分三个阶段完成欧洲货币一体化，这是货币一体化第一次在官方文件中被提出。虽然该文件的计划没有能够得到完全实施，但实行的汇率制度却为后来打下基础。以上都是欧洲货币联盟早期的发展。

欧洲货币一体化的第二阶段是欧洲货币体系的建立与发展，共同体系在 1978 年 4 月的哥本哈根欧共体首脑会议上被正式提出，并在 1979 年初正式实施。欧洲货币体系的主要内容包括三个部分：欧元货币单位，欧洲货币合作基金和稳定汇率制度。其中的欧洲货币单位是该体系的最主要内容，类似于特别提款权，欧洲货币单位是欧洲共同体成员国货币的加权平均，作为欧洲稳定汇率机制的标准并作为成员国官方之间的支付手段。但是德国统一以后，由于经济周期不同步，汇率机制难以维持，波动幅度扩大，英国和意大利因难以维持而退出。

欧洲货币一体化的第三阶段是德洛尔报告与《马斯特里赫特条约》阶段。1985 年欧共体提出新的目标，期望在 1992 年年底前建成统一大市场，为顺应这个潮流，统一货币问题被提上日程。1988 年，欧共体委员会确定了分阶段实现经济与货币联盟的目标。1989 年 6 月，欧共体委员会通过了由委员会主席德洛尔领导专家委员会提交的《欧共体经济与货币联盟》报告(即《德洛尔报告》)。该报告提出从 1990 年 7 月 1 日起分三阶段实施欧洲货币联盟，并首次以官方文件的形式要求各成员国加强经济与货币政策协调。

1991 年 12 月，欧共体首脑会议达成了《欧洲经贸与政治联盟条约》，即《马斯特里赫特条约》(简称《马约》)，该条约除对欧洲政治联盟作了详尽规定之外，还将《德洛尔报告》中提出的欧洲货币联盟的进程具体化：第一阶段(1990 年 7 月—1993 年底)，加强成员国的货币政策和汇率政策协调，尽可能减少中心汇率的调整，实现所有成员国加入欧洲货币体系的汇率机制；第二阶段(1994 年 1 月 1 日—1997 年)，进一步协调各国货币政策，建立欧洲货币局，为欧洲中央银行的建立及统一货币的最终实施做准备；第三阶段(1997 年底—1999 年 1 月 1 日)，最终建立统一的欧洲货币和独立的欧洲中央银行。

1999 年，欧元正式启动，2002 年 1 月 1 日，欧元纸币和硬币正式进入流通，同时各成员国货币逐渐退出。随着欧盟的扩大，斯洛文尼亚(2007 年 1 月 1 日)、塞浦路斯、马耳他(2008 年 1 月 1 日)、斯洛伐克(2009 年 1 月 1 日)先后加入欧元区，欧元区目前已扩展至 16 国。

2. 欧洲货币一体化的影响

欧元的流通标志着国际货币体系正式形成两强格局，对国际货币体系产生了巨大的影响。而其最先起到的就是打破美元垄断地位的权力效应，欧元的进入造成了国际货币的两极格局，美元在全球经济中的地位被逐渐削弱，由于欧元的背后是欧盟不亚于美国的强大经济实力，欧元的地位将会非常牢固并且会保持稳定。但两极格局是否会导致两极分化的形势现在还无法确定，当今国际经济金融的主流依然是合作与发展，虽然存在不小程度的竞争，但暂时美元的领先地位还会继续维持下去，欧元还需要时日才能真正稳固自己在货币体系中的地位。

其次，欧元的流通也会给其他地区的经济合作带来示范效应，区域性的货币合作无疑会加强各地区的金融与货币稳定，降低国家之间的交易成本，促进地区经济的融合，使得实践区域货币合作成为国际金融领域最热门的话题，其中，东亚区域货币合作问题备受世界关注。

小思考 10-1 **亚洲货币合作**

欧洲货币一体化的成功给了世界各国新的启示，而当今世界上最引人关注的货币一体化当属东亚货币的一体化。早在 2003 年，有着“欧元之父”美称的蒙代尔就曾经建议设立亚洲共同货币，争取亚元的流通。随着亚洲经济一体化的发展，亚元的呼声也越来越高。如果亚元能够成功启动，那么将会给亚洲经济带来巨大的促进作用。2000 年，东盟与中、日、韩签署《清迈协议》，达成了多边贸易优惠，促进了东亚一体化的进步，亚元的构想离现实又迈了一步。2008 年 5 月，“10+3”财长会议决定，各国出资 800 亿美元建立共同外汇储备基金，“清迈协议”框架由双边转化为多边。2009 年 2 月，为应对全球金融危机，“10+3”财长会议公布了《亚洲经济金融稳定行动计划》，将共同储备基金的规模由 800 亿美元扩大到 1 200 亿美元，并提议建立独立的区域性监控实体。这一计划的提出为“清迈协议”多边机制的制度化奠定了基础，从中长期看也为更高层次的区域政策协调和货币合作搭建了平台。

尽管东亚各国已经在区域货币合作方面展开讨论，并取得了进步，但要实现真正的东亚货币一体化，却有着漫长的路要走。由于历史遗留以及社会制度等问题，东亚国家尤其是中、日、韩三国有着非常大的分歧，很难有真正深入的货币合作发展。从现在来看，东亚经济应该首先稳固东盟与中、日、韩的经济关系，稳定汇率，再以人民币和日元为主，韩元、港币和台币以及东亚国家货币为辅，共同确定亚元的价值，以区域整合带动东亚整合，期望最后能够实现“亚元”的构想。

问题：根据上述资料，你认为亚洲经济一体化应该按照什么样的程序进行？

10.5 全球性国际金融机构

10.5.1 国际金融机构

国际金融机构是指从事国际金融事务协调和管理，为国际金融稳定和发展服务的组织和机构。

目前的国际金融机构可以大致分为三种类型：一是全球性的，如国际货币基金组织和世界银行集团；二是半区域性的，如国际清算银行、亚洲开发银行、泛美开发银行、非洲开发银行等，它们的成员国主要在区域内，但也有区域外的国家参加；三是区域性的，如欧洲投资银行、阿拉伯货币基金、伊斯兰发展银行、西非发展银行、阿拉伯发展基金等，它们完全由地区内的国家组成，是真正的区域性国际金融机构。

10.5.2 国际货币基金组织

1. 国际货币基金组织的建立

国际货币基金组织是根据参加筹建联合国的44国代表于1944年7月在美国新罕布什尔州布雷顿森林举行的国际金融会议及其所通过的《国际货币基金协定》正式成立的，并于1947年3月开始运作。

《国际货币基金协定》的任务是通过对会员国提供短期信用来减缓各国由于国际收支危机所引起的货币贬值的竞争与外汇管制的加强，以维持汇率的稳定，促进国际贸易的发展，提高就业水平与国民收入。

2. 国际货币基金组织的业务

根据《国际货币基金协定》的规定，国际货币基金组织的业务由三部分组成：汇率监督、磋商与政策协调、提供贷款。

为保证国际货币体系的正常运行，国际货币基金组织需要监督成员国的汇率政策是否符合规定，保证汇率制度的稳定有序，这就是国际货币基金组织的汇率监督职能。

除了对汇率政策的监督以外，国际货币基金组织在原则上还应每年与各会员国进行一次磋商，以对会员国的经济和金融形势以及经济政策作出评价。这种磋商的目的是使国际货币基金组织能够履行监督会员国汇率政策的责任，并且有助于国际货币基金组织了解会员国的经济发展状况和采取的政策措施，从而能够迅速处理会员国申请贷款的要求。通过与会员国的磋商与协调，基金组织既可以提出相关的政策建议，还可以不断提供讲坛，以促进会员国之间的国际合作和协调发展。

提供贷款是国际货币基金组织的最主要业务，成员国使用本币向国际货币基金组织购入外汇，用于弥补国际收支逆差，再使用外汇向国际货币基金组织购回外汇，实现还款。

3. 中国与国际货币基金组织的关系

中国本为国际货币基金组织的创始国之一，但由于特定的历史原因，直到1980年4月17日，基金组织执行董事会才通过了恢复中国代表权的决定，中国向基金组织委派了理事、副理事和正副执行董事，而中国在国际货币基金组织的份额也在不断提升。2010年11月5日，国际货币基金组织批准了向包括中国在内的新兴市场国家转让超过6%的份额，这次调整之后，中国在国际货币基金组织的影响力将超过欧洲国家，位于美国和日本之后排在第三位。而这一调整将在2012年年会前正式生效。

10.5.3 世界银行集团

1. 世界银行的建立与宗旨

1944年7月召开的联合国货币金融会议通过了《国际复兴开发银行协定》，决定成立国际复兴开发银行，又名世界银行。1945年世界银行正式成立，并在1997年成为联合国下属的一个独立机构。世界银行总部设在华盛顿。世界银行建立之初有39个会员国，目前已增加到183个。按该行协定，凡参加世界银行的国家首先必须是国际货币基金组织的会员国，但基金组织的会员国不一定都要参加世界银行。

世界银行的基本目的和机能是通过向会员国提供中长期资金而促进会员国的经济复兴与发展。

世界银行集团由世界银行本身即国际复兴开发银行、国际开发协会、国际金融公司、多边投资担保机构、国际投资争端解决中心五个机构组成。

2. 世界银行的资金来源与贷款发放

世界银行资金的最主要来源就是国际复兴开发银行在国际金融市场上发行的债券，由于世界银行管理保守谨慎，所以世界银行发行的债券具有较高的信用评级，主要发放给养老基金、保险公司、公司、银行和个人。国际复兴开发银行的资金基础是各国加入时缴纳的股份，另外出让债权也可以帮助世界银行收回资金。

在战后初期，世界银行发放的贷款主要集中于欧洲国家，支持其战后恢复工作。1948年以后世界银行贷款重点逐渐转向发展中国家，成为发展中国家发展经济的一条较为重要的资金来源。

在世界银行发放的各类贷款中，项目贷款是最主要的形式。由于世界银行的贷款主要是促进世界各国经济发展和社会进步，所以贷款优先考虑基础设施、农业、教育以及医疗卫生等方面。世界银行提供的贷款期限很长，利率优惠，但是管理非常严格，手续严密，并且相关项目需要按照世界银行的有关程序进行，世界银行仅提供该项目的外汇资金，本币资金不在范围之内。

除项目贷款外，世界银行的贷款还包括部门贷款、结构调整贷款、技术援助贷款和紧急复兴贷款等非项目贷款。

3. 国际开发协会与国际金融公司

国际开发协会是世界银行下属的一个金融机构，但又具有一定的独立性。国际开发协会正式成立于 1960 年 9 月，总部设在华盛顿，其主要宗旨是帮助经济不发达国家的会员国促进经济发展，提高生产力，从而提高生活水平。

国际金融公司是世界银行的另外一个附属机构，同时又是一个独立的国际金融机构。国际金融公司成立于1956年7月，其主要工作是对发展中国家会员国私人企业的新建、改建和扩建项目提供贷款资金。

4. 世界银行中国项目

中国是世界银行的创始国之一，但是由于特定的历史原因，中国在世界银行中的席位一直由台湾占据。直到中国恢复在联合国的合法席位后，中国才在1980年重回世界银行。2010年4月，中国在世界银行的投票权提高，仅次于美国和日本成为世界银行第三大股东国。1981年，世界银行向中国提供第一笔贷款，用于支持大学发展项目。从此，世界银行与中国的关系日益加强，成为重要和成熟的发展合作伙伴。2008年2月，世界银行行长佐利克正式任命中国经济学家林毅夫为世界银行副行长兼首席经济学家，这是世界银行首次任命发展中国家人士出任这一要职。

1980年，随着中国在世界银行的席位的恢复，中国自然也成为国际开发协会的会员国。中国是协会的第二组成员国，即借款国。截止到1999年7月，国际开发协会共向我国提供了102亿美元无息贷款(软贷款)。鉴于中国在过去20年取得的举世瞩目的发展成就，中国已于1999年7月1日从国际开发协会毕业。

中国于1980年5月同时恢复了在国际金融公司的合法席位，此后积极寻求与之合作的机会，目前已经成为国际金融公司投资增长最快的国家之一。

小资料 10-3　区域性金融组织：国际清算银行与亚洲开发银行

除国际货币基金组织和世界银行等全球性的国际金融组织外，还有许多区域性的金融组织同样在国际金融中扮演重要角色。

(1) 国际清算银行

国际清算银行成立于1930年5月，是西方主要工业化国家的中央银行合办的、世界上最早的国际金融机构。总行设在瑞士的巴塞尔。它是由美国的摩根银行、纽约花旗银行、芝加哥花旗银行组成的银行团，同英国、法国、德国、意大利、比利时、日本等国的中央银行于1930年2月在荷兰海牙签订国际协议，共同出资而成立的，目前参加国际清算银行的有50个国家的中央银行。

国际清算银行的宗旨是：促进中央银行之间的合作并向它们提供更多的国际金融业务的便利；在国际金融清算业务方面充当受托人或代理人。国际清算银行最初的任务是处理第一次世界大战后德国赔款和协约国债务的清偿工作。国际货币基金组织和世界银行成立后，国际清算银行变成了为经济合作与发展组织成员国之间进行贸易结算的代理机构，是与各国中央银行进行业务往来的国际性金融机构，逐渐成为主要资本主义国家共同协商金融政策的中心，履行各有关国家中央银行的银行的职能。

(2) 亚洲开发银行

亚洲开发银行是由联合国所属机构——亚洲太平洋经社委员会创办的，于1966年12月开业，行址设在菲律宾首都马尼拉。该行是亚洲、太平洋国家(地区)以及西方发达国家政府出资开办的多边官方金融机构。亚行规定，凡属于联合国亚太经社委员会的会员和准会员国，以及参加联合国或联合国专门机构的非本地区经济发达国家，均可加入亚行。因此，亚行的会员国除亚洲和太平洋地区的发达国家和发展中国家外，还有英国、德国、意大利、荷兰等十几个欧洲发达国家。亚洲开发银行现有58个成员国(地区)。

亚洲开发银行的宗旨是：鼓励政府和私人在亚洲太平洋地区投资，通过提供项目贷款和技术援助促进和加强亚洲、太平洋地区发展中国家的经济发展与合作。

亚洲开发银行的主要业务活动包括提供贷款、技术援助、参与股本投资。

本章小结

1. 国际货币制度又被称为国际货币体系，是指各国为了适应国际贸易和国际结算的需要遵守的有关法律规定和制度安排，以及为此而建立的组织机构的总称。国际货币制度发展分为国际金本位制、布雷顿森林体系、牙买加体系三个阶段。布雷顿森林体系要求建立永久性的国际金融机构——国际货币基金组织。布雷顿森林体系的主要内容包括：以美元作为最主要的国际储备货币，实行美元黄金本位制，实行可调整的盯住汇率制，确定国际收支的调节机制，取消外汇管制。牙买加货币体系的主要内容包括：承认浮动汇率的合法性，降低黄金在国际货币体系中的地位，增加并调整成员国的基金份额，扩大特别提款权的使用范围，扩大对发展中国家的资金融通。当前国际货币体系存在的问题主要有：国际汇率不稳定，国际收支的调节机制无法维持稳定和平衡，国际社会过于依靠美元，缺少强有力的机构和政策来保证国际货币体系的正常运行。

2. 区域货币合作是在两个或两个以上国家之间进行的关于维持汇率稳定和金融市场稳定发展的各种形式的合作。国际金融机构是指从事国际金融事务协调和管理，为国际金融稳定和发展服务的组织和机构。

3. 世界银行的宗旨是：对用于生产目的的投资提供便利，以协助会员国的复兴与开发，并鼓励不发达国家生产与资源的开发；通过保证或参与私人贷款和私人投资的方式，促进私人对外投资；用鼓励国际投资以开发会员国生产资源的方法，促进国际贸易的长期平衡发展，维持国际收支的平衡；与其他方面的国际贷款配合提供贷款保证。总之，世界银行的基本目的和机能是通过向会员国提供中长期资金而促进会员国的经济复兴与发展。

复习思考题

1. 简述国际货币制度的概念和内容。
2. 简述国际货币制度的发展历史。
3. 布雷顿森林体系有哪些内容？
4. 当今国际货币制度存在着哪些问题？

例题解析

(一) 单项选择题

1. 国际货币制度，又叫(　　)。

　A. 国际汇率制度

　B. 国际信用制度

　C. 国际货币体系

　D. 国际货币组织

　答案解析：C。此题考查国际货币制度的概念，参见 10.1.1 节。

2. 国际货币体系进入到浮动汇率时代开始于(　　)。

　A. 国际金本位制

　B. 布雷顿森林体系

　C. 牙买加体系

　D. 欧元诞生之后

　答案解析：C。此题考查国际货币体系的发展历程，参见 10.3.1 节。

(二) 多项选择题

1. 按照布雷顿森林体系的规定，两个挂钩是指 (　　　)。

　A. 美元同黄金挂钩

　B. 英镑同黄金挂钩

　C. 各国货币之间相互挂钩

　D. 各国货币同美元挂钩

　E. 各国货币同英镑挂钩

　答案解析：AD。此题考查布雷顿森林体系的基本内容，参见 10.2.2 节。

2. 布雷顿森林体系崩溃的根本原因是(　　　)。

　A. 可调整汇率制过于僵化，难以按照实际情况经常调整

　B. 国际收支失衡调节乏力，且调节责任不对称

　C. 货币发行国与其他国家之间利益分配不公平

　D. 自身存在着不可克服的矛盾

　E. 人们对美元的信任度降低

　答案解析：ABCD。此题考查布雷顿森林体系的崩溃情况，参见 10.2.2 节。

(三) 简答题

牙买加体系的主要内容是什么？

答案解析：参见 10.3.1 节。

知识链接

1. 有关国际货币基金组织、世界银行集团的基本情况，可以登录其官方网站了解。

2. 有关国际清算银行、亚洲开发银行的详细情况，可以登录其官方网站了解。

3. 有关欧元区的基本经济情况，可以登录欧洲中央银行的官方网站(http://www.ecb.int)查询。

参 考 文 献

[1] 陈雨露.国际金融. 第 3 版. 北京：中国人民大学出版社，2008

[2] 侯高岚.国际金融.北京：清华大学出版社，2005

[3] 刘舒年.国际金融.第 3 版.北京：对外经济贸易大学出版社，2005

[4] 马君潞，陈平，范小云.国际金融.北京：科学出版社，2005

[5] 潘英丽.全球视角的金融变革.南昌：江西人民出版社，2000

[6] 阙澄宇.国际金融.大连：东北财经大学出版社，2011

[7] 单忠东，綦建红.国际金融.第 2 版.北京：北京大学出版社，2006

[8] 沈国兵.国际金融.北京：北京大学出版社，2008

[9] 孙杰.汇率与国际收支.北京：经济科学出版社，1999

[10] 吴晓灵.中国外汇管理.北京：中国金融出版社，2001

[11] 许少强.货币一体化概论.第 2 版.上海：格致出版社，上海人民出版社，2009

[12] 杨长江，姜波克.国际金融学.第 3 版.北京：高等教育出版社，2008

[13] [澳]爱默德・A.穆萨.国际金融.第 2 版.北京：中国人民大学出版社，2008

[14] [美]戴维・里维里恩，克里斯・米尔纳.国际货币经济学前沿问题.北京：中国税务出版社，北京腾图电子出版社，2000

[15] [美]弗雷德里克・S.米什金.货币金融学.第 7 版.北京：中国人民大学出版社，2007

[16] [意]甘道尔夫.国际金融与开放经济的宏观经济学.上海：上海财经大学出版社，2006

[17] [美]杰弗里・萨克斯.全球视角的宏观经济学.上海：上海三联书店，上海人民出版社，1997

[18] [英]劳伦斯・S.科普兰.汇率与国际金融. 北京：中国金融出版社，2002

[19] [加]罗伯特・蒙代尔.汇率与最优货币区.北京：中国金融出版社，2003

[20] [美]托马斯・A. 普格尔. 国际金融. 北京：中国人民大学出版社，2005

[21] Hallwood, C.P., MacDonald, R. *International Money and Finance*, 3rd Edition, Blackwell Publishers Ltd., 2000

[22] Salvatore，D.*International Economics,* 8th Edition. 北京：清华大学出版社，2006

[23] Krugman，P.R.，Obstfeld. M.*International Economics.* 7th Edition.北京：清华大学出版社，2006

[24] Valdez，S. *An Introduction To Global Financial Markets,* 3rd Edition. Macmillan Press, 2000